刑法的基础

[日] 平野龙一 著
黎 宏 译

中国政法大学出版社

2023·北京

刑法的基础

KEIHOU NO KISO

Copyright © 1966 RYUICHI HIRANO

Chinese translation rights in simplified characters arranged with UNIVERSITY OF TOKYO PRESS through Japan UNI Agency, Inc., Tokyo

著作权合同登记号：图字 01-2023-2493 号

译者重印版序

已故日本刑法学者平野龙一教授的大作《刑法的基础》一书，在问世50年后的2016年，作为由现任中国刑法学研究会会长贾宇教授和日本早稻田大学原校长西原春夫教授联袂主编的当代日本刑事法译丛中的第一本，由中国政法大学出版社出版，与我国读者见面，大受欢迎，销售一空。现中国政法大学出版社准备以精装本的形式重印，并嘱我以译者的身份前缀数语，以飨读者。

经典之作，常读常新。尽管本书中译本付梓之时，我曾写过一个读后感，并以译者序的形式附在书前，但7年之后再读本书时，仍然感慨不尽。在我看来，本书的主题，也是本书作者平野教授毕生所追求的目标，就是依据日本战后新宪法所确立的民主主义、自由主义的精神，结合日本刑事司法实践迄至当时为止所贯彻的可罚的违法性学说，建构面向司法实践的、具有本土特色的机能主义刑法学。以下，对此略加展开。

一、建构具有实践意义的机能主义刑法观

平野刑法学可以从多个视角进行解读，其中不乏前后矛盾之处，但是，从可视性的角度出发，重新考虑刑法机能，并将其贯彻到日本刑法的立法、司法以及理论体系的建构之中的机能主义刑法观，毫无争议地成为平野刑法学的最大特色，这一点已经为日本学者所公认。

平野教授提倡机能主义刑法观的时代背景，在本书的译者序中有

所提及，但有必要在此赘述。众所周知，日本战后刑法学的出发点是：对战前的国家主义、权威主义的刑法理论进行反省。因此，在这一时期，罪刑法定原则得到普遍重视。在刑法理论和刑法解释学中，具有导致刑罚权的早期发动和广泛干涉个人自由危险的主观主义犯罪论后退，只偏守在刑罚论或者说是处遇论的狭小领域，而极力排斥可能混入国家道义等规范要素和不确定的主观要素的形式的客观主义犯罪论取得了压倒性的优势，并成为学界的共同基础。

对战前流行的国家主义、权威主义刑法学进行反省的直接后果，就是得出了对直接掌管刑法适用的法官的权力必须进行限制的结论。认为为使法官不至于肆意裁判，必须对其判断方式和过程严加约束，基于这种理念的刑法解释论，负有实现"如何限制法官思考"的目的和使命。

针对这种目的和使命，当时的刑法学者所考虑的，是建构"精致的犯罪论体系"。早在"二战"之前，日本学者在输入作为日本刑法学范本的德国刑法学的过程中，就已经形成了追求体系的完整性和首尾一贯性，力求与时代的要求以及社会实际发展之间保持一定距离，以保证学者相对独立性思考的体系论的研究方法。战后，这种体系化思考的倾向，在"如何限制法官思考"的目的和使命之下，被进一步加强。其代表人物，就是被赋予重建日本战后刑法学重任的团藤重光教授。团藤教授认为，为了使刑罚权这种国家权力的发动不被胡来，必须堵死所有可能肆意的路径。罪刑法定原则是其在立法上的表现，建立不能进行任何微调的正确的理论构成的要求，可以说与其处于表里关系[1]。

既然刑法学的目的和使命就是约束和限制法官，防止其扩大或者缩小适用刑法，因此，对于没有任何要求法官服从权力的学者而言，只能采用说理即建立某种"理论体系"的方式实现这种使命。就此，

---

[1] [日] 团藤重光：《刑法纲要总论》（初版），创文社1957年版，序言。

日本学者主要采用了以下两种说理方式：[1]

方式之一是，由于刑法学者学术性地建构起来的理论体系是对刑法条文的规范意义进行客观认识而来的结果，所以是正确的，法官必须听从。木村龟二教授就是其代表。木村教授将刑法解释学定位为"旨在对现行刑法的规范意义进行解释，从而体系性地加以认识的学问"之后，说"刑法的规范意义，既不是立法者的事实的、历史的意思，也不是解释者的主观意思，而是从条文推导出来的、条文中所存在的客观意思"[2]。按照这种见解，既然规范认识是"客观"的，则正、误的判断，就应当是可能的。但是，规范认识真的是客观的吗？松泽伸教授对此表示怀疑。他认为，不限于刑法学，传统上的法律方法论，虽然都将规范认识看作为"客观的"，但这种理解有问题，日本民法学界最先掀起的法解释论之争与此直接相关。

方式之二是，以刑法学者本人的思想、哲学背景为基础，构建刑法理论体系的立场。这种立场，认可刑法解释的主观性，并据此说明该种解释的妥当性。如野村稔教授的见解，就是如此。野村教授认为，刑法学，特别是刑法解释学，以对刑罚法规（特别是刑法典的规定）进行体系性认识为目的，在这一点上，也能看出其与木村教授的见解的类似之处，同时，还说，想将刑法这面镜子当中所映照出来的自身客观化[3]。如此说来，在对刑罚法规进行体系性认识之际，所反映的只要是解释者"自己"就可以了，即刑法解释是主观的。

日本传统刑法学中，历来就有"团藤刑法学""西原刑法学"之类的以个人名义命名的说法。在其他法律领域当中，也能看到这种现象，但在刑法学当中，格外突出。这种现象，可以说是刑法学者有意无意地认可了在解释中包含有主观性的表现。只是，很少有学者明确地对此加以明说。

---

[1] [日] 松泽伸："机能的刑法解释论方法论再考"，载《早稻田法学》第82卷第3号，第131页以下。
[2] [日] 木村龟二：《刑法总论》，有斐阁1959年版，第13、19页。
[3] [日] 野村稔：《刑法总论》（补订版），成文堂1998年版，第5页。

对上述传统刑法学的存在方式进行批判的是机能主义刑法学。其始作俑者就是本书的作者平野龙一教授。实际上，有关刑法机能的讨论，在平野提倡机能的考察方法以前就已经存在。日本传统学说认为刑法有以下三个机能：一是规制机能，就是明确对犯罪行为的规范评价，规定对其适当处罚的机能，也被称为规制机能或者社会伦理机能，其被看作为刑法的第一次任务；二是"保护法益机能"，即通过保护重要生活利益，将维护社会秩序作为其目的；三是"保障自由机能"，是指刑法通过将一定行为规定为犯罪，通过明确地对该行为科处一定刑罚来限制国家刑罚权的发动，保障善良的国民的自由，同时也保障犯人自身的自由的机能。

但是，平野教授认为，在传统刑法学中有关刑法机能的讨论，通常只是说刑法具有该种机能，而没有将其作为立法或者刑法解释的指导原理贯彻始终。相反地，平野教授在其1965年所发表，后来收于本书之中的那篇《现代刑法的机能》的著名论文中，从是否能根据经验事实加以验证的角度出发，将纯粹属于观念上的、形而上学的"规制机能"从刑法的机能当中拿掉，结合国家被看作为超越个人的、具有自己目的的存在转向个人的生存和幸福被作为至高无上的存在的价值观的转换，在刑法的目的在于保护市民生活的基础上，将剩下的"保护法益机能"和"保障自由机能"作为中心，重新把握刑法的机能。

这种将刑法机能和战后日本新宪法的规定结合起来，强调刑法机能可视性的机能主义刑法观，在20世纪70年代的日本刑法学界很快开花结果。首先，在刑法修改问题上，平野教授提出让没有被害人的犯罪非犯罪化。日本随着战后价值观的转换，宽容社会日渐形成，以这种事实为根据，并从重视刑法的谦抑性、补充性，对没有侵害个人法益的行为或者难以还原为侵害个人法益的行为，如没有被害人的散布淫秽物品罪、赌博罪等，就要尽量控制刑罚权的发动，主张大范围的非犯罪化。其次，在刑法解释特别是各论具体犯罪的解释上，从可视化的机能观出发进行全面解释。就刑法的"保护法益机能"而言，他认为，就各个犯罪类型而言，必须对其保护法益进行深入探讨。在探讨方式上，平野教授根据其"可视性"的观念，认为有必要将历来只是在一般观念上抽象地加以理解的法益概念，以个人法益为中心加以构成，如将公共安全这种抽象法益，具体化为可视的不特定或者多数人的生命、身体或者财物。不进行这种保护法益的具体化，就不能有效地进行社会控制。就刑法的"保障自由机能"而言，作为这一机能体现的罪刑法定原则，历来被形式地加以理解，即"禁止类推解释而允许扩张解释"，但平野认为，这种表述无法让一般人看见罪刑法定原则的具体内容，而应当代之以"预测可能性"，即阅读了该刑罚法规的人能否据此预见到自己的行为被禁止，这才是罪刑法定原则的可见基准。这样理解罪刑法定原则的话，不仅能回避该判断到底是类推解释还是扩张解释这种形式上的无休止争论，而且还能为国民在罪刑法定原则方面，提供可以检验的、眼睛可见的验证标准，从而实现刑法的社会机能的最大化。

平野教授提倡的机能主义刑法观，除了其学术意义之外，为日本传统刑法学的使命和目的即如何说服法官也开辟了一条新路。如前所述，日本传统刑法学关心的是"对法官的约束"，相反地，机能主义刑法观关心的是对"法官行动的预测"[1]。

关于这一点，平野教授说，"第一，法律学首先必须弄清楚什么是判例"。近代科学的一个重要特征，就是基于同样的事实，对所得结论可以重复验证。据此，如果说法律学的任务就是基于现有的判例，对尚未判决的案件事实进行预测的话，则刑法学，"可以说是一门科学"。平野对此作了进一步的拓展，认为"法律学的内容，并不仅限于此，其还包含有变更判例，或者维持判例，或者作出一定的新判例的实践性的内容。它就是为变更、维持、制造出判例而对法官做工作，加以说服的努力"。在此，平野的机能主义刑法学的特色尽显无遗。

---

[1] [日]松泽伸：《机能主义刑法学的理论——丹麦刑法学的思想》，信山社2001年版，第219页以下。

平野教授认为，学者说服法官的方法，大体上可以分为两种：一种是，通过采取如果这样解释的话，会产生什么样的效果的方式进行，即预测法律效果，进行社会效果最大化的解释的方法。这里，要参照各种经验科学的成果。由于各种经验科学的成果所获得的事实认识是客观的知识，因此，只要是采取了基于客观事实的说服工作，则刑法学在此范围之内，就必然保留有客观性的特征；另一种是，通过展示"现存规范"的方式来实施。所谓现存规范，就是"多数国民所持有的价值观乃至国民当中具有指导性的价值基准"。这里，虽说有混入判断者自身的价值的危险，但平野认为，其和依据自己的价值判断来进行判断具有极大的不同。

基于上述考虑，平野认为，说服法官，所需要的不是抽象的理论，而是具有解决具体问题能力的解释。因此，和日本传统刑法学采取的体系性思考相比，问题性思考更为重要。

当然，对于平野教授所倡导的机能主义刑法学，在日本学界，也有不同意见。按照日本早稻田大学松泽伸教授的整理，对其整体性的批判，主要有关哲夫教授对机能主义刑法学的分析和批判，以及山中敬一教授从规范体系的机能主义角度展开的批判[1]：

（1）关哲夫对机能主义刑法学的分析和批判

关哲夫在其著述当中，对以平野为代表的机能主义刑法学进行了详细的分析，在细节上予以妥当评价的同时，也认为其中存在若干不足。

第一，机能主义刑法学对体系性思考的意义过于限定。按照关哲夫的说法，体系性思考的意义，正如机能主义刑法学所说的，并不限于"整理法官的思考，控制其判断"。"前后一贯的犯罪论体系，让判断者的认定变得容易的同时，也使得排除任意解释，慎重且精确的犯罪认定成为可能。"

---

[1] [日] 松泽伸："机能的刑法解释论方法论再考"，载《早稻田法学》第82卷第3号，第131页以下。

但是，松泽教授认为，这种批判是传统刑法学的见解。机能主义刑法学对排除法官的肆意判断，对法官进行约束方面的价值判断属于主观的一点持怀疑态度。他认为，倒不如说，从主观的价值判断当中所推导出来的体系性思考的极限，才应当被作为问题。

第二，在机能主义刑法学的理论构造看来，作为形式保障原理的罪刑法定原则应当是没有用的。关于这一点，关哲夫认为，必须"认可作为形式保障原理的罪刑法定原则的相对优越性位置，在形式保障原理的范围之内，考虑实现妥当性的实质保障原理"。对此，松泽教授予以认可，认为，确实，机能主义刑法学主张，进行社会效果最大化的解释，但这种解释也必须在刑法基本原理，而且在制定法的范围之内进行。

第三，"正当性"基准中所蕴涵的危险。关哲夫认为，如果对机能主义没有正确理解，或者滥用机能主义的思考方式的话，则上述正当性基准中蕴涵的危险就会外溢而显在化。但是，松泽教授认为，机能主义，是明确地将判断的正当性（严格来说，是妥当性）放在体系判断之外，表明其是论者的政治责任，只要这种判断是公开明确进行的，则说明正当性的判断责任由判断者自身承担。充分地认识到这一点的话，就能防止正当性的判断基准没有约束地暴走，对那种滥用正当性基准的机能主义的批判，就是可能的。

（2）山中敬一从规范体系的机能主义角度展开的批判

山中教授提倡"不是以解决个别具体问题作为其最高价值，而是将建构能够实现该种目标，具有体系上的完整性的形式体系为其理论任务，追求为实现刑事政策目的，具有理论整合性的规范论体系"的规范体系的机能主义。

基于上述考虑，山中教授批判说，日本历来的机能主义的问题是，停留于经验科学的机能主义之上，对此进行克服就是今后的机能主义的问题。对此松泽伸教授有以下回应：

一是，针对山中在机能主义"将解释学经验科学化"作为至上命题，将判例作为与"法"并列的解释学的对象，存在方法论上的问题的批判，松泽教授认为，由于法院有造法的机能，因此，判例被包含在法律之中，对其批判可能存在量差，但属于立法论的问题。规范体系的机能主义中的解释学尽管受制于实定法（刑法典的条文），但在将判例看作为法的体现的场合，从原理上讲，就没有理由说即便受制于实定法，但不受制于判例法。历来的"解释学"，在"学"的名义之下，基于某种特定的价值判断而做出各种提议，这就是其问题之所在。

二是，针对机能主义刑法观，有批判意见认为，"刑法解释学，是基于某种哲学思想、社会学命题或者'规范'命题演绎而来的，其在第一位的意义上，是为了对犯罪进行事后处理的合目的性体系（规范体系），确定该体系的机能性适用的规则的意义，这就是解释学的任务。为了确定其合理意义，不仅是经验科学的知识，还要使用规范价值（宪法、刑事法的各种原则等）分析。解释学，不仅仅是对判例结论进行追认，而是要分析其中的论理，合乎规范体系地对其进行批判性检验。规范解释中，虽然不得不纳入政策性考虑，但其客观性，不是以经验科学，而是以现在的法秩序的整体范围之内的、合目的性的、合理的规范判断来加以担保"。

对此，松泽教授认为，这一批判如果是对机能主义的发展方向所提建议的话，确实有值得倾听之处，但就批判者所主张的"在经验科学之上进行规范价值分析"而言，则存在问题。因为，该规范价值分析，包含有主观价值分析。为了判断"现在的法秩序的整体范围之内的、合目的性的、合理的规范判断"，即便拿出更高层次的规范价值，但该更高层次的规范价值自身，基于解释者的立场不同，结论最终也会不同（如被批判的法官针对其判决的批判，也会主张自己是基于更高层次的价值做出的，因而在规范上是正确的判断）。因此，无论如何构成，只要基于规范判断，都难以确保其客观上的正确性。

平野刑法学在20世纪80、90年代的日本学界达到鼎盛，当时，整个刑法学界被誉为"结果无价值论的天下",但自21世纪开始,随着日本社会经济发展的低迷以及国际环境的变化,平野所提倡的自由主义刑法观有所式微,但是他所提倡的机能主义刑法观,在学界依然具有巨大的影响力,这是不可否认的事实。现在日本,继承了平野教授的基本观点,从自由主义的立场出发,主张以结果无价值论为前提的学者,按照日本学者松泽伸教授的见解[1],可以分为以下几类:

第一类是强化结果无价值论倾向的见解。这种见解,虽然最为偏离机能刑法学中实用主义的方面,但却重视解释论中的理论构成的精致性,回归体系性思考。窃以为,曾根威彦、松原芳博教授可以说是其中的代表。

第二类意图建构从抑制刑论、一般预防论出发的犯罪体系。由于机能主义刑法学重视刑法的社会效果,因此,从刑罚目的论出发来考虑犯罪论,是机能主义的本来做法,这种立场,可以看作为重视刑罚论的机能主义之一种。窃以为,山口厚教授是其中的代表。

第三类是继续保持和判例之间的紧张关系,同时意图深化理论构成。由于其背景上难以看出机能主义的影响,因此,给人以和第一类相似的感觉,但由于对理论和结果两方面都予以周到的考虑,即主张平衡学说。窃以为,西田典之教授是其中的代表。

第四类尽管仍然维持结果无价值论,但重视平野教授所说的"存在规范"即国民的规范意识,并从判例当中所显现出来的价值判断中抽象出其理论构成,这是其最为显著的特点。窃以为,前田雅英教授就是其代表。这种见解因为过于重视判例的见解,给人以维持现状的印象,因而受到了学术界的批判,说其降低了学术对判例的批判能力。

二、建构具有日本本土特色的刑法学

这一点,从平野教授于1990年应邀在德国刑法学者大会上所作的

---

[1] [日]松泽伸:"机能的刑法解释论方法论再考",载《早稻田法学》第82卷第3号,第131页以下。

题为"日本刑法学者中的德国刑法学"[1]的主题报告中能清楚地显现出来。在该报告中，他提出了一个著名论断，即和日本相比，德国的刑法以及刑法解释学比较偏主观，而日本则比较偏客观；在行为违法性即社会危害性的有无以及大小的判断上，德国刑法学强调行为无价值，而日本刑法学则将重点放在了结果无价值上。在以行为无价值的概念理解、未遂和教唆未遂的处罚、不能犯的认定、既遂犯中的故意地位、假想防卫以及防卫的意思的要否、过失违法性的判断标准、行为形态的价值、抽象危险犯的认定等为例，对上述论断进行详细说明之后，他还分析了形成这种差别的原因，主要有以下三点：一是，德国的法文化很强调人的主观意思，认为主观意思是人在外界中的自我实现，结果是意思的客观化，但是，日本的法文化中则不太强调人的主观意思；二是，在德国，人与人之间的社会关系，为法这一国家规范所规制，法由法院直接适用，具有强烈的行为规范性质，相反地，在日本，人与人之间的社会关系，主要为道德或者习俗所规范，日本的刑法，尽管具有宣示伦理原则的特点，但在法院所现实适用的，只限于对他人或者社会造成重大伤害的例外场合，在此意义上讲，日本刑法，具有强烈的裁判规范性质；三是，德国学者热衷于探求事物的本质，在刑法中，也追求犯罪行为的本质，相反地，在日本，对于人与人之间的冲突，追求实用主义的解决方式。

　　日本本土刑法观的追求，从更为广阔的历史背景来看，也可以说是日本明治以来历代刑法学者孜孜以求的目标，平野刑法学只是其中的一个代表而已。在日本，无论是实务界还是学界，近代以来，在表面西化的波涛之下一直涌动着一股强烈的构建本土特色刑法观的潜流。尽管在明治维新之后，日本的政治家们急切地希望"脱亚入欧"，在刑事法律领域，开始摆脱以唐律为代表的中华刑法（观）的影响，全面西化。就刑法而言，其先效法标榜"平等、自由、博爱"而风靡当时

---

[1] 载日本《警察研究》1990年第61卷第4号，第3页以下。

欧洲大陆的拿破仑刑法，但在意识到法国与保留天皇制、强调血统和门第等级观念的日本国情不合之后，便毅然转身，唯当时世界上发展最为迅猛的普鲁士（德国前身）法马首是瞻，不仅在刑法学说上大量接受来自德国的观念，在立法上也是以德国刑法为范本，制定并颁布了日本现行刑法。从此之后，上千年来一直被笼罩在儒家文化圈之下的日本刑法，从制度到观念开始全面西（欧）化。但是，制度转向容易，而文化乃至观念的转向并非一朝一夕之间即可一蹴而就，其必须以其他社会制度以及人们的思想观念的变革为配套，存在一个漫长的融合过程。讲究形式的罪刑法定、罪刑均衡、责任原则的西方（欧）刑法（观），传到长期受德主刑辅、善恶报应、现实入世的东亚儒家文化影响的日本之后，在其适用当中，很快呈现出水土不服的一面，并继而发生变形。这一点，在以下几个判例中能窥豹一斑。

一是"盗窃电力事件判决"[1]。在20世纪初的日本，电力是一种很珍贵的资源，有人将电线接在电力公司的电线上，偷偷使用。这种盗用电力的行为能否入罪，存在极大争议。因为，按照当时的日本法，盗窃罪的对象只能是民法上的有体物，而电力，人们看不见、摸不着，更搬不动，当然不能说是有体物，因此，从形式上看，其不能成为盗窃罪的对象。同一时期的德国，也发生了类似事情。当时的德国法院以电力不能成为盗窃罪的对象为由，判定窃电行为无罪。但是，电力是一种珍贵资源，如果盗窃电力行为无罪的话，则电力公司的利益就无法得到充分保障。基于这种功利考虑，日本法院认为，能被人持有的东西就是盗窃罪的对象。可能持有的东西，只要是根据人的五官作用加以认识的东西就可以了，并不要求一定是有体物。因为，只要该种物独自存在，具有人力能够任意支配的特性，就可以将其持有和加以转移。简单地说，是否为盗窃的对象，应当根据是否能够移动以及是否可以管理来加以区别，电力属于人们可以管理之物，因此，盗窃电力的行为，构成盗窃罪。由此可见，尽管在法律制度上，日本照搬

---

[1] 大判1902年5月21日，《刑录》第9辑，第874页。

了欧洲，但司法实践并没有如此生搬硬套，而是从一开始就选择了一条相对功利主义的道路。

上述判决，得到了当时被誉为日本"主观主义刑法学大师"，对"罪刑法定原则"持藐视态度的牧野英一博士的盛赞。他认为，在以国家和个人的对立为前提的19世纪的自由主义、法治国主义之下，作为限制国家机能的原则的罪刑法定原则当然要被维持，但是，案发当时的20世纪是以文化国为理念的年代，在这个年代，罪刑法定原则虽不应当放弃，但其内容应当从抑制（抑制国家权力）机能向促进（激发国家权力）机能的方向"转变"，应当积极提倡包括类推解释在内的法律解释。旧刑法时代，尽管没有日本现行《刑法》第245条一样的"电力视为财物"的明文规定，但是，认为电力也是"物"，盗窃电力的行为也成立盗窃罪的大审院判决，只是这种道理的认同而已。因此，他对上述"盗窃电力事件"的有罪判决深表赞成。在此基础上，他提出了著名的"解释无限"的口号。这一口号，不仅说明了日本近代以来尽管社会历经沧桑巨变，但其刑法却没有什么特别大的变故的原因，而且，从中也能理解日本刑法学为何能以"以不变应万变"著称于世。

二是"一厘事件判决"[1]。一位烟农因没有将一枚重约七分，价值一厘（"一厘"是当时的货币单位，相当于一日元的千分之一的价值）的烟草上交国家烟草专卖机构，因而被诉违反《烟草专卖法》，并扣押其私存烟草。因为当时的《烟草专卖法》规定，烟草属于国家专营物资，即便是个人自己种植的，也必须上交国家，不得擅自处理。但是，烟农辛辛苦苦一年，连自己种植的成果是什么滋味都不清楚，即便是私藏了一片烟叶，就要构成犯罪，这种处理尽管合乎来自西洋的法理，但难言合乎东洋的情理。因此，本案一审法院以犯罪证据不足为由，判定本案被告人无罪。二审法院却以本案为行为犯为由，改判被告人有罪，并处刑罚罚金十圆。但三审的日本最高裁判机构即大审院却以"在共同生活观念上，刑罚的制裁之下，只要认为没有对要

---

[1] 大判1911年10月11日，《刑录》第16卷，第1620页。

求法律保护的法益造成侵害，就没有必要用刑罚法规对其科处刑罚制裁"为由，撤销了二审判决，改判被告人无罪。

这个判决，在当时，可以说是东、西方法律观念冲突的一个典型体现。按照日本当时从西欧引进的犯罪构成论，构成要件是违法行为的轮廓和类型，只要行为违反该行为类型，不存在正当防卫、紧急避险等排除违法性事由，原则上就要认定该行为具有违法性，进而认定为犯罪。正如盗窃一张卫生纸的场合，由于卫生纸也是财物，因此，正如擅自窃取（卫生纸）的行为，形式上是符合盗窃罪的构成要件的一样，就上述"一厘事件"而言，烟农将应当上交国家的烟叶私藏，形式上完全符合违反烟草专卖法罪的构成要件。但是，从东方人的观念来讲，辛苦劳作了一整年的烟农看着自己丰收的果实，却完全无权享受，私藏一片烟叶的行为，不仅违法，还要受到极为严厉的刑罚处罚（超过被私藏烟叶本身价值1万倍的罚金）。这从情理上无论如何都是说不过去的。基于这种情理上的理解，日本学者提出了一个变通的想法，即作为刑法处罚的对象，即便符合具体犯罪的构成要件，但也不能马上就推定其违法，其还必须具有值得处罚程度的规范违反性或者法益侵害性，否则就不能说该行为违法。如就盗窃罪而言，日本刑法实际上是这样规定的，即只有值得处以一个月以上徒刑的盗窃行为，才有必要作为盗窃罪处理。盗窃一张卫生纸的行为，虽然形式上符合盗窃罪的犯罪类型，但由于没有"值得处以一个月以上徒刑程度"的可罚的违法性，因此，不能将其作为盗窃罪处理。这种认为成立犯罪，行为不仅要符合构成要件，而且还需具有值得刑罚处罚程度的违法性的见解，就是日本学者宫本英修、佐伯千仞所提倡的"可罚的违法性说"。其实际上是对当时从德国引进、占据日本通说地位的"行为符合构成要件，就可以推定其违反且有责"的犯罪认定论的否定。这种"可罚的违法性说"后来被平野龙一发扬光大，作为"结果无价值论"的刑法理念的基础，将其贯彻到了整个犯罪论体系的各个角落当中。这也就是平野教授在前述德国的演讲中，说在行为违法性即社会危害性的有无以及大小的判断上,德国刑法学强调行为本身,而日本刑法学则看重结果的背景。这种不仅重视行为,更重视结果的犯罪认定方法,在之后的日本判例中能够经常看见。如日本最高法院1957年3月28日在旅馆经营者为方便客人需要,从村中唯一的一家烟草店那里,以批发价买来一批畅销烟,放在旅馆收银台抽屉的玻璃瓶里,以批发价卖给需要的客人的案件中,认为"上述交付以及持有的行为,从烟草专卖法的宗旨来看,并不违反其目的,而应当看作为社会共同生活上所允许的行为,因此,该行为不能看作为同法第29条第2款所说的贩卖以及同法第71条第5款后段所为的贩卖的准备行为"[1]。另外,东京高等法院1979年3月29日就盗窃内有两个小册子的信封的行为,认为作为该行为对象的小册子是广告,谁都可以自由获取,被害人并没有什么太大的损失,因此,"无论从客观看还是从主观看,其价值微小,不值得作为盗窃罪的对象的财物加以保护",因而作出了无罪判决[2]。这些都是日本司法实践中考虑"可罚的违法性说"的体现。

三是"共谋共同正犯"论。所谓"共谋共同正犯",是指在数人共谋实施一定犯罪,有人付诸实施的场合,对没有参与实施的共谋人,也论以共同正犯的见解。共谋共同正犯,是日本判例创造出来的概念,其最初的适用范围,只限于重视精神帮助的敲诈勒索罪等智能犯,后来被逐渐扩展到了抢劫罪、杀人罪等暴力犯罪中。之所以要提出"共谋共同正犯"的观念,是因为,日本的法官认为,将在犯罪实行的背后起着重要作用的"大人物"即黑幕仅仅评价为教唆犯,评价不足,应当作为和实行者一样的正犯加以处罚。

但是,按照从西欧引进的共同犯罪学说,正犯,只能在实施了具体犯罪的实行行为的场合,才能成立;仅仅参与策划而没有着手实施的人,无论如何不能成立正犯。正因如此,日本多数学者最初强烈反对共谋共同正犯概念。理由是:①按照日本《刑法》第60条的规定,

---

[1]《刑集》第11卷第3号,第1275页。
[2]《判例时报》第977号,第136页。

成立"共同实行犯罪"的共同正犯,数人之间必须具有共同实行的意思和共同实行的事实,这是阅读该条文的直接结论,而将共同"谋议"(共谋)理解为共同"实行",极不自然;②承认共谋共同正犯,不仅会抹除共同正犯和教唆犯、帮助犯在概念上的区别,还会将无辜者纳入共同正犯的范围,产生冤假错案;③若要处罚犯罪行为背后的操纵黑手,则只要将幕后操纵者作为教唆犯,适用和正犯一样的刑罚就足够了,没有必要弄出一个不伦不类的共谋共同正犯概念来。

确实,按照日本《刑法》第61条第1款"教唆他人使其实行犯罪的,科处正犯之刑"的规定,即便将共谋者论以教唆犯,科处正犯之刑,也没有什么不妥。但是,日本自古以来,关于共同犯罪的处理,司法实践中一直坚持源自我国唐律中的"诸共犯罪者,以造意为首,随从者减一等"的处罚原则,将"造意者"即最初起意或者出谋划策者作为最为严重的罪犯看待,而没有完全依照近代欧洲法中的只有实施行为者才能成立正犯的原则;另外,教唆犯和共同正犯虽然在"科刑"上相同,但在"罪名"上,二者之间具有决定性的差异。共同正犯是直接实现法益侵害的人,对结果承担第一次责任;相反地,通过正犯而间接侵害法益的教唆犯只是"科处正犯之刑",即对结果只是承担第二次责任而已,绝不能被评价为正犯,也就是说,正犯和教唆犯之间在规范评价上迥异。被告人在法院的判决上,被宣告为"构成杀人罪的共同正犯"和被宣告为"构成杀人罪的教唆犯",意味着法院对被告人的规范评价,即对被告人所贴的标签意义大相径庭。因此,尽管面临学说的强烈反对,但日本判例仍然固执己见,从一开始就将不分担实行行为的共谋者,也作为共同正犯处罚。

在判例和学说的严厉对峙中,平野教授提出,既然具有法律执行效力的判决确认了共谋共同正犯的存在,学说一味地进行批判的话,不仅会导致实务和学界之间的隔阂和对立,还会失去学说对实务的研究价值,倒不如以此为前提,从立法论、解释论上对其进行研究,通过分析判例理由,为"共谋共同正犯"的成立设定一个范围,反而更有意义一些，这样，也能体现出学说对于裁判的说服作用。受平野教授这种见解的启发，之后的日本学界，尽管在说理上不一致，但都倾向于肯定共谋共同正犯说。现在，"共谋共同正犯"已经成为日本刑法学的一个学术标签。

正是由于包括平野教授在内的日本历代刑法学者的不懈努力，现在可以说，近代日本刑法学与作为其祖师爷的法国、德国刑法学之间，已经有了很大的不同。这一点，从就行为人是不是要对现实发生的侵害结果承担刑事责任的判断规则的分道扬镳中，就能体现出来。关于这一问题，在过去，不管是德国还是日本，均是通过因果关系论即行为和结果之间是不是存在"没有前者就没有后者"的条件公式来加以判断的，但后来在发展过程中，二者就风流云散、各奔前程了。德国采用了所谓客观归责理论，即从"行为是否制造了法所不允许的风险，该风险是否在结果中变为了现实，变为现实的过程是否在构成要件的效力范围之内"这样三个层面上的若干下位规则来判断的方式；相反地，日本则从"大阪南港事件"判决[1]中提炼出了"现实发生的结果是否实行行为中所蕴涵的危险的现实体现"的"行为危险现实化说"。学界虽然认为，"行为危险现实化说"在基本观念上与"客观归责理论"一脉相承，但至少在形式上存在极大的不同。换言之，就传统刑法学中因果关系的判断而言，日本也已经形成了和德国不同的独具特色的判断思路和方式。

---

[1] 最决1990年11月20日，《刑集》第44卷第8号，第837页。"大阪南港事件"的事实是，X于1981年1月15日午后8时到9时之间，在自己经营的三重县内的饭店之内，多次用脸盆等殴打被害人A的头部（第一暴行），被害人由于恐惧等心理作用的影响，导致血压上升，引起内因性脑出血，陷入无意识状态。之后，X用汽车将被害人A运送到大阪南港的一个建材仓库遗弃之后逃走。之后，匍匐在地被害人A，又被没有归案的第三者Y用角材对其头部进行数次殴打（第二暴行）。第二天凌晨，被害人A因脑出血死亡。根据鉴定，Y的第二暴行的作用是，使得已经形成的脑出血的范围扩大，让被害人的死亡时间稍微提前。对于本案，日本最高法院认为，在犯人的暴行形成被害人死因的伤害时，即使此后因第三人实施的暴行而使死亡时间稍微提前，仍然能够肯定犯人的暴行与死亡之间的因果关系为由，肯定了X的暴行和被害人A的死亡结果之间的因果关系，判定X成立伤害致死罪。

译者重印版序

行文至此，我不禁回想起 1992 年 10 月，我和留学时的指导教授大谷实先生初次见面的场景。在大谷先生的与京都"御所"仅一路之隔的那栋暗红色的 2 层小楼的研究室里，我看见房子四周的书架上摆有很多英文和德文书，便礼貌性地问他，现在做研究主要是参考德文书还是英文书？他说，我现在只看日文书。我当时以为是听错了，又追着问了一句，在得到他很肯定的回答之后，我心里稍稍有些不舒服的感觉，觉得这种回答似乎是在敷衍一个初来乍到的中国学生，其中不乏傲慢和不屑。但事后来看，真的是我过于敏感和自尊，误解大谷先生了。确实，在他之前的 20 世纪 80 年代以及更早的那些学者，如团藤重光、大塚仁、福田平、西原春夫、藤木英雄等撰写的教材中，大量地使用了德文、英文甚至法文文献，但到 20 世纪 80、90 年代之后，他以及与他同时代的代表性学者，如前田雅英、曾根威彦等的教材中，所参考的文献基本上都是本国学者的见解和实务判例了，几乎看不到外文文献的痕迹，再之后的学者，如在我国耳熟能详的西田典之、山口厚、松原芳博等学者的教材就更不用说了，大家只要看看这些书的中译本，就能看出这种倾向。即便是在德文和作为母语的日文一样流畅的井田良的教材中，也同样难以觅到外国文献的痕迹。看来，在日本战后，经过平野龙一等学者的不懈努力，至少在体系书即教材的层面上，不用参照外国文献，也能依据日本本土学说独立地进行有应用价值的学术研究了。

我国目前正处于中国式现代化建设的过程当中。中国式现代化，是物质文明和精神文明相协调的现代化，其中，当然包括刑法学研究的中国式现代化。在这方面，可以说，我们正面临前所未有的巨大机遇和挑战。作为一个拥有 14 亿人口的大国，进行全体人民共同富裕、物质文明与精神文明协调发展、人与自然和谐共生、走和平发展道路的现代化事业，属于人类历史上的一项伟大工程。在此过程中，作为研究调节社会关系的重要手段的刑法的学问，必将也面临前所未有的变革。如果我们能够以国外同行可以理解的中国特色的研究方法和话语体系，对我国当前的立法以及司法实践中所面临的各种犯罪问题，进行符合国情的阐释和分析，并提供最佳解决思路，建构中国自主刑法知识体系的话，则我们不仅能够为目前正在进行的中国式现代化的伟大事业贡献我们的力量，也能为人类社会的发展贡献中国智慧和中国方案。在这方面，应当说我国的司法机关已经走在了前头。他们不仅公开了其绝大多数的司法解释以及相关的政策文件，而且还在持续不断地发布一些有争议或者具有代表性的判例供学者们研究。另外，得益于时代的发展，对我国具有重要借鉴的近现代刑法学研究的先驱——德国、日本的当代主要学说，不仅在我国都有介绍，并且在我国也能找到类似见解的代表性学说。如果我们的学者能够树立起强烈的共同体意识，重视、欣赏并客观公正地对待本国同行的研究成果，在研究过程中发展传播的话，则我国本土刑法观的形成，不仅可能，而且也为期不远了。衷心希望我国年青一代的学者有这种意识和担当，并为此而努力！

黎　宏
2023 年 6 月 22 日于清华双清苑

译者序

平野龙一及其机能主义刑法观

说到日本战后最有影响，也最具日本特色的刑法观，就不得不提到主张在犯罪学、社会学等相关知识的基础上实质地进行刑法解释、经验地、与时俱进地把握刑法机能的机能主义刑法观。说到机能主义刑法观，就不能不提及其首倡者、和团藤重光教授一道堪称战后日本刑法学双璧的平野龙一教授。而说到平野龙一教授，就不得不提及其机能主义刑法观之集大成的《刑法的基础》一书。这本书自20世纪60年代出版以来，已经被十几次重印，[1] 历久弥新，属于经得起时间检验的经典著作。平野教授在这本书中所提倡的机能主义刑法观，对当时在日本具有压倒性地位的德国规范刑法学进行挑战，并为形成具有日本特色、总体上偏向结果本位（所谓结果无价值）的主流刑法学奠定了基础。在各种外来学说令人眼花缭乱、目不暇接的当代中国，了解平野教授的心路历程及其机能主义刑法观，对于我们了解战后日本刑法学的发展历史，并探讨如何借鉴其经验，形成具有中国特色的刑法学，无论在研究方法还是思想内容上，应当说，都具有重要的参考价值。

基于以上考虑，本文选取平野教授的《刑法的基础》为主要对象。

---

[1] 本书自1966年出版以来，到2004年为止，已经被15次重印。

在对平野教授的成长历程进行追寻之后，对《刑法的基础》的基本内容进行概括，并在此基础上，对本书问世的时代背景以及当代价值进行分析探讨。

一、关于本书的作者[1]

（一）学生时代的平野

本书作者，已故东京大学名誉教授、日本学士院会员、日本1993年秋一等瑞宝勋章获得者、日本1999年"文化功劳者"荣誉获得者平野龙一博士（1920~2004年），是当代日本的代表性法学家之一。他于1920年9月出生于日本南部九州的熊本县。其父亲毕业于东京大学法学部，专职律师，兼任熊本市议会议员，做过两届议长，1935年就任熊本市市长，1945年8月10日战争即将结束之际，在处理战难所引起的传染病时以身殉职。母亲本是家庭妇女，共生育了三男三女。战后，为继承丈夫遗志，创办了藤崎台孤儿园，并亲自担任园长三十余年，庇护战难中幸存下来的孩子们。另外，她也热心于公益事业，先后担任熊本县教育委员、县儿童福祉审议会委员、法院调解员等，因而被当地推选为荣誉市民，并在1978年获得"熊本县近代文化功劳者"的嘉奖。

平野少年时就读于当地男子师范学院附属小学和熊本中学，喜爱棒球和剑道，特别擅长棒球，司职二垒手和游击手。1935年，他进入国立熊本大学前身的官立第五高等学校（简称"五高"）。受德语教授小岛伊佐美的影响，平野对德国文学特别是歌德等作家的作品产生了浓厚的兴趣，努力学习德语，这为其日后的研究打下了良好的基础。在这里，他还结识了剧作家，也是第40届"熊本县近代文化功劳者"的获奖者木下顺二，并成为挚友。从木下身上，他初次接触到了无教

---

[1] 关于本书作者平野龙一先生的生平介绍，译者主要参酌了以下文献：[日] 平野龙一：《东大内外》，东京大学出版会1986年版；[日] 松尾浩也："平野龙一先生的业绩介绍——作为1994年度熊本县近代文化功劳者"；[日] 松尾浩也、岩井宜子、小田中聪树、酒卷匡、西田典之、堀内捷三、山口厚："平野龙一先生的人生与学问"。以上文献，均载于《ジュリスト》2004年第1281号；[日] 中山研一："平野刑法学的轨迹"，载《法律时报》第76卷第12号，第66页以下。

会派的思想。

1938年,平野考入其父亲的母校东京大学法学部。多年以后,平野仍对初入东大时的情景记忆犹新,他回忆说:"我是从熊本五高来到东京大学的,来到东京,于我来说似乎是头一回。就像(夏目)漱石的《三四郎》中描写的一样,无论在知识上还是感情上,都像是突然进到了一个上层社会,有目眩的感觉。不管是所看到的人还是聊天的人,似乎都各具形态、与众不同,而我却像个没有任何内容的人。和《三四郎》最大的不同不过是,尽管我多次在三四郎池旁边转悠,但美祢子却从来没有在那椎形树下站立过。"[1]

尽管有这种青春期的伤感,但他在校园里行色匆匆,如饥似渴地辗转于各个讲座和课堂之间。在文学部,他听和辻哲朗教授的伦理学和立泽刚讲师的拜火教(袄教);在法学部,他参加刑法学的小野清一郎、民法学的我妻荣、日本法制史学的石井良助等教授的讨论课,表现出了广泛的学术兴趣。终至有一天,小野教授嘱咐他,早点确定将来的方向,他才开始专心致志于刑法学的学习,并开始了刑法学者的成长历程。

1942年9月,平野从东京大学毕业,留校担任小野清一郎教授的助手,但等待他的却是服兵役。由于临时征召,他于同年10月,作为二等兵进入熊本西部第16联队服役,并在鹿儿岛迎来了日本无条件投降,最终以中尉身份复员,回到东大重新开始了中断3年之久的学术生涯。

(二) 作为学者的平野

1. 从助教到副教授

日本战后,满目疮痍、百废待兴。战争中断了日本刑法学界和西方诸国的交流,海外新书和杂志难以入手,但战时被疏散到长野县和福岛县的一些藏书被陆续运回东大,这为平野提供了阅读西方古典法学名著的难得机会。不久,海外购书制度恢复,大量最新的西方文献

---

[1]《东京大学教养学部报》第267号,后收入[日]平野龙一:《东大内外》,东京大学出版会1986年版。

到达日本，让年轻的平野助教兴奋不已。这一时期，平野的研究成果集中体现在"赃物罪的犯罪社会学考察""论故意"等视角独到的论文当中。1948 年 10 月，他升任副教授。从此之后，东大刑事法研究室里，坐拥团藤重光和平野龙一两员风格迥异的教授，为东大刑法学科日后成为日本刑法学界之龙头老大，奠定了人事上的基础。

平野副教授于 1949 年秋天第一次上课，讲授刑事诉讼法。据说为他的讲义所吸引，日后成为刑事诉讼法学者的学生，不下五人。其时，恰逢日本全面修改《刑事诉讼法》，受美国的影响，刑事诉讼属于正在发生深刻变革的领域。平野副教授除了向在本领域已有专著出版的团藤教授求教之外，更主要的是和实务部门的资深法官们共同讨论，形成自己的观点。"诉因概说""沉默权""控诉审的构造"等论文，都是他这一时期的成果。

2. 留学美国

1954 年，在日本恢复战争原因而中断已久的学者海外学术休假制度之前，在大学有关人士的努力和美国福特基金会的资助下，日美两国缔结了对于改变日本的法学研究传统来讲，具有划时代意义的"日美法学交流计划"——此前，法律学者多半去欧洲特别是德国留学，几乎没有人去美国。平野副教授作为该计划的第一批受益者，去美国学习了两年。他第一年在哈佛大学，除了学习刑法学之外，还学习了刑事政策、犯罪学；第二年在斯坦福大学，主要学习哲学、社会学、心理学。1956 年学成回国，第二年就升任教授，除了教授刑事诉讼法之外，还教授刑法、犯罪学等课程，以此为开端，他开始对刑事法的所有领域展开了卓有成效的研究。

3. 学问体系的建构

首先，平野教授在 1958 年推出了第一本专著《刑事诉讼法》。这本书吸收了美国最新的刑事诉讼法以及证据法的理论，大量总结了日本的审判、检察、辩护的实务情况，和当时学界占主导地位的职权主义相对，全面提出了当事人主义的刑事诉讼理论。作为贯彻当事人主义的体现,在搜查阶段,他提出了与纠问搜查相对的弹劾搜查的概念;在审判阶段中,他提出了只有诉因才是审判对象;就以交叉询问为中心的传闻证据法则,他以当事人主义的立场对其进行理解;对有关判决效力的一事不再理原则,他也是从处在当事人主义延长线上的禁止二重危险的角度来加以说明。为了确认诉因是检察官的主张,而不是嫌疑的表现,他采用了对实体和程序不加区分,追诉追究过程是与程序过程相区别的独立过程的诉讼基础理论。这种全新的理论见解,在当时预示着日本刑事诉讼法学的新时代的来临。现在,当事人主义的刑事诉讼观已经成为日本的通说。

其次,平野教授还把目光投向了以实证研究为基础的犯罪学以及刑事政策学。他认为,不对作为刑法学基础的犯罪学、作为刑法机能基础的刑事政策进行洞察,就不可能对刑法学进行全面深入的研究,因此,他从一开始就着手写作有关刑罚论、犯罪人处遇、刑事政策的论文,并且将西方特别是美国有关犯罪学、刑事政策的文献大量翻译介绍到日本来。其中,他组织并亲自参与翻译了当时最为有名的美国犯罪学家萨庶兰的《刑事学原论》《白领犯罪》等著作,并整合相关机构,将不同领域的学者组织起来,进行综合研究。就犯罪学而言,他将犯罪社会学和矫正医学领域的人组织起来,成立刑事学研究会,推进犯罪学的跨学科综合研究。该研究会虽然后来被大型的国立研究机构即法务综合研究所、科学警察研究所所取代,但留下了平野教授作为主编之一的六卷本的大作《日本的犯罪学》(1959~1964年)。就犯罪人的处遇而言,他的独著《犯罪处遇法的诸问题》(1963年)以及《矫正保护法》(1963年),对当时正在进行的刑法修改工作产生了重要影响。

最后,平野教授最为投入精力、成就也最为斐然的研究领域还是刑法学。平野刑法学的基本出发点,也是平野刑法学的最大特色,就是所谓机能主义的刑法观。对此,他在1972年出版的、作为平野刑法学形成的标志性著作《刑法总论Ⅰ》的序言当中有以下表述:"与日本当今在形式上重视形式规范,追究违反者的道义责任的刑法学的有力方向相对，本书努力追求刑法在现代社会所应当具有的实质的、机能的作用。换言之，不只是孤立地将刑法作为考察对象，而是将其作为和其他法律一样的控制社会的一种手段加以考虑，在刑事政策以及其他各学科成果的基础上，考虑刑法应当完成的任务。这种考虑的基本内容已经在《刑法的基础》以及《犯罪人处遇法的诸问题》中提到，但我希望将这种考虑渗透到刑法总论中来。"[1] 在这一段自叙当中，可以看出，平野刑法学有以下三个基本特征：一是以社会学为基础的现实认识。日本历来的刑法学，均是以德国为标准来探讨日本的问题。对此，平野提出了不同的看法。他主张从社会学的角度来考察犯罪，即在犯罪论的研究上，充分考虑各国的政治体制以及一般观念上的差异。二是机能的考察方法。日本当时流行的是以德国的观念论为基础的教义刑法学，其将刑法作为社会伦理、规范的体现，并以此为基础，将规范机能作为刑法的基本机能。与此相反，平野认为，现代社会中应当考察"刑法作为社会控制手段所应当具有的机能"。他在将机能考察中的基本问题设定为"刑法的目的是维持社会伦理，还是保护法益"之后，排斥前者，支持后者。从保护法益的角度出发，认为尽管伦理上应当受到谴责，但没有被害，或者具有被害人承诺的行为，应当被非犯罪化，相反地，尽管迄今为止没有受到伦理上的谴责，但具有引起较大被害可能性的公害犯罪、经济犯罪，则应当被犯罪化。三是问题思考。平野对当时流行的"体系思考"进行了毫不留情的批判，认为只有"问题思考"才是实现机能刑法观的手段。基于这种考虑，他在刑法教材的编写方式上，摆脱了历来的教科书将所有的问题，都从作者自己的立场来加以展示的体系性叙述风格，而采用有争议的详述，没争议的略过，分析各个问题所具有的实质意义，然后指明其解决思路的方法。换言之，不是采用"体系思考"，而是采用"问题思考"的方法。[2] 在上述机能主义刑法观之下，平野教授展开了与当时通说

---

[1] [日] 平野龙一：《刑法总论Ⅰ》，有斐阁1972年版，序言。
[2] [日] 平野龙一：《刑法总论Ⅰ》，有斐阁1972年版，序言。

完全不同的见解：在刑事责任的根据上，提倡柔软决定论和性格决定论；在刑罚处罚根据上，选择以一般预防为中心的抑制刑论；在犯罪本质上，选择与规范违反说相对的法益侵害说；在违法性的判断上，选择了结果无价值论，等等。

在日本这样一个以专精为学术评价标准的国度，一个学者能够同时精通两个领域，就已经很了不起了，但平野却在刑法、刑事诉讼法和刑事政策这三个领域同时展开研究，并且都能达到引领学科发展方向的程度，这在日本刑法学史上，几乎可以说是前所未有。

4. 学会活动

平野教授除了自己做研究之外，还身体力行推动搭建各种学术交流平台，为学者间的交流提供场所和机会。如日本刑法学和刑事诉讼法学者的最为重要的学术交流组织——日本刑法学会，实际上就是由团藤、平野两个人在1949年发起并实际主持运行的。基于日本社会论资排辈的习惯以及尽可能地团结绝大多数会员的考虑，实际主事者团藤重光教授和平野龙一教授长期在幕后从事各种具体事务性工作，直到泷川幸辰（京都大学）、木村龟二（东北大学）两位学界前辈出头露面之后，团藤教授才就任日本刑法学会理事长。平野教授也在平场安治（京都大学）之后，从1979年开始连续两届担任日本刑法学会理事长。同时，他还是比较法学会、法社会学会、日美法学会的主要会员。

另外，平野教授还积极参加各种国际性的学会，并担任会议主席或者主持人，在海外学者当中，评价甚高。从1972年开始，他连续17年担任国际犯罪学会的理事，1984年当选为国际刑法学会理事。作为国际交流的成果，他以英文、德文、法文发表的论文达二十余篇。

(三) 作为教师的平野

1. 培养学生

大学教授的基本职责，是通过教学为学生提供专门领域的知识，而且指导年轻学者，实现学术上的薪火相传。平野教授作为东京大学的法学研究生导师，从1953年开始到1981年退休为止——实际上之后也在进行——一直致力于后学的培养和提携。受过其指导的学生，大都活跃在北起北海道南到冲绳的日本各个大学的刑事法教学一线，可谓桃李满天下。如我国学者熟知的松尾浩也、堀内捷三、林干人、町野朔、前田雅英、西田典之、山口厚、佐伯仁志等都是其嫡传弟子。而听过他的讲座或者以其他方式间接受其影响而走上学术之路的，更是无以计数。在祝贺平野教授七十寿辰的论文集当中，有一个学生写道："先生绝不是能说会道的人。倒不如说，先生学说的精湛本身才是对我们持续的教育。而且，从其只言片语中获得创作灵感者，在其简单的感怀中产生心灵上的触动者，不在少数。"[1]

2. 参与学校管理

在日本，一个不成文的规矩是，优秀的教授在从事自己的研究之外，还必须负担学校的行政管理工作，该负担有时候还非常繁重。1969年，平野在日本大学学潮闹得最凶的时候，被推选为东京大学法学部部长，为恢复当时正处于全国学潮风暴中心的东京大学法学部的教学秩序，呕心沥血，做出了巨大贡献。之后，担任东京大学校长助理（相当于副校长，东大当时没有设副校长的职位），1981年，经过校内选举，成为战后第八任东京大学校长，兼任国立大学协会会长。平野任满4年后退休，被授予东京大学名誉教授称号。

（四）作为委员的平野

1. 刑事法方面

在日本，大学教授经常受聘担任政府的各种审议会的委员，担任法制审议会委员意味着要参与立法工作。平野自任教之后就一直参与政府的刑事立法工作。日本现行刑法是1907年制定的，相当古旧，日本政府很久以前就考虑对其进行修改，20世纪50年代，日本法务省内部设立了相关机构，考虑修改刑法。刑法修改工作由战前日本刑法学的代表人物小野清一郎博士主持，平野作为主要委员积极参会并发表

---

[1] 参见［日］内藤谦等编：《平野龙一先生古稀祝贺论文集》（下卷），有斐阁1991年版，后记部分。

意见，对当时修改刑法的指导思想提出了强烈批判，认为其缺乏与时代相应的新鲜感。之后，他干脆辞去了法制审议会委员的职位，和京都大学的平场安治博士一起主编出版了针对修改刑法草案的《修改刑法研究》（共2卷，1972~1973年）。由于平野教授等的慎重反对，日本法制审议会1974年公布的《修改刑法草案》最终未能提交国会审查。1995年完成的日本刑法典现代用语化的工作，其中很多地方都参酌了平野教授的意见。

2. 医师法方面

平野还长期担任中央卫生审议会委员、公众卫生审议会委员等职，参与日本厚生省负责的医师法立法工作。由于精神卫生问题和刑法上的责任能力论以及保安处分问题密切相关，因而他对此特别关注，并著有《精神医疗和法》（1988年）一书。另外，在"临时脑死以及脏器移植调查会"中，平野也是唯一的法律学者，他以深厚的法律功底和透彻的现实感，主导着整个委员会，为最终报告的提交做出了重要贡献。

二、关于本书的内容

本书实际上是一本论文集，除个别以外，所收录的均为平野教授在1960年之后发表在各种杂志以及丛书中、体现相同学术观点和理念的代表性论文。

本书分为三部分：第一部题为"刑事责任"，其以作为刑事责任根据的意思自由问题为中心，分析了所谓性格责任的见解及其现实应用问题。收录有五篇论文，分别是"意思自由和刑事责任""人格责任和行为责任""恩格希的自由意思论""论刑事责任——兼作对批判的回应""刑事责任的扩散——刑法的一个课题"。第二部题为"刑法的机能"，在全面提出刑法的机能考察方法的同时，特别就刑法和伦理关系，对主张刑法的自我克制的现实和必要性进行了探讨。这一部分也收录有五篇论文，分别是"现代刑法的机能""日本刑法的特色""生命和刑法——以安乐死为中心""对家庭以及性道德的犯罪""赃物罪考察"。第三部题为"刑法中学说的作用",在对刑法中学说作用的自觉展开之中,对历来的刑法教义学进行了批判。这一部分只有一篇论文,即"刑法·判例·学说"。以下按照上述三个部分的区分,就其主要内容分别进行分析介绍。

(一) 关于"刑事责任"

刑事责任的本质,实际上涉及为什么可以对人处以刑罚的根本问题,而作为这一问题的前提性问题是,人为什么会犯罪。对此,刑事古典学派和近代学派的见解完全相反。古典学派即旧派认为,人都有理性,可以自由地将某种引诱作为作为或者不作为的动机,犯罪是自由意思的选择结果,主张非决定论。自由意思的存在,意味着人可以不受因果法则的支配而选择行为。其中,绝对的自由意思论认为,所有的人都能不受素质、环境的影响,而自由地选择实施或者不实施行为。费尔巴哈的心理强制说,就是基于这种绝对自由意思论的观点,认为人是在不为外部因素所决定的自由意思的支配之下,选择实施违法行为,因此基于人与生俱来的报应心理,其应当受到处罚。相反地,近代学派即新派则反对自由意思论,主张决定论,认为犯罪是为各种条件因素所决定的结果。如菲利认为,自由意思只是一个假设,现代的实证方法已经否定了意思自由的存在,人的行为包括犯罪都是人格与环境相互作用的结果;加罗法洛也认为,自由不是事实,至少没有证据能够证明自由意思的存在,在自由意思、道义责任的基础上不可能建立起现代刑事制度。李斯特则进一步指出,刑法的目的是防止犯罪,因此必须研究犯罪本身,不能仅限于抽象概念的解释;犯罪是社会与个人的产物,是由犯罪人周围的社会关系以及犯罪人的固有性格造成的,而不是因为超越因果规律的自由意思在起作用;自由意思论不能实现防止犯罪的目的,要防止犯罪,必须针对犯罪原因采取有效的刑事政策。[1]

---

[1] 上述内容参见 [日] 平野龙一:《刑法总论Ⅰ》,有斐阁1972年版,第一章"刑法理论的系谱"部分。

上述有关自由意思的争议，对日本的相关论述也产生了极大影响。在日本学界，关于人为什么犯罪的问题，当时流行的是以小野清一郎和团藤重光为代表的非决定论的主张，其基本主张和上述旧派观点相似。[1] 按照这种观点，因为犯罪是人的自由意思的选择，不受其他外在因素的影响，因此，其和认为犯罪具有原因的犯罪学，和认为"人的行为都是人格与环境相互作用的结果"的近代学派之间，不可避免地就会产生冲突。以小野博士的话来说，就是"在刑法学中，作为哲学的刑法理论和作为实证科学的犯罪学以及刑事政策之间横亘着几乎难以超越的矛盾"，[2] 刑法和犯罪学，处于无论如何都难以超越的二律背反关系之中。团藤教授意识到了这一问题，试图将二者加以调和。他说："用非常公式化的表述来说，就是素质和人格环境形成人格，如此形成的现在人格和现在环境即行为环境形成行为。"这个说法似乎认可了新派的主张，承认犯罪行为是被决定而产生的。但是，团藤教授同时又强调"主体性"。"所谓主体性，是行为人对其自身能够加以控制的可能性"，"控制当然以控制主体为前提。如果说控制主体完全被因果必然性所支配的话，则其无非就是因果关系过程的一个单一环节，而不可能成为控制主体自身。控制主体，在该限度之内，必须是超越因果关系的东西"。[3] 换言之，在团藤教授看来，犯罪行为一方面被"行为环境"所决定，但另一方面又为其"主体性"所决定。但"行为环境"和"主体性"之间关系如何，则语焉不详。

正是在上述背景之下，平野教授在"意思自由和刑事责任"一文中展开了其刑事责任的论述。这一部分，既是平野教授有关刑事责任独到见解即柔软决定论的展开，也是其将自由意思放入法则之中进行经验分析的尝试。平野之所以提出这个问题，主要是为了建构其以科学合理的知识和以社会认识为基础的有效的刑事政策论。而建构这一

---

[1] [日] 小野清一郎："法语刑法学中的责任论"，载《ジュリスト》第56号。
[2] [日] 小野清一郎：《本国犯罪现象的认识》，喜久屋书店1949年版，第3页。
[3] 参见 [日] 团藤重光："刑法中的自由意思问题"，载《尾高朝雄教授追悼论文集：自由的法理》，有斐阁1963年版，第218页。

政策论，就是为了使历来被魔幻化的自由意思受到理性之光的照射，成为可以为经验法则所验证之物。在此，平野教授从刑法学和犯罪学之间是否处于二律背反关系问题切入，展开讨论。

按照平野教授的理解，之所以会出现犯罪学越发达，刑法学的存在余地就越小，刑法学经常处在犯罪学的威胁之下瑟瑟发抖，甚至面临被消灭的二律背反局面，主要是刑法学方面的误认，即以为没有不被决定的自由意思，就不能对犯罪人加以谴责。针对这个问题，平野教授提出，决定论和自由意思并不矛盾，即便说犯罪有犯罪学意义上的原因，也还是完全能够从刑法学的角度来对其加以谴责。问题只是，如何将二者加以协调，才能超越犯罪学的发达所导致的"理解一切就是允许一切"的局面，从而使"因为理解所以才处罚"变得可能，让刑法学放心地安住在其安身立命之所。[1]

这里，平野没有像新派一样采用"僵硬决定论"或者"宿命论"的观点（因为，如果像上述一样，认为"人的行动都是被决定的"话，则所有的努力都是徒劳，理想也毫无意义），而是采用了"柔软决定论"，认为人的意思，一方面顺从法则，另一方面也是左右结果的一个因素，正因如此，人的理想和努力才显得有意义。他以甲从船上落入海中之后，向岸边游泳得以逃生为例，说不能在甲游泳上岸之后就说甲的逃生是命中注定了的，对其获救结果起作用的，还是甲的性格，他的性格决定其在当时的情况下会竭尽全力游泳。因此，游泳的意欲是不是被决定，和甲是不是注定会死，是两个不同的问题。[2]

在上述前提之下，平野认为，正如近代学派所言，人的意思具有顺从法则的被决定的一面，但这并不意味着不能对人追究责任。他说，确实，在完全相同的事态之下，不能说"也能实施其他行为"。只可以说，"条件不同的话"，就能实施其他行为。如果具有不同的动因，或者更强的合法的规范意识，更进一步地说，具有不同的人格，或者具

---

[1]［日］平野龙一：《刑法的基础》，东京大学出版会1966年版，第62页以下。
[2]［日］平野龙一：《刑法的基础》，东京大学出版会1966年版，第23页。

有不同环境的话，可以说，就有可能实施其他行为。换言之，平野并没有像典型的新派学者一样，面向否定自由和责任的方向，而是将所谓"柔软决定论"作为基础，认为从决定论中足以寻求自由和责任的根据。具体而言，"自由"并非不为任何东西所决定之物，而是为自己人格的规范心理层面所决定之物，因此，对并非被外在之物所强制的、与人格相当的行为，追究与其人格程度相当的责任，有足够合理的根据（"性格责任"或者"实质的行为责任"理论）。换言之，如果说行为是人格和环境相互作用的必然结果，那么，只要环境并不异常，则该人实施犯罪的危险性就大。为了让其不实施该种行为，就必须对该人的人格进行强烈干预。即原则上，越是与人格即规范人格层面的"特质"相当，责任就越重。[1]

平野教授之所以提出上述主张，一个很重要的原因，就是对当时流行的非决定论中所谓的自由意思论或者道义责任论感到不以为然。他认为，不能对人的自由意思形而上学地设定前提，而应当以将经验之光照射到刑事责任中的方式，明确其真实面目，将其从道义责任这种魔幻化的概念中解放出来，从而划定刑罚的正当界限。[2] 这分明是提倡从有效性的角度来设定刑罚的界限，也符合其经验主义方法论的理解。正因如此，他在"刑事责任的扩散——刑法的一个课题"这篇短文中说，在历来的责任论当中，被追究责任的对象，通常被考虑为一个实体，就是被称为"自由意思"的东西。其是脱离了我们的经验理解的超自然的东西，对其爆发性的情感表现，就是道义谴责。从非决定论的自由意思当中寻求刑事责任的根据的话，责任只能在"有"或者"无"当中选择，而不可能存在责任程度的问题，这对少年犯和精神病罪犯而言，显然是没有意义的。另外，即便在社会集团当中，在共犯现象、业主或者法人处罚上，责任在扩散。现代社会中，刑事责任，不仅归责于具有自由意思的个人，还分散于个人的集合体，也扩散到了社会集团当中，

---

[1] [日] 平野龙一：《刑法的基础》，东京大学出版会1966年版，第28页。
[2] [日] 平野龙一：《刑法的基础》，东京大学出版会1966年版，第28页。

而这仅靠所谓道义责任或者伦理责任,解决不了问题。[1]

针对平野教授的上述观点,学界提出了一些商榷意见。认为就性格责任论而言,其在结局上是追究性格形成责任,偏离了行为责任原则,和新派的责任论接近。针对这种指责,平野教授在"论刑事责任——兼作对批判的回应"一文中,进行了说明。他说,传统上,一提到犯罪原因,就只考虑所谓生理的、物理的"力量"原因,在这种犯罪学之下,因果性和意思自由是不能同时存在的,但在将人的规范意识乃至价值体系作为犯罪原因,以及将因果关系看作相继发生的现象之间的法则性背景之下,则可以说,即便犯罪存在原因,也足以对其加以谴责。因为,所谓谴责,就是向行为人传达社会的否定的价值判断,向其诉说规范意识。这里,并不需要介入任何"非决定"的要素。能够按照自己的规范意识而行动,就是"自由"。[2] 基于这种所谓的"柔软决定论",平野教授认为,即便如此,也不应当马上将规范意识作为行为而现实化。规范意识受到环境以及其他因素的刺激,以意思乃至决定的形式,在此环节之后,作为行为而被客观化。在此意义上,自由意思和自己决定能够被一般认可,它们对理解行动具有重要意义。只是,自由意思和自己决定,不是无缘无故地产生的。科学地探究"所谓"自由意思的原因,还停留在可能的阶段上。这样说来,刑法和犯罪学不仅能够共存,而且也是相互不可或缺的。[3]

平野教授将这种性格责任论与当时流行的人格(形成)责任论进行了对比。他认为所谓责任,是应当谴责谁、应当处罚谁的实践性问题。这种谴责或者处罚,是为了让人不要重蹈覆辙而实施的。在同样的事态再次发生的时候,通过施加"过去被谴责,下次还会被谴责"的新条件,防止实施同样的行为。谴责和刑罚,在这种意义上,是面向未来而施加的,而并非单纯指向过去而施加的。而人格责任论在这

---

[1] [日] 平野龙一:《刑法的基础》,东京大学出版会1966年版,第84~89页。
[2] [日] 平野龙一:《刑法的基础》,东京大学出版会1966年版,第64页。
[3] [日] 平野龙一:《刑法的基础》,东京大学出版会1966年版,第64~65页。

一点上，恰恰存在问题。因为，人格形成的过程，对于某个人来说，是不可能从头再来的一次性经验。因此，针对该人的刑罚，不具有让该人将来不要再次形成该种人格的性质。对其处罚，不是对其他人的人格形成的警告，而是绝对的报应刑。在此意义上，可以说，人格形成责任论纯粹是回顾性的、面向过去的，而性格责任论则是展望性的、面向未来的。[1]

让人觉得非常新鲜且饶有趣味的是，平野教授在回应其他学者对其刑事责任论的批判时，还专门提及以"柔软决定论"为基础的性格责任论符合马克思主义的基本立场。他认为，非决定论是为资本主义制度辩护的理论，是无视社会制度的理论。因为，按照马克思主义的理解，资本主义社会中犯罪的原因，在于资本主义制度自身，因此，应当尽量避免刑罚，而采用完善社会政策的方式来预防犯罪。如果说犯罪是非决定论的自由意思所引起的话，则就犯罪的发生而言，社会就没有责任。龙勃罗梭的天生犯罪人说因为将犯罪原因求之于生物学的原因，而未考虑社会原因，因此被批判为是"替资本主义制度辩护的理论"。但天生犯罪人说是实证命题，能够以实证的资料对其加以反驳。如果说像非决定论一样，说自由意思"即便是虚构的，也应当承认"的话，那么就不可能对其反驳了。平野教授认为，马克思主义将遵循法则看作自由，力图将自由和法则加以调和。也正是马克思主义，才将历来被抽象考虑的伦理和法明确为具体的个人和社会的意识形态，从而开辟了对其进行科学地、合乎法则地理解的道路。[2]平野教授的上述有关马克思主义犯罪观的精辟论述，即便从今天的角度来看，也不可谓不深刻，足以让自诩以马克思主义法学方法论为圭臬的我辈刑法学者汗颜。

（二）关于"刑法的机能"

在这一部分，平野教授展开了其日后被称为"平野刑法学"支柱

---

[1] [日] 平野龙一：《刑法的基础》，东京大学出版会1966年版，第29页。
[2] [日] 平野龙一：《刑法的基础》，东京大学出版会1966年版，第76页。

的机能主义刑法观。

　　首先必须说明的是，在日本，有关刑法机能的讨论，并不是什么新鲜话题，在平野之前，传统刑法学对其也有探讨。日本传统刑法学关于刑法机能是这样说明的，即，刑法的机能，是规制机能。就是明确对犯罪行为的规范评价，规定对其适当处罚的机能，也被称为"社会伦理机能"。这种规制机能，同时在起着两种作用：一是"保护法益"，即通过保护重要生活利益，以维护社会秩序；二是"保障自由"，即通过限制国家刑罚权的发动，保障善良国民的自由的同时，也保障犯人自身的自由。

　　这种传统的机能考察方法，又被称为刑法的规范考察方法，其是以德国的观念论哲学为基础的"刑法教义学"的考察方法，具有重视规范的形式倾向。其将犯罪的本质理解为规范违反、义务违反，从违反道义当中寻求刑事责任的本质。在这种刑法机能观之下，刑法学就是刑法解释学，其关注点几乎完全是犯罪论的理论构成，而如此强调犯罪构成体系的唯一目的，或者说刑法的唯一机能，就是通过对罪刑法定原则的形式强调而防止法官的恣意。相反地，平野从刑法属于"规制社会的手段"这一点出发，只将"根据经验事实能够验证的现实机能"即"保护法益机能"和"保障自由机能"作为刑法的机能，而将观念的、形而上学的"规制机能"从刑法的机能当中拿掉。更为重要的是，平野不是从社会学的立场出发，在事实上论证刑法具有什么样的机能，而是从刑法应当发挥什么样的机能这种价值层面上来考察刑法的机能问题，其目的在于，活用刑法机能，将其作为刑事立法或者刑法解释的指导原理。因此，虽说平野在考察刑法机能时采用了社会学的研究方法，但严格来讲，其所展开的方法，不是社会学上的事实学的方法，而是作为"社会学的刑法学"的方法。

　　平野有关刑法机能的考察，集中体现在其1965年发表、之后被收录在本书当中的题为"现代刑法的机能"这一著名论文当中。这篇论文从现代刑法应当具有的机能和作用这种新的问题意识出发，大胆提起问题，引起学界的瞩目，具有极大的影响，是当代日本刑法学中屈指可数的重要文献。下面，以这篇论文为中心，具体介绍平野教授有关刑法现代机能的见解。

首先，是对刑法机能研究现状的考察。在这一部分，平野尖锐地指出，日本和德国历来的刑法学执着于理论的独创性、理论的精密性、体系的整合性，而将作为控制社会手段的刑法所现实承担或者应当承担的机能和作用丢在一边。即便在修改刑法的场合，所讨论的议题也不外乎是这种条文出来的话，该怎么进行解释，而制定这种条文，会有什么样的效果则没有成为一般议题。这和当时英美围绕着刑法和伦理的关系，就现代刑法应当具有什么样的机能、发挥什么样的作用进行热烈讨论的局面，形成了鲜明的对照。[1]

其次，是对刑法和价值观的考察。在这一部分，平野教授明确地指出，日本战后，实现了大规模的"价值转换"，即从国家主义向个人主义的转变。但这种价值观的转换，并没有在刑法中反映出来。其具体表现为：尽管战前刑法中维持天皇体制的大逆罪、不敬罪等罪名被删除、《治安维持法》被废止，但是，立法者却制定了《破坏活动防止法》作为其替代。这部法律在强化内乱系列的犯罪的同时，还将《治安维持法》中的犯罪也一并照搬进来；刑法典将对国家的犯罪即内乱罪、外患罪，作为比对个人的生命、财产犯罪更重要的犯罪，规定在刑法分则的显著位置；不仅如此，正在起草的《修改刑法准备草案》有强化对国家利益的犯罪趋势。据此，平野教授认为，在日本，不管是在修改刑法草案当中还是在多数学者的意识当中，应当进行的"价值转换"并不充分，被宪法作为基本人权而放置中心位置上的个人权利，没有受到应有的重视。[2]

再次，是对父权主义和道德主义的考察。在这一部分，平野讨论了刑法和伦理的关系。平野并不否认刑法和伦理之间的关系，认为杀

---

[1] [日] 平野龙一：《刑法的基础》，东京大学出版会1966年版，第93~94页。
[2] [日] 平野龙一：《刑法的基础》，东京大学出版会1966年版，第95~100页。

人、盗窃如果不成为人们意识中的伦理上的恶，则对其处罚不会有效果。但他认为，这并不意味着，刑法的目的就是实现伦理，处罚杀人或盗窃，是实现伦理。因为，仅以行为违反伦理为由而对其进行处罚，就是将自己的价值观强加于他人。这正好威胁到近代社会的"共同价值"即个人自由。以国家的名义，决定伦理上的正确，和认为国家是伦理源泉的国家主义的见解一脉相承。刑罚以身体、经济上的痛苦为核心，从伦理的角度来看，对以刑罚威慑所形成的共同体不能过高评价。而且，刑罚不单单是痛苦，还是社会对行为的否定性评价。因此，强调刑罚的谴责特征的人，具有认同刑法对伦理进行干涉的倾向，伴随有许多对私生活的侵害。综合上述，平野教授的结论是，刑法的目的不是维持"伦理秩序"，对以法律来实现伦理的文化道德主义，以及和保护个人利益无关的刑法家长主义的见解，应当坚决反对。只要没有产生公然侵害，不管如何反伦理，刑法都不应当加以干涉。[1] 关于刑法和伦理的关系，他在"对家庭以及性道德的犯罪"一文中，列举了成人之间基于合意的卖淫或者同性相交、堕胎、安乐死、人工授精、通奸等例子，认为以刑罚强制近代伦理，不是近代的做法，是对个人自由的威胁。[2] 特别是对安乐死，他在"生命和刑法"一文中，认为对伦理上分歧严重的领域，刑法不要介入，对安乐死在一定条件下不要处罚，在这一领域，刑法必须自我克制。[3]

复次，是对市民的安全要求的考察。在这一部分，和前面的考察相呼应，平野教授提出了自己的刑法机能观，认为刑法的目的，不在于保护国家自身或维持伦理秩序，而在于保护个人的生命、身体、自由、财产。其是"市民的安全要求"或"市民的保护要求"。但同时，平野也指出，这并不意味着，为了这种市民的安全，马上就可以发动刑法。刑法具有谦抑性，其具体表现为：一是刑法的补充性；二是刑

---

[1] [日] 平野龙一：《刑法的基础》，东京大学出版会1966年版，第101~114页。
[2] [日] 平野龙一：《刑法的基础》，东京大学出版会1966年版，第183~197页。
[3] [日] 平野龙一：《刑法的基础》，东京大学出版会1966年版，第155~182页。

法的不完全性；三是刑法的宽容性。[1] 之所以将市民的安全保护作为刑法第一位的保护法益，平野教授举出了以下几点理由：社会的城市化导致地域社会的控制力的弱化、国民生活质量的提升导致被害感受性的增强、国民的中产阶级化导致报应感情的强化等事情的变化。针对不能忽视的市民安全强化的要求，刑法必须发挥其本来的机能。作为具体内容，平野教授提出了以下现实问题：即未遂的成立时间，应当比判例的认定更加提前一些；对不作为犯特别是杀人、伤害的不作为犯应当更加广泛地加以认可；应当考虑对个人隐私的刑法保护，为了保护市民安全，对常习犯人和精神异常犯人应当考虑引进保安处分。[2]

最后，是对民事救济替代的考察。在这一部分，平野教授具体以诈骗罪、背信罪以及妨害业务罪为例，指出在日本，对个人的生命、身体或自由的侵害的处罚范围，并不很广。但是，财产犯罪的处罚范围却很广泛。他认为，经济性利益，在事后赔偿的话，几乎完全能够恢复，可以说对财产犯罪没有适用刑罚的必要。平野教授还对广泛规定财产犯罪的原因进行了分析，即之所以出现这种现象，一个相当重要的理由就是，明治时代发展起来的私人企业，意图快速发展但是家底不厚，因此，要求国家给予强有力的保护。同时，民事裁判制度又不能有效地发挥其作用，很多时候，民事诉讼的保护跟不上财产保护的需要。因此，作为民事救济的替代，刑事制裁发挥着保护经济活动的作用。在此限度之内，刑法的谦抑性只好让位了。[3]

(三) 关于"刑法中学说的作用"

在这一部分，作者首先亮明了自己的问题意识，这就是，日本历来的刑法学过于偏重某某学说、某某主义之类的学说或者理论的介绍和建构，而对这些学说或理论与刑法在现代社会中所实际发挥或者应

---

[1] [日] 平野龙一：《刑法的基础》，东京大学出版会1966年版，第115~116页。
[2] [日] 平野龙一：《刑法的基础》，东京大学出版会1966年版，第119~124页。
[3] [日] 平野龙一：《刑法的基础》，东京大学出版会1966年版，第124~128页。

当具有的作用或者说机能之间具有什么关系,则少有探讨。[1] 这是他撰写本篇论文的出发点,也可以说是他本书所收录的全部论文中一以贯之的共同基础。

在这篇论文当中,平野教授具体论述了以下三个问题:

一是刑法。平野教授认为,所谓法律解释,不仅仅是认识、发现事先规定的法条意义的静态活动,而是或多或少地包含了法官的选择或决断的动态活动。将所有的现象事先都在刑法典中规定出来的想法,是一种幻想。这一见解不仅在民法领域,即便在罪刑法定原则占支配地位的刑法当中也同样妥当。实际上,即便在刑法中,法律解释也是法官的选择、决断,这一事实是不容否认的。而且,也绝不是说因为认可了这种事实,就说罪刑法定原则遭到了破坏。倒不如说,罪刑法定原则,以法官的选择行动为前提,是将法官的选择行动控制在一定方向或在一定范围内的技术,是为了实现上述目的的"理论"。[2]

平野教授主张,对罪刑法定原则应当实质地,即机能地把握。罪刑法定原则的实质内容,按照平野教授的理解,由两部分构成:一是什么是犯罪,必须由国民自身通过其代表即国会加以决定的法律主义的要求,二是确保国民的行动自由和预测可能性的自由主义要求。在法官选择扩张处罚方向上,必须对其严格要求;相反地,在选择控制处罚的方向上,必须赋予其较大的自由。[3] 基于这种理解,平野教授认为,即便在形式上有法律,也应当考虑法律的实质界限,在裁判的阶段上,将其向不罚的方向推进,除了以解释的形式实质上对刑罚法规进行部分修改、为此而适用期待可能性以及可罚的违法性的理论之外,他还提议在诉讼法上可以考虑赋予法官类似于检察官的缓期起诉一样的权限。[4]

---

[1] [日] 平野龙一:《刑法的基础》,东京大学出版会1966年版,第225页。
[2] [日] 平野龙一:《刑法的基础》,东京大学出版会1966年版,第225~226页。
[3] [日] 平野龙一:《刑法的基础》,东京大学出版会1966年版,第228~229页。
[4] [日] 平野龙一:《刑法的基础》,东京大学出版会1966年版,第233~235页。

平野教授的这种主张，可以说，和不信任法官，强调以法规对法官进行约束的大陆法系的罪刑法定原则的想法恰好相反，而是立足于信任法官，让法官对刑法进行实质的妥当性判断，监督立法的思考。对此，他是这么理解的。即立法者不可能将所有的事态都考虑到了以后再立法，因此，在一定范围之内，将某些场合授权给对具体案件的细节有现实认识，并在此基础上进行判决的法官处理，会更好一些。这样，立法者在某种程度上不得不"任由判例发展"，而自己只能做一些最基本的决定。这实际上是立法者的宿命。在此范围之内，法官能够决定什么是法。同时，也不能简单地说，根据解释来处罚是不当的，而根据立法来处罚的话就没有问题。因为，存在根据司法来扩张的话仅仅差之毫厘，而根据立法来扩张的话就会谬之千里的局面。因此，在进行选择和决断的时候，法官不仅要考虑处罚该行为是否妥当，还要考虑在控制犯罪的体系当中，自己应当发挥的作用，换句话说，要考虑自己和立法者之间的作用分担。[1]

二是判例。在此所要解决的是，判例是不是法的问题。关于刑事判例，平野教授认为，依照罪刑法定原则，只有法律才是法源，而判例不能成为法源的历来的形式思考存在问题。实质上看，即便是日本，判例的约束力也很强，和认可所谓判例法的英美之间并没有实质性的差别。[2] 他进一步地指出，在日本，有些场合下，判例所发挥的作用，甚至比英美法中还要大。因为，在英美，一般来说，所谓判例，是指"对重要事实的法律判断"，它是相当具体的东西，而在日本，判例是作为法和重要事实之间的媒介的"中间命题"。这种从个别事件中抽象出来的所谓"中间命题"，发挥着实质上的立法的作用。[3]

基于上述，平野教授认为，"判例是不是法"的问题提法本身就不妥当。它不是"判例是法"或"判例不是法"所能够回答得了的

---

[1]　[日] 平野龙一：《刑法的基础》，东京大学出版会1966年版，第229~230页。
[2]　[日] 平野龙一：《刑法的基础》，东京大学出版会1966年版，第238~239页。
[3]　[日] 平野龙一：《刑法的基础》，东京大学出版会1966年版，第240页。

问题。判例，在某种意义和程度上，就是法。但不可否认，它和成文法之间具有区别。不管是在所谓成文法主义的场合还是判例法主义的场合，都是如此。如果说有差别的话，其也只是在观念上考虑法律，还是在经验上接近法律这种方法上的不同而已。[1]

三是学说。在日本学者的一般意识当中，历来将判例和学说置于同等地位。但平野教授认为，这种理解有误。因为，如果说判例就是现实的法的话，则法院就有解释成文法、制定现实的法的权限，而学者则没有解释本来意义上的成文法的权限。学说的作用是对法官做工作，让他们制定现实的法。换句话说，学说，就是为说服法官而付出的努力。基于此，平野教授认为，至少在解释论上，学者在判例批评上所做的"判旨正当"的评价是错误的，而必须以是否妥当是否贤明来加以评价判例。[2]

平野教授认为，学者对法官的说服工作不是支离破碎地进行的，而是作为整体进行的，其是被称为"法解释学"的实践性工作，是意图控制法官的实践活动。法官意图通过适用法律来控制社会生活，法解释学则是通过说服法官，进而对法官的行动进行控制。所谓法律学是"控制的控制"，法解释学不是科学，而是技术，说的就是这种意思。[3]

从这种观点出发，平野对日本刑法学中的一些现象提出了批判。在他看来，如在解释论中也占据支配地位的、认为法已经以完整的形式而存在，而法律学就是"发现"该法的想法，以及脱离实定法的规定来探讨所谓犯罪"本质"，在"自己的体系"的建构上比拼自己立场的正当性的倾向，既是日本刑法学过于概念化地探讨问题的不足，也是对日本刑法学具有绝大影响的德国刑法学的缺陷。因此，他提出有必要实现从"体系思考"向"问题思考"的转变，特别是在解释论上，在自觉意识到学说的机能和作用之后，应当更加实践性地将目光

---

[1] [日] 平野龙一：《刑法的基础》，东京大学出版会1966年版，第240页。
[2] [日] 平野龙一：《刑法的基础》，东京大学出版会1966年版，第243页。
[3] [日] 平野龙一：《刑法的基础》，东京大学出版会1966年版，第246页。

投向在现实判例中所显现出来的活生生创造法的场面。[1]

作为具体问题,他提到了学说对判例中的共谋共同正犯论的态度。按照平野的见解,对于已经被最高法院所认可,现实中已经成为"活法"的共谋共同正犯论,仅以学说"正确"而判例解释错误的观点是难以改变判例立场的。这就是日本刑法学的方向性缺陷的表现。[2] 平野认为,应当在承认判例就是现实存在的"活法"的基础上,以"如何改变"判例结论的方式,让学说发挥说服法官的作用。

平野教授最后指出,法律学为判决的合理化提供"语言",这种"语言"发挥着掩盖判决的真实意图和具体内容的作用,如作为不真正不作为犯成立条件而引用的"保证人地位"以及追问是否成立犯罪场合的"定型"等用语就是其例。平野认为,在刑法学说中,应尽可能地避免以"保证人地位""定型"之类的一般用语来掩盖对个别问题的具体追问,提倡引入个别化的思考,通过对具体要素的确定来进行处理的学术研究方向。换言之,就是在学说上具体落实从"体系思考"向"问题思考"的转变。[3]

三、关于本书的时代背景和现实意义

(一) 本书问世的背景

平野教授的《刑法的基础》,是日本最早将经验法学的研究方法自觉地应用于刑法学领域的著作,其在犯罪学与刑法学的关系、人为什么能够承担刑事责任、现代刑法的机能、日本刑法的特点、刑法典与判例以及学说的关系等刑法学中最为根本的问题上,对当时的通说提出了全面挑战,尖锐犀利、针针见血、发人深省,对日本学界以及实务界产生了极大的震撼。特别是平野刑法学中所闪现出来的"批判性"即对现实的权威、体制进行抵抗的特色,直接体现在其对修改刑法草案进行批判的行动当中,和当今日本刑法学界对于

---

[1] [日] 平野龙一:《刑法的基础》,东京大学出版会1966年版,第247页。
[2] [日] 平野龙一:《刑法的基础》,东京大学出版会1966年版,第248页。
[3] [日] 平野龙一:《刑法的基础》,东京大学出版会1966年版,第251页。

刑事立法的消极逢迎态度相比，让人有恍如隔世之感。以至于有日本学者发出了这样的感叹，日本战后的刑法学，如果没有这个人（指平野龙一——译者注）的话，恐怕就不是今天这个样子了。这个人以昭和40年代的经验法学和刑事政策为基础的"机能考察方法"，以及打破形式主义体系的目的论的"问题思考"为刑法学的新方法论，对立法论和解释论产生了巨大影响，是日本当今刑法学的共同基础的奠基者，是日本战后影响最大的刑法思想家。[1]

按照平野教授主张的柔软决定论即"被决定的同时也在决定"的见解，笔者以为，在日本20世纪60、70年代，以《刑法的基础》为基本内容的机能主义刑法观的横空出世，绝非偶然，应当是有诸多条件或者说是决定因素的。以下，笔者尝试对《刑法的基础》问世的"被决定因素"和"决定因素"即时代背景和写作动机，进行简单分析：

首先，应当和战后日本刑法学的整体走势有关。1945年日本宣布投降之后，根据《波茨坦公告》，展开了"非军事化""民主化"运动，在废除了天皇制的治安立法的同时，建立了以国民主权、和平主义、保护基本人权为三大支柱的"宪法体系"。与此相应，1947年，日本《刑法》也进行了——尽管是应急实施的，但在理论上却具有极为重要意义——部分修改，[2] 为战后日本刑法学的发展奠定了基础。很多刑法学者利用这一难得机遇，对刑法理论的各个领域

---

[1] [日] 山中敬一："平野龙一博士的刑法理论"，载《ジュリスト》2004年第1281号，第48页。
[2] 本次修改，除在总则中放宽了缓刑条件、增设了撤销前科的规定、修改假释条件之外，主要修改体现在分则上：把日本《刑法》第一章"对皇室之罪"全部删除，以体现法律面前人人平等的原则；废除了外患罪中的通谋利敌罪、将军事物资交付敌国罪、帮助敌国间谍罪，以呼应新宪法确立的和平原则；删除了法西斯统治时期增补的妨碍安宁秩序罪，以体现自由民主原则；取消了事实上仅追究妻子刑事责任的通奸罪，以贯彻男女平等原则；此外，还新增关于损毁名誉罪的事实证明规定，加重滥用职权罪、暴行罪以及胁迫罪的法定刑。具体情况，参见何勤华、李秀清主编：《外国法制史》，复旦大学出版社2002年版，第465页。

进行研究，并踊跃参加关于刑法修改的各种讨论，使刑法学摆脱了战前和战时的萎缩状态。具有导致刑罚权的早期发动和广泛干涉个人自由危险的主观主义犯罪论后退，只偏守在刑罚论或者说是处遇论的狭小领域，而极力排斥可能混入国家道义等规范要素和难以确定的主观要素的形式的客观主义犯罪论取得了优势，并成为学界的共同基础。尽管如此，这种表面的繁荣之下却掩藏着深刻的危机。从理论上讲，二战之后的民主主义国家体制的变革，个人主义、自由主义价值观的转换，新宪法的诞生，应当会在刑法学领域引起一场国家主义刑法观和个人主义刑法观之间的暴风骤雨式的决裂，但让人失望的是，人们所预测和期盼的决裂架势并没有出现。这一点从学界对于删除通奸罪和对皇室的犯罪的争论中反对见解强烈[1]的事实，以及尽管根据新《宪法》的精神，全面修改了《少年法》和《刑事诉讼法》，但是从修改刑法的呼声却并不强烈等事实中可以看得出来。和战前一样，新、旧学派之间的对立，仍然是刑法学界的主要话题，只是学界的主流学说已经从藐视罪刑法定、主张国家道义责任的新派变为了主张罪刑法定和自由主义的旧派而已；目的行为论风靡一时，似乎要引起犯罪论体系的巨大变革，但最终也只是对战前延续至今的理论体系进行了一些局部的修补；刑法修改工作如火如荼地展开，但其实际主导者却是战前主张国家主义、伦理主义的学者小野清一郎教授。这些事实表明，和平野教授当初的预想相反，战后日本刑法学的大势，不仅没有形成自由主义、民主主义的泷川（幸辰）刑法学，倒不如说是在向相反的方向发展，这使平野受到了极大的刺激。[2]

---

[1] 如小野清一郎教授就基于"法是伦理"的立场，反对废除通奸罪以及对皇室的犯罪。
[2] 平野教授在出版本书的时候，并没有公开表达其对战后日本刑法学总体走向的不满。在辞去法制审议会委员之后，他终于有了表达其内心真实想法的机会。其在1972年出版的《刑法改正研究1总则》（与平场安治博士合编，法学セミラー增刊）的"概括性批判"部分写道："现行刑法实施之后，到现在为止所发生的最大社会变革，就是伴随新《宪法》的制定而引起的价值转换。用一句话来说，就是从国家主义向个人主义的转换。因

其次，受留学美国的经历影响。如前所述，平野在战后作为第一批日美法学交流计划的学者赴美学习了两年。尽管平野教授本人曾自述，"我自己有关刑法学的考虑，虽说在留学美国之后有了改变，但这不是因为留学美国而发生了变化，而是为了变化做准备，才去了美国"，[1]但从平野的刑法观的发展过程来看，一般认为，这两年的留美经历，对于平野的整个学术思想的形成来说，具有决定性的意义。[2]以留学美国为界，平野的刑法观念前后有别。在此之前，在违法观上，平野也是主张行为无价值论的。这一点从其"论故意"的论文中就能看出。他在这篇具有浓厚的目的行为论色彩的论文中，认为故意是违法和构成要件要素。理由是：①将认为责任就是谴责可能性的规范责任论贯彻到底，对刑法进行体系化的话，则仅属心理要素而已的故意就不可能只是责任；②将作为违法评价尺度的法益概念精神化的话，故意就会影响违法侵害性的内容，应当看作违法要素；③对行为作为包含意思内容的整体进行考察，才可能赋予犯罪论体系刑事学的意义，从此角度出发，故意作为行为的构成要素，也包含在作为社会学上的犯罪类型的构成要件之中。[3]但在1960年以后，平野就放弃了上述将故意作为主观违法要素的见解，明确地说："现在认为，故意还是作为责任要素比较好。"和初期的见解相比，发生了180度的大转弯。在其后来出版的教科书中，更是明确主张结果无价值论。[4]

（接上页）此，如果要对刑法进行全面修改的话，就必须从这种角度来进行。……现在进行全面修改的话，就必须对现行法进行思想、理论上的清理。但在这一次的修改当中，并未实施。不仅如此，反而是倒行逆施。从这次刑法修正案的情况来看，就像是根本没有制定新《宪法》这回事一样。草案的根基还是战前旧宪法的思想，其中有力的还是国家主义和极端的报应刑论。"尽管上述思想是在《刑法的基础》出版之后所表达出来的，但是，内容针对的是新《宪法》颁布之后的日本刑法学的发展状况，因此，从中也大致能窥见平野教授对战后日本刑法学整体情况的真实看法。

[1] 东京大学法学部《研究·教育年报3》。
[2] [日]曾根威彦："论平野刑法学"，载《刑法杂志》第45卷第2号，第290页。
[3] [日]平野龙一："论故意"，载《法学协会杂志》1949年第67卷第3号，第226页以下，第4号第351页以下。
[4] [日]平野龙一：《刑法总论Ⅰ》，有斐阁1972年版，第50页。

因此，有学者认为，平野留学美国的结果，就是引入了将刑法学限定于能够进行经验分析、检验的要素的经验法学方法，从刑法的机能在于保护法益的立场出发，认为违法论就是侵害、威胁法益，并以法益衡量论来对其加以判断。这种理解，可以说在目的行为论所具有的规范主义上（目的的不法论）插入了一把手术刀，展开了深度剖析和强烈批判。[1]

最后，可能和平野本人的叛逆精神有关。在日本学界，师承关系极为重要，一般来说，学生就是老师学说的传人，不能轻易背叛老师的学说。这一点，从平野教授的弟子西田典之教授的已经被翻译成中文的教科书《刑法总论》（第2版）序言当中的"每当难以决断之时，总是奉行 in dubio pro Hirano（存疑时从平野说）"表述就能看出。[2] 但平野教授本人则堪称另类，他信奉"尽信师，不如无师"的研究原则。[3] 如前所述，小野清一郎是指点并帮助平野走上学术之路的恩师，平野早年也为小野刑法学所倾倒。但是，战后，在因为赞美天皇体制万世一系而被剥夺东京大学教席的小野清一郎实质上主持日本战后刑法修改工作时，作为发起人之一并热心促成此事的年轻的平野却表现出了不合作的态度。最为极端的表现就是，在修改刑法工作进行了十多年，1971年准备向日本法务省法制审议会正式提交草案的时候，平野却辞去了法制审议会委员的职务（准确地说，是在上一任期届满之后，拒不接受下一任期的聘书）。不仅如此，他还召集一批志同道合的少壮派学者，如关东的内藤谦、吉川经夫、西原春夫、宫泽浩一，关西的平场安治、中义胜、中山研一、大谷实等，申请国家经费，组织"刑法研究会"，每月召开一次研究会，对小野清一郎主持的修改刑法草案进行批判，最终导致该草案因为争议太大而未被提交国会审议成为废案，非常不给恩师小野面子。作为体现平野教授的叛逆精神

---

[1] [日] 曾根威彦："论平野刑法学"，载《刑法杂志》第45卷第2号，第290页。

[2] [日] 西田典之：《日本刑法总论》，王昭武、刘明祥译，法律出版社2013年版，序言部分。

[3] 参见 [日] 松尾浩也等："特集 平野龙一先生的为人和为学"中西田典之教授的回忆部分，载《ジュリスト》第1281号（2004年），第28页。

的另一个例子，就是有关对目的行为论的取舍。如前所述，平野教授早年是主张目的行为论的。[1] 目的行为论在方法论上有两个特征，一是不法论中的规范主义的志向，二是行为论中的存在论的志向，平野可以说是着眼于其中的第二点。但这一点却难以从其"论故意"的论文当中明确读取，存在论的考察也不会必然在理论上将故意考虑为违法要素。另外，将故意作为违法和构成要件要素，通过社会学上的犯罪类型的建构，也不会获得犯罪论体系的刑事学上的意义。但平野却坚持这一点。其原因，与其说是学术上的理性肯定，更多地可能还是其意气用事的一面。这一点，从其"我国战后的刑法学，作为对战前的反动，清一色地被抹上了泷川刑法学的颜色，很无趣"，"我，选择了目的行为论"[2] 的自述当中也能窥豹一斑。

（二）本书的现实意义

本书出版在 50 年以前，和当时的社会背景相比，日本乃至整个世界形势都已经发生了翻天覆地的变化，其中的某些观点，从当今的局势来看，有些不合时宜（如随着日本的城市化乃至全球化、信息化的到来，作为传统社会中的控制手段的习俗、道德等逐渐弱化乃至消亡，作为其替代，就是包括刑法在内的法律作为行为规范的性质凸显，与此相应，导致处罚提前的危险犯的增加就成为迫不得已的事实，而这显然与刑法的谦抑性原则存在微妙的不同）；而且，本书的学术观点也有前后冲突之处（如一方面主张将对个人的保护法益以及市民生活作为第一位的刑法机能，"刑法无论怎么积极都行"，另一方面却反对法益保护的早期化和严罚化)，但我认为，作为一代经典，本书当中所表达的所谓机能主义的刑法观念和研究方法，对当今乃至后世的学问和学者而言，仍然具有巨大的借鉴意义。

---

[1]　[日] 平野龙一："论故意"，载《法学协会杂志》1949 年第 67 卷第 3 号，第 226 页以下，第 4 号第 351 页以下。

[2]　原文载于 [日] 平野龙一："怀念泷川幸辰先生"，载《法学教室》第 6 号（1963 年），第 12 页。该文转引自 [日] 曾根威彦："论平野刑法学"，载《刑法杂志》第 45 卷第 2 号，第 290 页。

首先，是以对社会现状的分析为基础的研究方法。

如前所述，受德国规范解释学的影响，日本刑法学主要局限于分析法条的刑法解释学，而且解释妥当与否的判断标准，也是唯德国马首是瞻。但各国"政治体制以及思想上的不同，也非常极端地表现在刑法思想当中"，而这些，显然是抽象的法条分析所无法顾及的。正因如此，平野教授为了避免当时的日本刑法学说所具有的教条主义的毛病，提倡社会学的研究。用通俗的语言来表达，就是将德国刑法学的普遍真理与日本的社会现状以及刑事司法实践结合起来。这一点集中地体现在其将早年的助手论文加以删节之后收录在本书中的"赃物罪考察"一文当中。[1] 从该文能看出，和传统的规范解释学的方法不同，平野在有关赃物罪的考察上，同时从方法论和解释论的两个角度展开。从方法论的角度来看，其采用了社会学的研究方法，对当时社会中赃物罪的现状、行为人类型、行为特征和原因等进行分析，并试图将这些在解释论中也反映出来。认为在1995年刑法修改之前，日本《刑法》第256条第1款中的"收受"（无偿受让罪）是前近代的（协同社会的、封建的）行为，具有庇护犯人的一面，是"提供犯罪利益的行为"，但同条第2款中的"故意收买"（有偿受让罪），则是以交换经济的发达为前提的近代利益社会的行为，显示了其事后共犯的特征。换言之，在平野看来，就赃物罪的保护法益或者罪质而言，其不仅有使对赃物的追求变得困难的一面，还有事后共犯或者说助长本犯的一面。这在当时确实一个不同凡响的见解，突破了历来的解释学的结论。虽然从学术发展史的角度来看，这篇论文泄露了一个秘密，即平野早年也是一个主张刑法的机能除了保护法益之外，还有维护社会秩序的一面的行为无价值论者，但从方法论的角度来看，这种社会学的研究方法和他终其一生所提倡并身体力行的经验法学的研究方法是紧密相关的，或者

---

[1] "赃物罪考察"是平野留校做助手时研究成果的一部分，其中公开发表的，除了上文之外，还有"赃物罪的犯罪社会学考察"一文，载《法学时报》第20卷第7号（1948年）。在平野的助手研究论文当中，最为重要的就是意图将社会学的研究方法纳入刑法学的研究中来。

说,"脱离经验理解的超自然"的纯粹规范解释论的刑法研究方法,为其一开始就加以排斥。这种结合本国的犯罪研究现状乃至历史、文化来研究本国刑法的立法和司法的方式,在本书所收录的"日本刑法的特色""生命和刑法——以安乐死为中心""对家庭以及性道德的犯罪"等论文当中,有更加淋漓尽致的表现。此种充分考虑一国实际情况的社会学的研究方法,由于要借鉴犯罪学、刑事政策乃至其他学科(如历史、文学、医学等)的研究成果,因此,其不仅可以打通不同学科之间的交流通道,让因为研究经费庞大、研究周期漫长而难以出成果以致逐渐衰落的犯罪学、刑事政策学的研究获得了中兴的机会,还可以让与人们的日常生活和经验常识渐行渐远、有可能堕落成为刑法学者自娱自乐的道具的刑法学研究,回归食人间烟火的"经验知识"的本来面目,使作为社会控制手段的刑法真正成为一国政府调节、控制社会生活的手段。更为重要的是,为总体上处于跟踪研究阶段上的国家,就如何借鉴其他国家的学术研究成果来展开本国研究提供了借鉴。

就我国而言,近年来,随着大量西方刑法学研究文献的引入,我国的刑法学研究已经达到了一个前所未有的高度。规范违反说与法益侵害说、行为无价值论与结果无价值论、形式解释论与实质解释论、诠释学与教义学、行为共同说与犯罪共同说等德日刑法学中的专门用语,在我国的刑法教科书与论文当中频繁用以解释我国法条,建构我国刑法学的体系。学者之间还常常为用语的本来意义、我国刑法学到底应当如何取舍而展开激烈争论,呈现一派热闹繁华的景象。但总体上看,这些争论多半属于理念或者概念上的交锋,犹如武打电影中采用特技摄影所拍出的场面,双方在空中你来我往、好不热闹,但给人一看就有空中楼阁、不接地气的感觉。原因固然很多,但最为重要的,就是真正从社会学的角度,具体而言就是结合我国现实的犯罪状况或者判例进行实证研究的成果过于罕见的缘故。跟踪研究,短时间之内或许能创造出许多数量上的"成果",但说得不好听一点儿,其就是邯郸学步或者亦步亦趋,基本上是成长期的不成熟的表现。要想尽快摆脱这种"幼年的稚气",道路恐怕只有一条,就是将国外刑法中可资借鉴的理论和我国的实践相结合,具体来说,就是与我国的社会现状与判例结合,从而为观念和理论的取舍提供更为充分有力的证据。

其次,是以可视性为基本要求的机能主义刑法观。

如前所述,刑法机能观的考察,并非肇始于平野,但平野不仅颠覆了传统的刑法机能观,而且对其赋予了完全不同的内容。就确认刑法应当具有的机能而言,应当说,平野和同时代或者过往的其他刑法学者之间并无根本区别,都承认了刑法解释的主观性。但平野将是否具有"最大的社会效果"作为刑法解释是否妥当的标准,而其他学者则将该种解释是否和作为其解释基础的思想、理论之间具有一贯性作为了判断基准,这是平野教授和其他学者之间的根本区别。那么,如何判别某种解释是不是具有"最大的社会效果"呢?对此,平野教授通过"经验检验"——而非观念判断——来予以解决。如为了进行"经验检验",平野将传统学说中观念的、形而上学的"规制机能"从刑法的机能当中拿掉,而将"保护法益机能"和"保障自由机能"通过可视化的分解,变为了可以"经验检验"的内容,即保护法益中的"法益",最终是指"个人的生命、身体、自由、财产",而"保护自由机能"中的"自由",也具体化为"了解该种刑罚法规的人是否能够预见自己的行为被禁止即是否具有预测可能性"这种非常具体的内容。[1] 同样,平野将来自德国的、非常抽象的犯罪构成体系即"构成要件符合性""违法性""有责性",也具体化为了三个可视要素"没有法律就没有犯罪""没有被害就没有刑罚""没有责任就没有刑罚"。[2] 在平野教授看来,法律学为判决的自我正当化提供了更多的"话语",但也掩盖了判决的真实理由。因此,对于法律学中的"话语"应当实质化。[3]

---

[1] [日]平野龙一:《刑法总论Ⅰ》,有斐阁1972年版,第76页以下。
[2] 参见[日]平野龙一:《刑法的基础》,东京大学出版会1966年版,第250~251页。
[3] 参见[日]平野龙一:《刑法的基础》,东京大学出版会1966年版,第251~252页。

应当说，平野教授所提倡的这种通过对抽象观念赋予事实基础，以提高其可视性的做法，和上述以社会现状为基础的分析方法如出一辙，是将西洋的刑法观念和东方国家的实际情况相结合的现实体现。众所周知，日本刑法学来自德国，德国刑法学的基础是观念论哲学，论点严苛而晦涩，表达繁琐且冗长。因此，东方人在学习德国刑法学的时候，首先所面临的问题，就是了解德国刑法学抽象字面之后的具体意义。而且，早期的日本学者似乎也有对话说得越拗口、理论越让人难懂，就越感到自己有水平的心理，在法律用语的表达上，不仅大量使用翻译过来的用语，并且还喜欢使用一般人看不懂的半文半白的表达方式。这样一来，刑法学就越来越远离现实生活，远离一般人的观念。从此意义上讲，平野教授的以具体事实赋予刑法机能可视性的理念，无疑是道破了皇帝没有穿衣服的真相，能够让刑法回归现实社会生活，为日本乃至包括我国在内的东方国家刑法学的发展指出了一条明道。这种做法，现在已经为日本学者所普遍接受。一个最为显著的表现就是，现在日本的刑法学研究，基本上以判例研究为中心，而判例研究，就是寻找作为法条和重要事实之间的媒介的"中间命题"。这种"中间命题"，实际上就是将抽象的法条用语变为可视的法律解释。

应当说，上述通过赋予事实基础，提高法条可视性的做法，和我国刑法典的规定具有天然的亲和性。我国刑法在具体犯罪中所广泛规定的"情节""后果""数额"等，就是意图将具体条款具体可视化的表现。但近年来，随着风险社会观的流行，一些具有抽象危险犯特征的条文出现在了刑法典当中。在这种抽象危险犯的适用上，如何与我国《刑法》第13条"但书"规定协调，成为问题。因为，按照《刑法》第13条的规定，分则当中所有犯罪，不是只要有行为就立马可以构成犯罪的，"情节显著轻微，危害不大的"，可以不构成犯罪。但抽象危险犯的场合，似乎只要有行为就能构成犯罪。二者之间显然存在冲突。对此，很多人主张，可以先说该行为符合具体犯罪构成，然后再以该行为不符合《刑法》第13条的规定而将其从犯罪当中排除出去。但这种理解显然不符合我国《刑法》第13条的规定。从我国《刑法》第13条的规定来看，行为符合犯罪构成既是形式判断也是实质判断，换言之，不仅行为在形式上应当符合该犯罪，而且在内容上也必须达到该犯罪的要求。否则，就会出现说盗窃他人100块钱的行为符合盗窃罪的犯罪构成，然后再以100块钱达不到盗窃罪"数额较大"的要求，而将其从盗窃罪中排除出去的情形。这里所谓的"内在内容"要求，我认为，实际上就是一个具体可视化的要求，也就是行为的程度要求。按照这种理解，如就作为抽象危险犯的典型的醉酒驾驶型的危险驾驶罪而言，其是否成立犯罪的关键，就是行为人是不是达到了"醉酒"的程度。而所谓"醉酒"，并不是指每100毫升血液中酒精含量达到了80毫克以上这样一个形式标准，而必须是达到了"影响行为人在道路上正常驾驶程度"的醉酒这样一个实质标准。按照这种标准，即便行为人每100毫升血液中酒精含量没有达到80毫克以上，但只要其不能正常驾驶，也还是可以构成本罪的。这就是将抽象规定具体化、可视化的一个具体应用。如此说来，在我国现行刑法规定之下，刑法解释的一个中心任务，就是以各种手段，将抽象的条文规定具体化为可视的具体因素。

最后，是以问题思考为中心的思考方法。

与"问题思考"相对的是"体系思考"。这对概念之争本身来自德国，但被平野进一步深化，因而成为日本刑法学中一个具有鲜明特色的刑法解释学的叙述方式。如前所述，日本战后刑法解释学主要采用的是体系思考。其源自对战前、战中的可能导致刑罚权的早期发动、导致广泛处罚的主观主义犯罪论的反省。这种反省，也指向了执掌刑法实现的法官。即认为，为了使法官不肆意裁判，必须对其判断进行约束。基于这种立场的刑法解释学，就负有了"约束法官"的使命。完成这种使命的最佳方式，当时的刑法学者认为，就是建构"细密的理论体系"来控制法官的思考，防止其任性。受德国影响，日本刑法学本来就有对体系构成进行精密化的传统，战后，以团藤重光教授为代表的学者更加强化了这种倾向，因此出现了平野教授所批评的"为体系而体系"的现象。平野为了扭转这种倾向，先从改变刑法体系的目的入手。针对传统刑法学的"约束法官"的机能观，平野对其进行批判，认为在现行宪法之下，刑法的机能不是"约束法官"，而是"保护个人生命、身体、自由、财产"；[1] 刑法学的指向，应当是对"法官行动的预测""案例结果的预测"，并指出如果将法律学的任务限定为预测判决、预测法官行动的话，则刑法学，"可以说是一门技术"。[2] 基于这种理解平野教授认为："法律学的内容，并不仅限于此，其还包含有变更判例，或者维持判例，或者做出一定的新判例的实践性的内容。它就是为变更、维持、制造出判例而对法官做工作，加以说服的努力。"[3] 而说服法官，所需要的不是抽象的理论，而是具有解决具体问题能力的解释，因此，站在法官的立场上，如何完满地解决问题为中心的"问题思考"就成为必要。

　　以实用主义为基础的"问题思考"方法，是以问题能否得以最终解决，而不是以结果是否和犯罪论的构成体系一致为衡量标准的思考方法；是面向实践，从法政策的视角来验证裁判结果的妥当性，而不是以是否合乎特定学说的一贯性为判断标准的思考方法。尽管采用问题思考，是不是就一定要排除体系思考，一直为人所诟病，但在特定的历史时期，提出这种看法，应当说具有其历史和现实意义。从大陆法系国家的传统和现实来看，学者们心高气傲，历来喜欢对立法和裁判指手画脚，仿佛自己就是法律的化身、正义的代言人。但实际情况是否如此，很值得怀疑。从现实的角度来讲，法官做出的判决一旦生效之后，基本上不会因为个别甚至一些学者有不同意见而改变其效力。如果一定坚持自己的体系结论，则会使学者的学说远离现实，而难以发挥其存在意义。因此，在承认判决的基础上，整理判决思路，为一般人在今后预测

---

[1] [日] 平野龙一：《刑法的基础》，东京大学出版会 1966 年版，第 100 页。

[2] [日] 平野龙一：《刑法的基础》，东京大学出版会 1966 年版，第 246 页。

[3] [日] 平野龙一：《刑法的基础》，东京大学出版会 1966 年版，第 246 页。

自己行为的后果，为法官在之后的类似案件中为同案同判提供指南，这未尝不是学者的作用。因此，问题思考，实际上是一种更为巧妙而具有现实意义的学术研究方法。在我国当今，动辄以某某学说为根据对立法和裁判进行批判之风仍然盛行的大环境没有根本改变；刑法学教科书，叙事风格千篇一律，所有的问题——不管其在现实当中是不是成为问题——都毫无遗漏地一一论及；学者动辄在理论上宏大叙事，而视判例分析为雕虫小技的整体风气尚未有根本改观的当今，重温平野教授的"问题思考"，让人感叹不已。

英雄造时势，时势亦造英雄。一国一民族在伟大的时代更是呼唤能够出现代表该民族该时代的英雄。在日本战后大变革的时代，在刑法学界一片混沌迷茫之中，平野龙一的横空出世，打破了德国规范刑法学在日本一统天下的局面，日本刑法学开始走向一条具有日本特色的研究之路。尽管日本随着20世纪田园牧歌般的60年代、自由奔放的70年代的结束，由于经济发展的低迷和国际社会环境的变化而有回归国家主义的倾向，平野所极力倡导的自由主义刑法观也有所衰微，但以对日本的社会和司法判例为基础的实证分析的研究方法、以可视性为基本要求的机能主义刑法观、以客观事实为基础的结果本位的违法观，标志着日本已经逐渐摆脱德国规范刑法学的束缚而走上了一条具有自己特色的刑法研究之路。在此意义上，作为首倡上述刑法观的著作《刑法的基础》，是日本当之无愧的刑法学经典，而其作者平野龙一教授，更是名副其实的"日本战后最有影响的刑法思想家"。

黎 宏
2016年1月1日

序 言

　　我进入研究生涯之后，先是专攻刑法，但之后就将研究兴趣转向了刑事诉讼法和刑事政策。其中有授课的原因，纯粹的刑法解释论怎么都难让我感到满足，但更主要的，还是觉得没有勇气仅凭自己的小聪明将刑法的基础性东西精巧地整理出来，自身还必须有些提高。但是，一头扎进刑事诉讼法和刑事政策的领域之后，就难以自拔，再次回归刑法时，着实花费了不少时间。最近三四年以来，终于能够有空回过头来再次研究刑法了。这本书就是这几年来写的东西的一个总结。都是些不成熟的东西，想来汗颜，但就我而言，其属于只要不解决这些问题，就无法进入解释论领域情形下的走投无路之作。当然，我认为其中的任何一篇都还存在问题。之所以集成一册，不是因为已经完成，而是为了接受大家的批判。

　　第一部与自由意思和人格责任有关。其可以说是刑法中最为基本的问题。我也只是叙说了在我看来理所当然的内容，绝对没有什么创新之意。相反地，之所以觉得必须重新探讨这个问题，仅仅是因为日本刑法学的研究似有偏离正轨之势。问题在于，如何将这种考虑在故意、过失、责任能力等当中加以展开。所以就想逐步研究这些问题并加以发表。但仅只进行非常基本的讨论，似乎有做观念游戏之嫌，因此另外加上了一篇"刑事责任的扩散"的小论文。其原本是在《ジュリスト》（中文名为：《法学家》——译者注）上以

"刑法的将来和课题"为题而发表的论文基础上改写的，不过是杂文，但作为问题所在的一个说明，并非没有任何意义。

第二部收录的是所谓刑法的社会学研究。从社会学的角度来考察刑法，是我很早以前就有的心愿。但在刑法领域，一方面，基本的犯罪在各国几乎都是共通的，另一方面，政治体制以及思想的差异也很直截了当地反映在刑法思想当中，因此，极富微妙区别的社会学研究反而在刑法学领域非常难做。这里所收集的，不是本来的"刑法社会学"，而只是多少带有该种色彩的半成品之作。特别是最后一篇"赃物罪考察"是很久以前的旧作，我的想法在此之后也发生了若干变化。但由于是基于基本相同的想法而写的，因此也收录在此。

第三部最不成熟，收入本书时颇感踌躇，但考虑到其属于日本现在的刑法学中几乎没有人涉足的不毛之地，实属无奈，同时也有自戒的意思在内，因此，恳请大家让我一吐为快。其本来是作为岩波出版社的《现代法》系列中的一卷《现代法学方法》中的一章而写的，特别是后半部分，是将其他论文如《法律时报》中刊载的"学说的机能"等内容补充进来续笔后形成的。

我绝没有看不起刑法解释等的意思。倒不如说，这本书是为刑法解释所做的准备工作，虽说已经有些晚了，但我还是想以后专心致志于该领域。

平野龙一

1966年11月18日

目 录

译者重印版序 …………………………………………… 1
译者序 …………………………………………………… 19
序　言 …………………………………………………… 54

第一部　刑事责任

意思自由和刑事责任 ………………………………… 3
　一、问题所在 ………………………………………… 3
　二、人的行为的因果性 ……………………………… 8
　三、意思自由 ………………………………………… 15
　四、人的责任 ………………………………………… 19
　五、结语 ……………………………………………… 23

人格责任和行为责任 ………………………………… 24
　一、问题所在 ………………………………………… 24
　二、常习犯人和行状责任 …………………………… 25
　三、量刑和人格 ……………………………………… 29
　四、犯罪要素和行为人人格 ………………………… 35

恩格希的自由意思论 ………………………………… 40

论刑事责任——兼作对批判的回应 ······················· 47
  一、序言 ··· 47
  二、问题概要 ··· 48
  三、非决定论的主张 ··· 52
  四、决定论的主张 ··· 56

刑事责任的扩散——刑法的一个课题 ······················· 65

第二部　刑法的机能

现代刑法的机能 ··· 73
  一、刑法的机能考察 ··· 73
  二、刑法和价值观 ··· 74
  三、父权主义和道德主义 ··· 79
  四、市民的安全要求 ··· 89
  五、民事控制的替代 ··· 96

日本刑法的特色 ··· 100
  一、序言 ··· 100
  二、被害 ··· 101
  三、犯意 ··· 107
  四、共犯 ··· 112
  五、刑法的自我克制和主观性之间的关系 ··························· 114
  六、展望 ··· 118

生命和刑法——以安乐死为中心 ································· 119
  一、生命和刑法 ··· 119
  二、文学和安乐死 ··· 121
  三、裁判中的安乐死 ··· 124

四、医生和安乐死 ························· 127
  五、法学家和安乐死 ······················· 131
  六、安乐死的界限 ························· 135

对家庭以及性道德的犯罪 ······················· 140
  一、序言 ································· 140
  二、近亲相奸 ····························· 142
  三、同性相奸 ····························· 143
  四、重婚 ································· 144
  五、通奸 ································· 145
  六、卖淫 ································· 147
  七、堕胎 ································· 149
  八、结论 ································· 152

赃物罪考察 ································· 153
  一、问题所在 ····························· 153
  二、违法状态维持说的发展 ················· 154
  三、赃物罪的本质 ························· 161

第三部 刑法中学说的作用

刑法·判例·学说 ······························ 175
  一、刑法 ································· 175
  二、判例 ································· 183
  三、学说 ································· 189

后　记 ····································· 196

第一部

刑事责任

意思自由和刑事责任

一、问题所在

M. E. 迈耶说，人类"命中注定是依循非决定论的"（zum indeterminismus determiniert）。[1] 追究刑事责任，以也"有可能"实施其他合法行为为要件。如果说命中注定要实施犯罪，不能回避这一点的话，就不能对行为人进行谴责，并追究其刑事责任。既然肯定所谓责任，人们就不得不采用非决定论。迈耶所说的就是这种意思。

在日本，站在所谓道义责任论立场上的人，可以说采用了非决定论。

小野博士如是说。"意思自由以及行动自由，成为道义责任论的基础。所谓意思自由，并不是说意思不为任何东西所左右。而是说其为性格和环境，即内外的宿业所决定。但意思自由并不意味着只有一个行为，具体来说，留有两个以上的行为可能性。""行为是被决定的同时也在做决定的结果，而且是不断涌现的新的、自由的结果。"[2]

由于是"被决定的同时也在决定"，因此，其可能并非纯粹的非决定论。但是，"被决定的同时也在决定"的命题当中，存在若干不明之

---

[1] M. E. Mayer, Die Schuldhafte Handlung und ihre Arten im Strafrecht, S. 100, 1901.
[2] 小野清一郎：《作为伦理学的刑法学、刑罚的本质及其他》（1955年），第95~96页。

处。其如果是指"A现象决定B现象，B现象决定C现象"的话，则尽管在"被决定的同时也在决定"，但其中并不包含任何非决定性的因素。但所谓"被决定的同时也在决定"并不是指这种意思。一方面，由于意思（B）被素质和环境（A）所决定，不可能实施X、Y这种行为，但另一方面，也不是说必定会实施C这种行为，到底是实施C行为还是实施D、E、F行为，是自由意思选择的结果。因此，其也可以称为"相对的非决定论"。但是，所谓非决定论，本来就不意味着"一切都未被决定"，只是指"存在不被决定的部分"而已。因此，相对的非决定论，就是非决定论。

小野博士肯定非决定论的立场，从他的"近代哲学，由于采用唯理智论，因此偏向否定意思自由，但后来发生了柏格森从主观意识的内面反省出发、杰姆斯从客观的实用主义的立场出发，认可意思自由的大事"[1]这一叙述当中就可以了解。关于柏格森，容后叙述。杰姆斯的主张完全是非决定论的自由，他认为将来就是指可能性，具有复数的可能性，只是，无论哪一种可能性，都有发生的"机会"而已，否定了后述的"柔软决定论"。[2]

团藤教授的观点，也是上述意义上的"被决定的同时也在决定"的见解。他说："素质和人格环境的相互作用形成行为人人格，行为人人格和行为环境的相互作用决定犯罪行为。但这种场合，不管是人格形成还是行为，都不是在完全排除行为人的选择自由意义上，自然而然地被决定的。无论就人格形成还是就犯罪行为而言，其在受素质、环境制约的同时，行为人的主体性人格态度也在发挥制约作用。""换言之，人格为素质环境所决定的同时，在人格范围之内，也自主地在进行

---

[1] 小野清一郎：《作为伦理学的刑法学、刑罚的本质及其他》（1955年），第97页。
[2] W. James, The Dilemma of Determinism, 1884, in Edwards and Pap, A Modern Introduction to Philosophy, pp. 327~340, 1959.

决定。"[1]

团藤教授还说："在数个因素竞合起作用的某一场面，在实施某种行为的时候，难以想象该行为是为上述各种因素所单纯、必然地决定而产生的，当此之际，决不能忽视行为人的主体性的人格态度所起的作用。"尽管其所说的"主体性的人格态度"的概念内容并不一定明确，但从排除牧野博士所说的"必须将意思也作为遵循一定法则的东西加以理解""必须科学、合理、合乎目的地查明存在于人的所谓意思自由中的因果性质"的见解来看，可知其非决定论的立场。[2]

众所周知，萨维尔在其犯罪社会学中检讨了各种犯罪原因所占比例，认为影响犯罪的因素中，素质因素占30%，环境因素占40%，自由意思因素占30%。尽管他的表述过于公式化，但其内容恐怕和小野博士、团藤教授所言没有什么差别。自由意思乃至主体性，和人格、环境并列，其自身不为任何因素所决定，而是决定行为的"第三要素"。正因如此，所以才能追究责任。

相反地，站在所谓社会责任论立场上的木村博士则主张决定论。木村博士说，所谓自由意思，"不是现实的决意，而是与其不同的他行为决意的可能性"。其是"不为其他原因所决定的、在自己亲自做出或者有关自己的决定中的自发意思"。"主张不认可自由意思就不能认可责任的非决定论，将自由意思概念中的他行为决意可能性场合下的'可能性'中所包含的事实可能性（Können）和规范可能性（Sollen）混为一谈"，"所谓他行为决意的（规范的）可能性，就是只能并且必须实施

---

[1] 团藤重光：《刑法纲要》（1957年），第9页。
[2] 团藤重光："新社会防卫论和人格责任论"，载《木村博士还历祝贺论文集》（1960年），第637~638页。另外，团藤教授还以伦茨认可"为人格把握方向的经验"的一点，作为其认可了非决定论的意思自由的根据而引用，但我并不这么理解。还有，其还将安塞尔的"新社会防卫论在哲学上要求自由意思"一语作为非决定论的根据而引用，但安塞尔是不是主张非决定论并不清楚。倒不如说，其是意图将伦理意识用于社会防卫，属于"柔软决定论"。

其他行为决意的意思,和事实上能够,或者已经实现了其他决意之间完全无关"。"如果说自由意思就是不能被决定的意思,则不管是根据刑罚进行报应,还是进行改造、教育,都不可能实现刑罚的目的,但从科学的决定论的立场来看,意思是被因果决定的,因此,以刑罚对其施加影响的目的是有可能实现的。"[1]

但另一方面,木村博士将决定论分为自然科学决定论和历史决定论,认为科学决定论必须认可上述二者。

那么,什么是历史决定论呢?木村博士是这么解释的。即,该种场合"不可能具有各种特点的事物反复重演的一次性因果关系占支配地位,在该因果关系中,原因和结果并不同一,而是千差万别,对于原因而言,结局上可以说总是在创造新的东西,因此,可以说,人的意思在被历史所决定的同时,也经常在发挥创造性的作用","决定论的意思是,在经验世界中,遗传和环境,在社会、历史状况下尽管被决定,但并非总是为自然法则所支配,在此限度之内也有自由,因此,其支配、统治因果关系的同时,也能历史地、创造性地发挥作用"。还有,"如果说依据其特点、意志,在自然法则之下并非被全面决定,而常常是具有某种程度的、来自法则的自由的话,则可以说,该意思在被因果决定的同时,还有依照规范而决定的可能性。"[2]

这样,如果认可"某种程度的法则下的自由"的话,其岂不就是非决定论了吗?所谓"人的意思被历史所决定的同时,也在创造性地发挥作用"和"被决定的同时也在决定"之间具有什么区别呢?其与刚才所引用的决定论的主张之间岂不是矛盾吗?关于这一点,我还想向木村博士讨教。

相反地,最近的哲学家们并不认可非决定论。认为决定论和自由之间并不矛盾,甚至认为只有在决定论之下,所谓责任才具有意义。这种

---

[1] 木村:《刑法总论》(1959年),第59~64页。
[2] 木村:《刑法总论》(1959年),第62~63页。

见解，已经为休谟和密尔所主张。[1] 杰姆斯嘲讽地将其命名为"柔软决定论"。因为，与否定自由意思的"僵硬决定论"相反，这种决定论，意图同时认可决定论和自由意思。最近的学者当中，能够列举的有，施力克和拉塞尔。[2]

施力克认为，自由意思问题是"疑似问题"，来自概念的混乱，正确地分析概念的话，问题就会消解。他认为，法（Law）一词当中具有两个意义，二者被混同。其中之一是命令（proscription），其以人的意欲为对象而施加强制，另一为"法则性"，这种场合是记述（description），其不包括任何禁止或者强制要素在内。人的意欲遵从"法则"，其不是因为被强制。因此，所谓自由，是指没有被强制，而不是指没有法则性。这种将法则性和强制的混同、自由和非决定性的混同，使得问题变得混乱起来。将其二者区别开来的话，就能在承认人的意思遵循法则的同时，也认可人的意思自由。他说，责任，只有在认可法则性的时候才会变得可能。

我认为，这种见解基本上是正确的，至少刑事责任，只要不以决定论为前提，就是没有意义的。但是，正如施力克所说的一样，自由意思问题不是"已经解决完毕，再提它简直羞于启齿"，还存在各种疑问，就其中的若干基本点还需要进一步的检讨。一是人的行为中是不是具有"因果关系"即"法则性"？二是何谓"自由"？三是何谓"责任"？

---

[1] D. Hume, Of Liberty and Necessity, Enquiry concerning the Human Understanding, 1748, in Morris, Readings in Philosophy and Law, Freedom and Responsibility, pp. 441~450, 1961; J. S. Mill, Of Liberty and Necessity, A System of Logic, Chapt. 2, Book Ⅳ, in Edwards and Pap, op. cit., pp. 341~347.

[2] M. Schilick, When is a Man Responsible, Problem of Ethics, Chapt. 7, 1939, in Edwards and Pap, op. cit., pp. 348~356; Rusell, On the Notion of Cause, with Application to the Free-Will Problem, Mysticism and Logic, pp. 180~205, and Our Knowledge of External Word, pp. 247~256, 1929, in Feigl and Brodbeck, Readings in the Philosophy of Science, pp. 387~407, 1953.

二、人的行为的因果性

9   是不是只有在物理学中才采用非决定论？尽管没有人为了论证自由意思而直接提出这一点，但其为主张非决定论的自由意思论者提供了某种心理支柱，这一点则是不容否定的。但物理学中的非决定论和人的自由意思果真有关吗？因为我对物理学完全不了解，谈不出什么有意义的东西来，但卜兰莎的下述见解，能够给人一些启示。[1]

据说，物理学者对于物体的运动只能进行统计。就原子而言，可以说，仍然是按照因果法则在运动。但到了构成原子的电子和质子的场合，就似乎只能说是按照"偶然"在运动了。就电子而言，不能说，作为在 A 点上的一定运动量和方向的结果，就是在 B 点上具有一定运动量和方向。这是因为，在观察的条件上，准确地决定位置的话，就不能正确地决定运动；对运动进行干涉的话，就无法知道位置。因此，不可能断言是遵循了因果法则。

10   卜兰莎如是说。对这一事实可以从各种不同角度进行解释。第一可以解释说，电子尽管具有一定的位置和运动量，但我们无法确定。这是通常解释。如此的话，就不用对因果法则自身表示怀疑了；第二或许可以说，电子不是具有位置和运动量的物体，而是场或者波。但即便如此，就电子而言，不能说其没有一般法则；第三个解释可以说是，尽管电子具有一定的位置和质量，但其既不是"那个"也不是"这个"。可这是没有意义的。第四个解释或许是，尽管电子具有一定的位置和运动量，但和先行的事实之间没有相关性。可是，这种解释中，并没有否定存在相关性的积极理由，并且否定这种相关性，就是抛弃确立科学的前

---

[1] Blanshard, The Case for Determinism, in Hook, Determinism and Freedom in the Age of Modern Science, p. 3, pp. 7~10, 1958.

提和实际。

但就上述第四点而言，还有商榷的余地。现在，据说海森伯格和薛定谔都主张非决定论。但是，另外，在物理学者当中，爱因斯坦和布朗却认为，存在因果法则。

爱因斯坦认为，现状之下，因果法则不能适用于原子的内部过程。但他对因为不能适用，所以就说不存在因果过程的结论，断然表示反对。他说："我相信，自然现象，为比我们现在的所知更为严格的严密规则所支配。因果观念应当被维持，但其应当被扩大且更为精炼。"他认为，与薛定谔和寇普顿一样的、认为自然界中存在自由意思之类的见解，是 preposterous（荒唐），是 objectionable nonsense（令人讨厌的胡说八道）。[1]

布朗如是说。必须将因果原则的妥当性和实用性区别开来，因为，现在的研究设备和我们的认知能力不够完备，不能发现因果关系。因此，不存在因果法则的实用性。但我确信因果法则的妥当性。"科学不得不认可因果法则的普遍妥当性。在被预测的结果没有发生的场合，我们认为，是人的认识之外的某种因素在起作用。"[2]

但对我们而言的问题是，即便说电子当中具有非决定性即自由意思，其真的就能成为肯定人的自由意思的根据吗？这里再次借用卜兰莎的论述。"上述讨论以心理过程依存于物理过程为前提，因为该物理过程不确定，所以心理过程也并不确定。但是，即便说心理过程依存于物理过程，但其是依存于一个质点还是多数集合呢？毫无疑问，是后者。物理学者们也是就这种集合而认可因果法则的。"物理学中，即便在认可测不准原理的限度之内认可自由意思，但和刑法上必要的自由意思之间，还是相当风马牛不相及的。不仅如此，如果说非决定性是自由的

---

[1] 转引自 Einstein and Infeld, The Evolution of Physics, 1938, J. Frank, Fate and Sellers, p. 162, 1945.
[2] Planck, Where is Science Going, 转引自弗兰克的上述书。弗兰克自身主张非决定论。

话，则自由和偶然就被完全同等看待了，变为物质当中也有自由意思了。

针对决定论的更为实质性的反论是，"即便说自然界中因果法则普遍妥当，但文化世界、历史世界当中要另当别论"。新康德派的基本见解是，在自然世界中，确定法则是可能的，自然科学就是以此为目标，但就文化、历史而言，不可能确立法则，因此，文化科学、历史科学应当以记载个性作为其方法。狄尔泰也主张与自然科学相对的精神科学的自律性，认为对人的内心，应当以"了解"的方法把握其构造，而不是去"理解"其因果关系。

但是，自然世界和人类世界之间果真就存在这种差别吗？我对此表示怀疑。即便是人类世界、历史世界，也还是可以确立法则的，科学必须以此为目标。在此意义上，"科学大同"。

认为人类世界、历史世界和自然界不同的根据，有以下几种：[1]

其中之一是所谓人很复杂，难以和自然现象一样探明其原因、结果的见解。尽管这不是原理性问题，但实际上却是相当有分量的理论支撑。但自然现象也不是一眼就能看穿似的简单。即便是一张纸从手中滑落在风中飞舞飘落的场合，以现代科学也难以准确预测其动向和落下场所。但这不能成为怀疑纸张飘落之中具有法则的理由。人类，确实远比这种情形复杂，但并不能因此就否定其存在法则。

更为原理性的观点认为，人的行为具有"目的性"，而非自然世界一样的"因果性"。因果的场合，决定现在的是过去，而目的的场合，与现在有关的是未来。这两个过程之间具有性质上的差异。在威尔泽尔等所说的"目的行为论"的基础当中，乍看之下，也横亘着这种基础。但即便在追求一定目的的场合，成为该行为原因的，不是作为目的内容

---

[1] 根据 Grunbaum, Causality and the Science of Human Behavior, in Feigl and Brodbeck, op. cit., pp. 766~767 的内容整理。另外，参见 Einstein, The Laws of Science and the Laws of Ethics, in Feigl and Brodbeck, op. cit., pp. 779~780.

的将来的事实自身，而是其表象乃至期待，其是已经存在的心理事实。这种心理事实决定行动的过程，不能说和因果过程有什么不同。[1] 即便在威尔泽尔的场合，问题也在于，是有目的（final）还是盲目的因果（blindkausal），因为有目的，所以连因果性都加以否定，对于他的理论来说，这是不必要的。现在威尔泽尔也主张决定论。[2]

针对人类行为的因果性乃至法则性的更为有力的反论是，人是有个性的，其行为只能有一次。历史也只有一次，不可能重复。所谓法则，只能针对反复可能的现象。就只能有一次的现象而言，是不可能有法则，即因果关系的。如果说此处也有因果关系的话，其也是"仅此一次的因果关系""历史的因果关系"，而不是法则性的因果关系。

对这种人类行为的一次性特征进行精彩描述的，是柏格森。他如是说。物质没有记忆，但人有记忆。相同的一首诗歌，第二次阅读的时候，脑海中会留有第一次阅读时的记忆。因此，第二次阅读时不会处于和第一次阅读时同样的状态。

这些话中，正如拉塞尔所承认的一样，有很多的合理之处。但是，具有一次性特征的仅限于人类世界吗？严格来说，即便在自然世界，所有的现象不都是一次性的吗？难以想象和关东大地震同样的地震、和室户台风同样的台风，可以分毫不差的方式重演。一张纸从手里滑落，最终也同样是一次性的。

那么，何谓因果关系呢？所谓因果关系，就是某现象向另外的某现象变化的法则性，可以说是"以法则为基础的预测可能性"。[3] 正如拉塞尔所说，所谓现象，多多少少，只能是被抽象化、类型化了的东西。其不能太广，也不能太精密。在所谓自由落体法则的场合，如果说连围

---

[1] Mace, Mechanical and Teleological Causation, in Feigl and Sellers, pp. 534~539; Ducasse, Explanation, Mechanism and Teleology, in Feigl and Brodbeck, op. cit., pp. 540~544.
[2] Welzel, Das deutsche Strafrecht, 6. Aufl., S. 129, 1958.
[3] Schlick, Causality in Everyday Life and Recent Science, in Feigl and Sellers, op. cit., pp. 515~533.

绕该落体的空气状态、纬度和经度，或者行星的状态都要求完全相同，才能考虑为一个"现象"的话，则重演几乎不可能。另外，如果将该物的湿度、温度也算入"现象"的话，则也还是难以想象重现。所谓因果关系，仅是指舍弃了上述因素的"与其他相对隔绝的体系"，或者说是"与其他实际隔绝的体系"。因此，因果关系，也只能在经验上、归纳上被一般化，不论迄今怎么合乎法则，也不能说在下回不会出现不同的结果。只是，从迄今为止的经验来看，过去的现象中所显现出来的法则，在将来也会继续被认可，即便是在发生了与法则不同的结果的场合，也还是能够预测，可以发现将上述二者包摄在内的新的法则。其可以被称为"自然的同一性"。但这一原理也是被归纳出来的原则，是对将来的假说而已。

决定论，时常似乎以"一切都被安排好了"的先验论的形式体现出来。因此，有批判意见认为，其是科学"主义"，是一种形而上学。确实，其可以说是为使我们不陷入自我矛盾的最小限度的必要主义，也可说是一种规则。但是，这种"一切都被安排好了"的命题，正如很多学者所指出的，正确但没有什么实际意义。[1] 值得我们作为问题的是，某种具体现象是不是被某种具体现象所决定，这种具体的法则性，只能通过经验加以检验。按照迄今为止的经验，自然界就不用说了，即便是在人类世界，相当程度上也证明具有法则性。即便是在看似没有法则性的场合，通过以较多知识将所获得的法则内容加以提炼，也能使法则性变得明白起来。在如此事态之下，推测说法则性今后还会被继续证明下

---

[1] 就决定论的同义反复特点，参见大森："决定论的论理和自由"，载《东大教养学部人文科学纪要》第20册（1960年），第187页以下。他说："决定论空虚，但正因为其空虚，所以保证着决定论的正确性。决定论是正确的。因此，对这种形式的决定论的否定的非决定论，在理论上是错误的。但这种决定论的正确性是建立在下述同义反复之上的，即'存在的就是如此存在的，会如此存在的就会如此存在'。"参见前述论文，第206页。

去的说法，是有足够理由的。[1]

如果说这就是因果关系的话，则从人类行为当中发现因果关系也是可能的，至少不能说在人类世界当中，因果法则不妥当。拉赛尔针对柏格森，有以下反驳：其一，即便说"能够以法则预测"人的行为，但没有必要预测到行为的细枝末节。在预测 A 可能会杀 B 的场合，没有必要预测到用刀杀还是用枪杀；其二，问题不是"相同"原因是否产生"相同"结果，而是相同种类的原因中是否产生相同种类的结果，这才是问题；其三，柏格森不是也默认了第二次阅读的时候，会有和第一次阅读不同的结果的"法则"了吗？

尝试对自由意思问题进行详细分析的加利福尼亚大学的教授们的结论，也与施力克、拉塞尔吻合。他们如是说。[2] 人的意思行为中，存在有动因的场合和并非如此的场合。如在说对方坏话的时候，就有复仇这种动因。但是，让从 A、B、C、D、E 这五个字母当中做一个选择时，至少，"被意识到的动因"并不存在。另外，意思行动，有可能是选择性的行为，也可能不是。选择性行为的场合，三本书中决定买哪一本的时候，具有各自的动因，会发生"动因冲突"。准确地说，发生"动因可能性的冲突"。但结局上，会按照优越动因而进行选择。

这里的问题是，意思行动是不是能够被预测，换言之，意思行动中，具有法则吗？决定论对下列命题都表示肯定，而非决定论对其都持否定态度。

（1）行动和动因之间存在法则。

（2）动因和性格以及环境之间存在法则。

（3）性格、环境与先前的事实之间存在法则。

---

[1] 不用说，决定论不是对世界上所发生的一切都会现实、具体地加以预测。虽说认为"所有的具体的历史过程，从世界的最初开始就完全被决定"的说法，也应当像上述一样能够预测的见解是胡说八道，但作为原理性的问题，并不一定可以说是胡说八道。

[2] The University of California Associates, The Freedom of Will, in Feigl and Sellers, op. cit., p. 594.

"有意行为是被决定的"的说法是一种推定。就（1）（2）而言，其中具有若干证据，而（3）则几乎没有什么证据。但这种场合，之所以不是说没有法则，而是说我们的知识不完备，是因为认为"因果法则当中没有例外"。他们是这么理解的。

这样说来，如果说所谓因果关系，就是法则性，是只就能够反复进行的现象才有的说明的话，则所谓"一次性的因果关系""历史的因果关系"，严格来说是描述矛盾，实际上是能够将其还原为法则性的因果关系的。确实，也有仅仅根据一次现象，似乎就能马上了解其原因、结果的场合。如在用小刀切断手指的场合，就马上能够"了解"到小刀是切断手指的原因。即便不用反复进行，也能明了这种因果关系。但就该命题而言，正如施力克所指出的一样，存在纯粹只是理论说明而已的场合，这一点必须注意。上述场合"手指掉了"自身就是用刀"切了"。在并非如此的场合，基于反复进行的知识判断，还是能够将其加以还原的。历史的变动和自然界的变动一样，具有一次性，但我们将其看作具有反复可能的法则现象的组合。

就狄尔泰所说的"了解"而言，也同样如此。[1] 这种场合也不在法则性把握之外。只是，"了解"是从自己经验出发的类推，换言之，其是以一种相当不确定的方法即为数不多的反复为基础而进行的推定而已。这些场合，"被隔绝体系"的内容复杂，反复的可能性很小，因此，多数场合下只能采用直观的方法来进行上述判断。即便如此，还是要尽可能地对其分析、检验，使该种判断变得确定。这一点亦为狄尔泰之后的心理学的发展自身所实证。即便按照将人格区分为生理层面、心理层面乃至精神层面的见解，也没有理由否定心理层面、精神层面上的法则性。乍看之下，尽管主张上述各个层面都具有因果法则的卜兰莎似乎在说，因果法则的"种类"当中存在差别，但正如巴普所批判的一样，

---

[1] Abel, The Operation called Verstehen, in Feigl and Brodbeck, op. cit., pp. 677~687.

"法则的种类"当中,并不存在差别。[1]

当然,认可精神乃至心理上的法则性,和认为精神乃至心理为物质乃至生理所单方完全控制,是完全不同的问题。后者可以称为Physicalism。"柔软决定论",反对先验地以Physicalism为前提。这种决定论和Physicalism之间的混同,是导致自由意思论混乱的最主要原因。所谓非决定论者,不仅排除Physicalism,连精神的法则性也加以否定。

三、意思自由

那么,何谓自由呢?其是指不被决定吗?

结论先行的话,就是人并非自由还是不自由,也并非被决定还是不被决定。不被决定就是自由,这是将自由和偶然混同。是自由还是不自由,取决于"被什么"所决定。拉塞尔如是说。"所谓自由,就是我们的行动是我们意欲的结果,不被外力所强制。"[2] 加利福尼亚的教授们说:"我的行动,被我的意欲、动机、目的所决定的时候,我就是自由的。""当我的行动处于他人支配之下时,即被他人的意欲、动机、目的所决定的时候,就是被强制。"[3]

但是,也不能马上就说,"我自身"成为原因的话就是自由。我自身当中也有生理性的冲动或者倾向。在其成为原因的场合,就不能说是自由。但是,在这种生理性的层面之上,还能说存在被我们称为有意义的层面或者说规范心理层面的东西。在为这种层面所决定的时候,就是

---

[1] Blanshard, op. cit., p. 11; Pap, Determinism, Freedom and Moral Responsibility, in Hook, op. cit., p. 204.
[2] Russel, op. cit., p. 406.
[3] The U. of Cal. Ass., op. cit., p. 661. 另外,岩崎武雄将"被决定"和"有原因"加以区别,也是出于同样的宗旨。参见岩崎武雄:"论意思自由",载《哲学杂志》第75卷744号,第60页。

为"我自身"所决定，或者说是"自己决定"。和卜兰莎等所谓的决定层面的区别，几乎是同样的意思。

甚至可以说，连康德都是这种意思。众所周知，康德将理性世界和现实世界区分开来，认为现实世界是必然的，但理性世界是自由的。这种场合，将理性世界和现实世界作为对立的两个世界的考虑，或许不是对康德的正确解释。在为"义务感情"所决定的时候就是自由，为其之外的东西所决定的时候就不是自由，将这种"区分标准"称为理性世界，是难以想象的。如此的话，康德也是以原因的种类而加以区别的。[1]

对于这种自由和强制的区分，批判意见认为，其区分标准、区分界限并不明确。[2] 但是，自由和强制的区分，并不要求只有一个标准。倒不如说，根据所追究的责任的性质的不同，可以有所区别。[3] 所谓自由，一般来说，是和"某某有关"的自由。如在伦理上，因为害怕受罚而没有实施犯罪的，恐怕不能说是"自由行为"。但其在刑法中，可以说是自由行为。精神分析学者认为，精神病成为原因的场合，不是自由，但从其中解脱出来的场合，是自由。但精神分析学者也主张，没有精神病的人的行为，也为某种无意识所决定。[4]

对这种自由概念，还可以进一步地提出以下疑问。确实，可能没有来自外部的强制。但如果说实施什么样的行为是被决定了的话，我们不

---

[1] Blanshard, op. cit., p. 14. 另外，新康德派的 Windelband 也可以说是这种意义上的 "柔软决定论者"。Windelband, Uber Willenstreiheit, 3. Aufl., 1923.

[2] 大森："决定论的论理和自由"，载《东大教养学部人文科学纪要》第 20 册（1960 年），第 208 页。

[3] 吉田："决定论和自由"，载《哲学》第 11 号（1961 年），第 6 页；吉田："自由和决定论"，载《北海道大学文学部纪要 8》（1960 年），第 49 页以下。

[4] J. Hospers, Free Will and Psychoanalysis, in Morris, op. cit., pp. 463~473 以及 in Fdwards and Pap, op. cit., p. 315.

就感受到了"法则的强制"吗？[1]但我们现在感觉到，可以自由选择。这不是我们未被法则所支配的明证吗？

但是，我们很自由，并没有被决定的感觉，当然不能立即成为我们没有被决定的决定性证据。这和认为某物存在，并不能成为该物实际存在的决定性证据一样。但是，"自由意思"论者也会反问："同意。但是，几乎所有的人都感到自由，其中必有某种合理根据。"确实，这种场合，在即便被决定，但还是感觉到自由的一点上，有其合理根据。这是因为，"决断"的心理状态和"认识决断过程"的心理状态，是对立的。因此，决断的主体，对"被决定"的一点不能完全认识到。但这并不影响第三者的被决定的认识。在这种意义上，正如拉塞尔所言，"未被决定意义上的自由意思"是幻想。但其是有理由的幻想，甚至是无法逃避的幻想。

不仅如此，更进一步而言，我们所称的"自由意思"，果真是不被决定的意思吗？有些场合——尽管概率较低——我们也能够察觉到决定自己的法则。此种场合，在遵循该法则时，我们在该限度之内不也有"不自由"的感觉吗？

在这一点上，所谓确信犯人的问题，能给我们一些启发。犯人基于政治上的确信而杀了人。该人在自己的政治确信上或许感到"只能如此"。但这种场合其会感到"并不自由"吗？康德所说的"纯粹是基于义务意识"而行动的他，恰好感觉到了自由。至少在认为是义务的限度之内，不会感觉到不自由。如此说来，应当说，前述所谓"自由意识，不是为他人或者生理的东西所决定而行动，而是按照自己的规范意思"而行动，这才是真正的"自由意思"。

---

[1] 大森："决定论的论理和自由"，载《东大教养学部人文科学纪要》第20册（1960年），第208页。他主张"破坏预言的自由"。但我认为，其只是这里所说的自由意识的一种形态而已。

这里，想简单说下"柔软决定论"和"僵硬决定论"[1]乃至"宿命论"之间的区别。或许有人说，如果说"人的行动都是被决定的"的话，则所有的努力都是徒劳，所谓理想也毫无意义。这种人认为，在决定论之下，人的意欲可以置之不理，因为，不论如何，结果终究还是会发生的。换言之，人的意欲对是否发生结果没有影响。应当说，这是一种很奇妙的主张。柔软决定论认为，人的意欲，一方面顺从法则，另一方面也是左右结果的一个因素。因此，我们的理想和努力并非没有任何意义。如以甲从船上落入海中为例。此时，甲向岸边游去的努力是没有意义的吗？恐怕谁都不会说没有意义。或许甲游泳得救是被决定了的。但其不仅是甲在游泳得救之后，说其已经被决定会得救。从甲的性格等来看，竭尽全力游泳的意欲本身，某种程度上是能被实际预测到的。无论如何，游泳的意欲是不是被决定，和是不是注定会死，属于两个不同的问题，这一点必须注意。

上述问题和针对主张改良刑罚的新派学者所提起的疑问，具有同样的性质。该疑问是"如果说犯人必然会犯罪的话，则岂不是和刑事政策家们主张的刑罚教育性之间相互矛盾吗"？但是，上述刑事政策家改良刑罚的"努力"，和命中注定要进行该种努力之间并不矛盾。认为其矛盾的见解，是因为将决定论和宿命论混为了一谈。[2]刑事政策家们正是因为被犯罪学知识和人道主义所决定，从而主张改良刑罚的，他们并非基于偶然的奇思妙想而做出该种主张。

---

[1] 这里将"僵硬决定论"和宿命论在同等意义上加以使用。但是，"僵硬决定论"也可在和前述的 Physicalism 相同的意义上加以使用。

[2] 有以下寓言：杀人的被告人说："我确实杀了人。但那是被命中注定要实施的。因此，对我判处死刑是不当的。"法官说："你杀人或许是命中注定的。但我判处你死刑也是命中注定的。"但不管法官的意思如何，被告人并非命中注定要被判处死刑。

四、人的责任

如果说人的意思和行动是被决定了的话,那么,我们还能对其追究责任吗?能够追究责任的,岂不是仅限于"也能实施其他行为"的场合吗?但是,如果说人的行为是被决定了的话,还能说其"也能实施其他行为"吗?

确实,在完全相同的事态之下,不能说"也能实施其他行为"。只是,可以说,"如果条件不同的话",就可能实施其他行为。[1] 如果具有不同的动因,或者更强的合法的规范意识,更进一步地说,具有不同的人格,或者具有不同的环境的话,就可以说,有可能实施其他行为。即"能实施其他行为"的命题,不是断言式的,而是假言式的。因此,"应当"具有不同的动因、"应当"具有更强的合法的规范意识——这种判断的告知就是谴责。木村博士的主张即"所谓其他决意的可能性,只是意味着必须进行其他决意,和事实上能够进行其他决意,或者已经做成了其他决意完全无关"的说法,也应意味着只有在对"做成了"一点进行断言解释,才应当说其是正当的。当然,事前施加了谴责的话,在维持为同一人,而且可能会让其具有新的动因、价值意识的一点而言,必有现实的、断言判断的可能性。

那么,为什么要进行这种假言判断呢?这是因为,所谓责任,是应当谴责谁、应当处罚谁的实践性问题。这种谴责或者处罚,是为了让人不要重蹈覆辙而实施的。在同样的事态再次发生的时候,通过施加"过去被谴责,下次还会被谴责"的新条件,防止实施同样的行为。谴责和刑罚,在这种意义上,是面向未来的,而并非单纯指向过去而施加的。

---

[1] 这一点已经为很多学者所指出。参见坎贝尔的引述,Nowell-Smith, Free Will and Moral Responsibility Mind, p. 49, 1948.

为了让谴责和刑罚发挥这种效果，作为其前提，就是作为谴责对象的"意思"，必须能够受到谴责或者刑罚的影响。如果说实施还是不实施犯罪取决于（非决定论的）自由意思，即便施加谴责也不能被决定的话，那么，就像木村博士所说的一样，科处刑罚是没有意义的。这种场合，施加刑罚无非是不期待结果的绝对报应刑。这个见解，在"被决定的同时也在决定"的相对决定论的场合也是一样的。因为，即便认可相对决定论，批评者也会说，对不被决定的部分，是意图在不被决定的限度之内科处刑罚。

当然，与此有关，还必须提到后悔或者责任感的问题。即，我们对过去的行为表示后悔，不正好证明"也能实施其他行为"了吗？如果说是被决定的话，后悔就变得毫无意义，责任感也会消失得无影无踪。但是，正如在"自由意思"中所叙述的一样，即便说后悔是未被决定的情感，但抱有这种未被决定的情感自身，也并不能马上成为未被决定的证据，这是不言而喻的。但相反地，如果是被决定，就不会有后悔，这又提出了一个自由意思之外的问题。因为，"自由意思"和行为同时存在，是具有不被决定的意识的事实上的可能性，但后悔是事后的问题，如果说其是被决定的话，则应该能够被认识。

但是，所谓后悔或者说责任感，无非对自己自身的谴责，是将"应当"让犯罪动因、犯罪价值意识优先的意识，即在过去被优先的动机或者人格属性的否定判断，和下次让其他动因优先、绝对不让这种情况重演的决意，这样二者贯穿起来的自己这种人格同一性的意识。不管在什么样的非决定论之下，现在对过去总是无可奈何的。对现在无能为力的情形仅仅表示后悔，是没有意义的。不仅如此，按照非决定论，自由不过是偶然而已，如此说来，后悔的理由就要归于无了。

另外，前面提及的确信犯问题，也是刑罚仅仅关乎过去还是也针对未来的一个试金石。让我们假定所谓确信犯人不应当受罚吧。这是因为确信犯人不具有自由意思，也没有主体性，还是因为，指望通过谴责特别是刑罚,变更其确信乃至行动的可能性几乎为零呢?如果真的有所谓确信犯人的话,恐怕也是因为后者。说确信犯人和动物或者心神丧失者一样,没有主体性,这是对确信犯人的侮辱。

当然,针对上述见解,还有不同看法。现在,坎贝尔批判施力克说,责任针对的是过去,其以反因果的(contra-causal)自由为前提。[1]

首先,他认为,如果说谴责或者刑罚针对的是未来,则和惩罚动物进行训练就没有什么区别,动物岂不是也有自由意思了吗?确实如此。正如前述,所谓自由意思,不是将人和动物区别开来的手段。动物也有某种意义上的自由意思。人和动物的区别是,什么性质的谴责、什么性质的刑罚,能够对其行为加以规制上的不同,而不在于其行为是不是能够被规制。认为陆上动物当中,只有人类是反因果的想法,倒不如说是过于残酷。即便说具有这种反因果的自由,其也不会为人类的尊严提供任何基础。人类的尊严,与人依据"什么"原因而行动有关。

其次,他批判说,如果责任是面向未来的话,则死者责任应当是没有意义的,但我们不是还在考虑死者责任吗?但这一点很容易被反驳。所谓"将来",不是仅指该行为人的将来。也包括行为人以外的一般人,在将来陷入同样事态的场合,谴责就是形成动因的一个因子一样的情形。

他进一步说,虽说在考虑责任的程度时,会受遗传、环境所左右,但按照这种见解,就会得出责任最终取决于为将来提供影响的可能性的程度的结论来,这是不妥当的。但真的就不妥当吗?

在坎贝尔等的反因果自由意思论之下,行为人的人格甚至性格具有什么意义呢?正如坎贝尔自己所认可的一样,反因果的自由意思论,恰好在这一点上遇到了困难。自由意思,因为不是人格要素,所以就不能

---

[1] C. A. Cambell, Is "Free Will" a Pseudo-Problem, in Morris, op., cit., pp. 470~486.

对具有经验性质的人格进行谴责。不仅如此，由于最多不过是超经验的自我而已，其已经不是A的自由意思、B的自由意思之类，因此，最终就只能被看作一般的自由意思，难以据此对A或者B追究责任了。并且，按照上述的话，责任的轻重也不会成为问题。即便说人格对责任有影响，其也无非是制约自由意思的要素而已，或许是限定自由意思的作用"范围"的因素。如此的话，则在该范围之内就有自由意思，在该范围之外就没有，而责任的量就不被考虑了。相反地，如果说不是如此，即便说人格在某种程度，即量上制约自由意思的话，则越是与"人格相当"，自由意思能够发挥作用的余地就越小，责任就只能越轻了。如此一来，如对常习犯人就不能追究较重的责任了。如果想要对其重罚的话，就只有将其危险人格自身考虑为违法结果，在形成该种人格的"自由意思"当中探讨责任。这就是人格形成责任的理论。这种理论的难点在于，什么样的行为形成何种人格，并不清楚，这一点另当别论，在此不提。在此必须作为问题的是，[1] 人格和环境的性质，是不是对责任的轻重具有影响的一点。如果说行为是人格和环境相互作用而产生的必然结果，那么，只要环境并不异常，则该人或者具有相同人格的人，实施犯罪的危险性就大。为了让其不实施该种行为，就必须对人格进行更强烈的干预。即原则上，越是与人格相当，换言之，越是与作为规范人格层面的"特质"相当，责任就越重。这就是有关性格责任的理论或者说是实质的行为责任论。其是将人格看作能经验把握的东西，不在法则的基础上，就不可能理解自由。另外的一个问题是，人格形成的过程，对于某个人来说，是不可能从头再来的一次性经验。因此，针对该人的刑罚，就不会具有让该人将来不要再次重复该种人格形成的性质。对其处罚，不是对其他人的人格形成的警告，就是绝对的报应刑。在此意义上，可以说，人格形成责任论纯粹是面向过去的，而性格责任论则是指

---

〔1〕 详细内容，参见本书所收论文"人格责任和行为责任"。

向未来的。

总之，所谓责任，不仅不和决定论的自由概念相矛盾，而且也只有在这种自由概念之下才能被充分说明。因为，可以说，不是来自外部的强制而实施了该行为，"自身是原因"，这就是责任，自己意识到这一点就是责任感。这样经验地考虑刑事责任，不仅没有什么不合理，反而能够让迄今为止，被不假思索地作为前提的魔幻观念般的道义责任，接受经验之光从不同角度对其进行的照射，探明其真身，从而为划定刑罚的正当界限做出贡献。

五、结语

当然，以上论述没有超出试论的范围。还有许多问题有待进一步探讨。但是，必须记住以下内容。只要将反因果的自由意思和主体性作为刑事责任的根据，结局就是"理解一切就是允许一切"。这样，刑法学就常常要在犯罪学的威胁之下瑟瑟发抖。只有在说决定论和自由意思并不矛盾的时候，"理解之后的处罚"才会有可能，刑法学也才能在其领地中悠哉乐哉。这不仅仅是个理论问题。在有关人类的经验知识相当贫乏的现在，重要的是，我们必须努力实现"仅在理解的限度上加以处罚"。通过让决定论者承担举证责任，弃守"尽管不能理解，但也处罚"的领域，打消以专断的形而上学或者虚构维持现有刑罚的念头。

人格责任和行为责任

一、问题所在

31　　这里所谓的责任，是指道义责任，[1] 换言之，就是谴责可能性。不是指所谓社会责任。所谓社会责任，通常是指"对社会有危险的人，必须忍受来自社会的防卫手段"，但将其作为"责任"，有些模糊不清。倒不如称其为负担更合适一些。

如果将责任作为谴责可能性的话，所谓人格责任，就是将人格自身作为谴责的对象，所谓行为责任，就是将行为自身作为谴责的对象了。所谓行为，就是基于意思的身体动静以及因此而引起的外界变动，如果说行为是谴责的对象，则该意思也是谴责的对象了。因此，行为责任也被称为意思责任。行为责任也被称为个别行为责任。这是因为，被追究责任的是各个意思活动以及以此为基础的行为。相反地，人格责任，是意图对各个意思活动背后所具有的人格自身追究责任。

"犯罪是行为"，可以说是近代刑法的一大原则。所谓"犯罪是行为"意味着，只有作为行为而体现于外的时候才成为刑罚的对象，而内心状态、人格并不能成为刑罚的对象，不仅如此，即便在作为行为而表现

---

[1] 这一用语，正如后述，有在以非决定论为前提的形而上学的责任意义上被使用的嫌疑，因此，之后就不再被用。

出来的场合，也只有该行为才是处罚的对象，而行为人的人格自身不是谴责的对象。有责性或者谴责可能是行为的属性。这种行为责任，即便在我们的现行法上，也是基本原则，这是毫无疑问的。即便在德国，"现行法上，第一位的是行为责任，这是绝对一致的"。[1] 问题是，是不是可以补充性地、二次性地认可性格责任乃至人格责任。[2] 这主要表现在以下三个方面：

一是在法律不仅明文将行为，而且似乎也将行为人的人格作为刑罚对象的场合。特别是常习犯人，成为问题。

二是即便法律上没有明文规定，但在量刑时，不仅行为，其背后的人格是不是也应当考虑，成为问题。

三是作为成立犯罪的要件，是不是必须将行为人的人格本身作为问题这一点。

结论先行的话，就是刑事责任，不管是第一次的还是第二次的，我认为，都必须是行为责任。

二、常习犯人和行状责任

如何处理常习犯人？传统行为责任原则下的刑罚对其是不是不充分？这是作为新派和旧派的争论焦点的实践性问题。对这个问题，所谓二元论提供了大致的解决方案。针对行为责任施加刑罚，针对行为人的危险性科处保安处分。对行为人的危险性自身不追究责任。这就是二元论的公式理解。

---

[1] Schönke-Schröder，StGB 9，S. 219，1959；Maurach, Allgemeine Teil, S. 363，1954.
[2] 小野博士说："刑法以行为责任为原则，性格责任或者人格责任为补充。"载小野清一郎：《道义责任论·刑罚的本质及其他》，第100页。团藤教授说："行为责任和人格责任，应当说，前者是第一次的，后者是第二次的。"参见团藤重光：《刑罚纲要总论》，第186页。但是，何谓一次性、何谓二次性，内容并不清楚。

但是德国1933年修改刑法，对"危险的常习犯人"，认为因为是危险的常习犯人，所以科处了较重的刑罚（第20条a）。按照该法，实施数个犯罪，在"对行为进行综合评价的结果是危险的常习犯人"的时候，加重其刑。同时，该法律还对同样危险的常习犯人规定了保安处分（第42条e）。在以上述加重刑罚还不足以对其评价的场合，在该刑罚执行完毕之后，再科处不定期的保安处分。这样，针对行为人的危险性，在刑罚之外还科处保安处分的话，则刑罚就不应当是针对危险性而施加的、以改造为目的的刑罚即保安刑，而应当看作追究行为人责任的责任刑了。而且，因为是具有"危险的常习犯人"的人格特征所以才被加重刑罚的，因此，该加重针对的就不是行为，而是行为人了。那么，为什么因为是"危险的常习犯人"，就可以追究其责任呢？

为解决这一问题而提出的，是迈兹格的行状责任论。他的意思大体如下。[1] 这种场合下，不是针对行为人是"危险的常习犯人"，即针对其所有的如此人格（So-sein）而追究责任。行为人很危险，仅仅是指其将来反复实施犯罪的可能性很高，而不能对该危险自身追究责任。因为，责任，只有在不具有如此人格也是"可能"的时候，才能被追究。如此说来，只有在该种人格尚未形成就已经结束的场合，才能够对其人格追究责任。如果是因为该人平常的行状很糟糕而说其具有该种人格的话，就可以说，其原本可以不如此行为，原本可以在尚未形成如此人格时就已经结束。这里，就是对已经如此（So-geworden-sein）的一点追究责任。这种场合，危险人格就是所谓违法结果，针对引起该种结果的意思乃至行为即人格形成行为追究责任。行为人的盗窃或者伤害等犯罪行为的责任，和制造危险人格的行为责任，两者一并追究。这样，行状责任，说到底，还是对有责行为、有责的意思决定追究责任，根据这种所谓行状责任的原理，就能说清楚对行为人的危险性追究较重责任的根

---

[1] Mezger, Die Straftat als Ganzes, ZStW 57, S. 677ff., 1938.

据。因此，波克尔曼称所谓"对其（指迈兹格——译者注）功劳无论进行多么高的评价，都不过分"的说法，不无道理。

但对于这种行状责任，提出了各种疑问：[1]

第一，其是否能够完全实现其使命。正如前述，德国刑法规定，只要是"危险的常习犯人"就立即加重其刑，而不是说在有行状责任的场合加重其刑。因此，没有责任但加重刑罚的场合也是可能存在的。在此限度之内，不得不说，这里的刑罚，并非责任刑，而是保安刑。迈兹格本人也认可这一点。他认为，刑罚当中有责任刑的一面和保安刑的一面的两面性。因此，根据是采用行为责任论还是行状责任论的不同，保安刑的范围或许有若干扩大或者缩小，但不能依据行为责任论而完全驱逐保安刑。如果说行状责任论被赋予了以针对责任科处刑罚、针对危险性科处保安处分的二元主义公式，将现行法正当化的使命的话，则可以说，行状责任论还没有完成这一使命。这样看来，像日本的《修改刑法草案》以及《修改刑法准备草案》一样，对常习犯人以一元论的不定期刑加以应对的场合，当然就不能圆满地以行状责任论为根据来说明其是责任刑了。在德国，尽管对危险性设计了保安处分，但还是不得不承认，加重刑当中有保安刑的要素。在这种连保安处分的领地都意图全部以刑罚来应对的一元的不定期刑之下，就不得不承认保安刑的要素了。

日本现行法中也存在同样的问题。分则常对常习犯人加重刑罚。如现行法规定，单纯赌博科处罚金，但"作为常习"而赌博的场合就要处3年以下的徒刑。《有关处罚暴力行为等法律》以及《有关盗犯的防止以及处分的法律》中也有常习犯加重的规定。这种常习性，是"行为的属性"，如果说是将反复实施的数个行为集合起来，构成一个犯罪的话，

---

[1] Bockelmann, Studein zum Täterstrafrecht, S. 130ff, 1940. 另外, Liszt, Aufsatze II S. 41; Engisch, ZStW 61, S. 177. Heinitz, ZStW 63, S. 75ff.

该责任无非就是行为责任。但学说上也有人将其看作"行为人的属性"。[1] 其意思并不一定明确,可能是说,具有"常习犯"人格特征的人实施个别行为的时候,就加重处罚。如此说来,人格自身就成为加重刑罚的对象。为了将这种被加重的刑罚作为责任刑,或许要采用行状责任论,但即便如此,还是像上述场合一样,不得不认可保安刑的要素。

第二,即便在行状责任论之下,还是有值得疑问的余地。

人格的形成过程很复杂,将有责部分和无责部分区分开来,非常困难,几乎不可能。现有的知识之下,什么样的行为塑造什么样的人格,其因果关系并不清楚。行为人自身意识到了因果关系的场合几乎没有,多数情形,都说不上属于注意的话,其原本就会预见到形成什么样的人格的场合。将行为责任原理照搬适用于人格形成行为的话,行为和结果之间就有相当因果关系,行为人对于结果必须具有故意或者过失,但人格的形成过程更加复杂、微妙,在上述原理之下几乎是无解的。

行状责任论似乎是说,人格由上述有责行为而产生的部分和由来于人类无能为力的素质部分所组成。但是,人格不是行为人的自由人格形成行为和其自身无能为力的素质的"合成物"。人格形成行为自身也在受素质的制约,素质也受到人格形成行为的影响。人格形成行为之中,不仅有积极作用,也应当包含消极的不作为即怠于对素质进行改造的部分,如此说来,素质多少也还是能够被改造的。如有学说认为,多数常习犯人在七八岁时就失去了亲情,因而存在缺陷。这种场合,真的能够判断行为人"过去能做什么吗"?如果说在七八岁时不能做什么的话,就不能对多数常习犯人追究其较重的责任了。还有学说认为,因为人际关系不好所以成为常习犯人。如此的话,从此之后,在多大程度上能够对其"改造",就不能简单地判断了。

迈兹格使用"行状责任",而没有使用"人格形成责任"一语,目

---

[1] 小野:《刑法各论》,第148页;团藤:《刑法各论》,第203页。另外,木村:《刑法各论》,第223页也表达了同样的意思。

的是通过以作为行状而显现于外的行为，对形成人格的场合进行限定，尽量将其局限于明确的场合。但即便如此，波克尔曼仍然认为，其是自然主义的，有对不能追究责任的情形追究责任之嫌，意图将其限定于具有明确的生活决定（Lebensentscheidung）的场合，即有意将其限定为所谓故意人格的形成场合。相反地，在日本，多数人主张人格形成责任论这种无限制的形态。其在无限制这一点上，可以说将上述理论贯彻到底了，但将现实中没有责任的情形卷入进来的危险却陡然增大了。就自由意思而言，在采用只要无法证明，就推定具有自由意思的见解的场合，尤其如此。

这样说来，对行为人的人格追究责任的做法，是否妥当，值得怀疑。战后德国的刑法草案之所以抛弃了对危险的常习犯人加重刑罚，将刑罚限定于行为责任，对危险性以保安处分来应对，就是基于这种考虑。因此，行状责任论在其本来的领域中已经失去了其存在理由。日本现行法将常习性看作行为属性，这种做法是妥当的，但立法论上像准备草案或者假案一样，设置不定期刑，则非常值得怀疑。[1]

三、量刑和人格

曾经被考虑的行状责任原理，已经超越了其本来领域，进到了其他领域。

首先就是量刑的领域。刑法就"杀人""窃取他人财物"行为规定了一定幅度的法定刑，量刑就是针对该种行为而进行的。法条上看不出来将行为人的一定人格特征作为刑罚的对象。在这一点上，必须将把犯人的人格特征特地作为刑罚对象而明文规定的前节的场合，区分开来理

---

〔1〕 虽说不能一概否定刑罚中的保安刑的因素。但其是指，自由刑实际上更加趋向于改良的场合的情形。一方面强调责任原则，另一方面认可不定期刑，这是不妥的。

解。因此，如果说行为责任是一次责任、人格责任是二次责任，只有在有明文规定的场合才能考虑二次责任的话，则在量刑上就不用考虑人格责任了。

但迈兹格说，在量刑当中也应当考虑行状责任。[1] 明文规定对常习犯人加重刑罚的，属于特别情形，由于即便并非如此情形，多少也能认可行为人的人格危险，因此，结局上只要能够认定人格危险责任，就应当将其在量刑中加以考虑。

必须和这种见解区分开来的，是所谓性格责任。其认为，行为和行为人的人格越是相当，责任就越重。换言之，行为越是人格的必然表现的话，责任就越重。这也是迈兹格曾经提出的主张。[2]

这两种见解无一例外地主张，在量刑上，不能只形式地考虑行为，在某种意义上，还要一并考虑其背后的人格。但是，上述两种见解之间存在相当大的区别，其植根于对"自由意思"的理解的不同。

那么，何谓自由意思呢？[3] 通常，被称为自由意思的场合，就意味着不被决定，而是自己决定的、自发的意思。能够自主选择实施还是不实施犯罪，这就是自由，如果被决定只能实施其中一方的话就不是自由。但主张这种自由意思的人也并不认为，意思是"完全"自由的，是否实施犯罪，"完全"自由决定。承认是否实施犯罪，一定程度上要受到人格和环境的制约。但是，犯罪行为并不完全受制于人格和环境，在被制约的范围内，自由意思乃至主体性能够进行自由选择。谴责，就是在这种自由选择的限度之内施加的。按照这种见解，行为人的人格是排除自由意思的要素，行为越是属于人格的必然结果，就越不自由，仅此而言，责任就不得不被减轻。这里，为了认可危险人格的场合下具有较

---

[1] Mezger, Strafrecht, Ein Studienbuch, All. Teil, 8. Aufl., S. 286, 1958.
[2] Mezger, Lehrubch, S. 275ff., 1931; Frank, Festgabe, Bd, 1, S. 529, 1930. 木村博士也说："刑事责任，作为用语难以说很贴切，另外，虽说不是没有批判，但应当在'性格学的责任论'之下加以理解。"木村龟二：《刑法总论》，第304页。
[3] 详细参见本书所收"自由意思和刑事责任"一文。

重的刑责，就不得不在形成危险人格的"自由意思"当中寻求责任根据。

和这种非决定论的自由意思论形成对照的，是所谓宿命论乃至"僵硬决定论"。这种观点认为，和人的意思无关，一定的事实是否发生，是被决定了的。按照这种见解，恐怕就不能对行为人追究责任了。

这样两个见解之间，还有所谓"柔软决定论"的见解。其认为，人的意思最终还是遵从法则的，在此意义上是被决定的，但人具有自由意思的说法，和上述意义上的被决定之间并不矛盾。是不是自由，不是被决定还是不被决定的问题，而是被什么所决定的问题。因此，刑法的场合，能够被社会谴责所决定，就是自由。刑罚也无非是利用人的意思中所具有的法则性，让行为人以及一般人将来在同样的事态之下，不要实施犯罪而设定新的"条件"而已。

这样说来，科处刑罚的程度，取决于产生犯罪意思的可能性的强度。在具有强烈的犯罪动机的时候，仅凭这一点，就有科处较重刑罚的必要；如果是性格当中有产生犯罪动机的极大可能性的话，仅此而科处重刑也是妥当的。换言之，行为与人格相当的话，就此而言，责任就重。

如以实施盗窃还是放弃盗窃这样两个动机发生冲突，最终还是决定盗窃的场合为例。这种场合，因为是按照所谓自由意思而进行选择的，因此，根据所谓自由意思活动是谴责对象的见解，就必须得出责任很重的结论。相反地，当盗窃已经成为习惯，特别是没有产生反对动机的场合，由于几乎没有发挥所谓自由意思作用的余地，因此，责任就比较轻。但这是违反常识的。所谓强烈的反对动机发挥了作用，意味着该人的心中有向善的倾向，其内在于该人的心中。连反对动机都没有产生的场合，恰好意味着该行为与其人格相当，值得强烈谴责。[1]

---

[1] 是不是产生反对动机，和是不是具有违法意识是两个不同的问题。尽管是盗窃的常习犯人，但没有意识到盗窃违法，这是没有的事吧。

对这种性格责任论提出难题的是，限制责任能力者特别是所谓精神病人。[1] 精神病人因为其异常人格，对社会具有危险，很多情况下，其犯罪正好就和其人格相当。按照前述见解，其量刑必定要比一般人重。德国的法院也曾对此表示过肯定。"只要不是完全没有责任能力，其就尚存有意思能力。具有危险人格者，有比一般人更应竭尽全力地让自己不要陷入犯罪的义务。"这样理解在逻辑上也不是不可能的。在实际量刑的时候，多少会加进一些这样的考虑，这一点是不容否定的。但将这种考虑贯彻到底的话，就会得出很残酷的结论来。像德国过去一样，不认可限制责任能力法则的场合就不用说了，即便像日本一样，对限制责任能力人采取减轻处罚的做法，其也和法律规定矛盾。精神病人当中，确实存在认识行为的违法性并据此而采取行动的能力低下者，这是难以否认的。

德国之所以主张行状责任论，除了因为要对常习犯人加重刑罚之外，还有对限制责任能力人进行说明的需求。在德国 1933 年的刑法修改当中，新设了限制责任能力的规定，规定对限制责任能力人"可以"减轻刑罚。减轻刑罚不是像日本一样的必要减轻，而是裁量减轻。按照行状责任论，因为行状恶劣而陷入限制责任能力状态的时候，不仅不减轻处罚，有时候反而要在法定刑的范围之内从重处罚，当然，在并不如此的时候，还是要减轻处罚的。但此种场合下的人格形成过程如何，常习犯人的场合就不用说了，连责任的有无都难以查清。不仅如此，只要一度陷入限制责任能力的状态，即便对陷入该种状态具有责任，仍对其行为追究完全责任，这是否妥当，值得怀疑。如因交通事故而损伤大脑，陷入限制责任能力状态的场合，即便对该交通事故负有责任，也不能对在限制责任能力状态下实施的所有行为，和对有责任能力者一样追

---

[1] 关于这个问题，参见 Heinitz, op. cit. 另外，参见平野："论精神障碍犯罪人的处遇"，载《犯罪人处遇法的诸问题》，第 117 页以下。

究相同的责任吧。[1]

在刑事责任上，必须作为问题考虑的，还是行为当时的人格。但对于该人格的异常性，不能进行全面谴责。假如说人格可以分层的话，可以将其分为能够接受刑罚的人格层或者说刑罚能够起作用的人格层和不能起作用的人格层。能够追究较重责任的，只能是前者异常的场合。对于脑损伤场合下的生理障碍，刑罚已经不能发挥作用了。尽管是心理障碍，若是神经功能病之类的话，也还是不能对刑罚效果抱有期待。和所谓精神病质的情形不同，心理障碍具有各种情况，有能够接受刑罚作用的场合，也有不能的场合。就后者而言，即便说对陷入该种状态具有责任，也只能作为限制责任能力人而减轻刑罚，必要的话，可以尝试以保安处分对其治疗。但是，就规范心理人格层面而言，可以说"不管是什么原因导致这种局面，人都对现在的人格承担责任"。因此，在行为与该种人格层面相当的时候，就能对该行为追究较重的责任。

但以目前的知识，并不一定能判断清楚，什么程度属于该人的人格层面，什么程度不属于。这是因为，和过去的人格形成过程中有多大"自由"的判断相比，可以说，现在的状态问题比较容易判断。但关于人格，我们的知识还相当贫乏，在行为人的人格成为问题的场合，也只能在该行为和人格之间明显地具有实质关系，而且以刑罚进行干涉属于妥当且有效的限度之内，才能考虑人格。换言之，只能将行为中所显现出来的人格作为问题。人的行为，必定多少要和该行为人的人格相

---

[1] 据说，人格形成责任论，就这样成了减轻刑罚的根据。其认为，在不能归责于人格形成的过程特别是环境的时候，就应当减轻刑罚。确实，大致上可以这么理解。但人们通常都会这么说，即应该能够形成正常人格、应当能够从该种恶劣的环境中成长起来。特别是，将自由意思自身作为不能被证明的东西而加以把握的时候，就是如此。因此，实际上，人格形成责任论在减轻刑罚的方向上几乎不起作用。在所谓杀害小菊事件中（东京地裁1955年4月15日，《判例时报》第50号，第1331页），法院强调，作为强调死刑判决妥当的理由，就是能够进行正常的人格形成，这里非常极端地显现了人格形成责任论的特点。

关。[1]但刑法没有考虑这种意义上的人格。正如迈兹格所言："责任论中，人格不是问题，一定期间持续的对外界反应的形态，特别是意识到目的的人格才是问题。"这种"意识到目的的人格"的用语意思不甚清楚。但至少说明刑法不得涉足人格的深处，不得对潜在的人格体系伸出干涉之手。新派以行为人的人格作为对象，至少在该种意图之内，伸出了教育改造的温暖之手。旧派以报应刑论的严厉态度对待犯罪，意图将其对象限定在行为之内。如果人格责任论在权力的名义下，以报应谴责这种严厉的态度进入行为人的内部的话，应当说，其是将上述两者的短处合在了一起。

这样，性格责任尽管考虑了作为行为背景的人格或者性格，但其仍然是行为责任，即"被正确理解的行为责任"，[2]而不是本来意义上的人格责任或者性格责任，这一点必须注意。人格责任，以人格自身、人格如此作为对象，命令他人不得形成这种人格。性格责任只是命令不要实施该种行为。只是对具有危险人格者发出更为强烈的命令而已。

这种行为的人格相当性是决定责任轻重的要素之一，但不是唯一要素。M.E.迈耶说："性格加重、动机减轻。"[3]这种场合，因为所谓动机，限定于受环境刺激而产生的情形（但动机当中也有来自性格的部分，因此，动机一语的使用方式并不妥当，但是，这一点就不说了），因此和性格加重、环境减轻的说法是一样的。但这并不正确。环境中也有加重责任的要素。如因为隶属于反社会集团而陷入犯罪的场合，反社会集团就是从重处罚的要素。但贫困的环境会减轻责任。不能说只有人格是主体性的，而环境一般是物理性的。正如人格中有生理层面和规范心理层面上的不同一样，环境当中也有物理的环境和规范心理的环境。在后者当中，尽管人格和环境大致上能够区别开来，但两者是连续的。

---

[1] Mezger, Lehrubch, S. 279.
[2] Bockelmann, op. cit., S. 137.
[3] M. E. Mayer, Die Schuldhafte Handlung und ihre Arten im Strafrecht, S. 190, 1901.

这样说来,"性格责任"一语未必正确。倒不如按照施密特等[1]的用语,称之为"实质的行为责任"更为妥当一些。其和结果的轻重立即决定责任轻重的形式行为责任论对立。性格责任只是其一方面而已。而且,在某种意义上,其还留有新派的偏重生物学原因的痕迹。但是,这里所说的实质的行为责任与其不同。

四、犯罪要素和行为人人格

行状责任论的影响,并不只是停留在量刑的领域。有人在作为犯罪成立要件,对行为责任进行补充,或者在作为行为责任的部分替代的意义上,主张行状责任。如果使用一次性、二次性的概念,说成立犯罪是一次性问题,属于行为责任,在量刑之际的二次性问题上也可以考虑为人格责任的话,则上述主张即刑事责任是一次性的行为责任的见解就要被否定。

成为问题的是,故意、过失、违法意识、责任能力等。对这些问题都无法进行详细论述,只能简单地指出其问题。

1. 故意

所谓故意,一般认为,其是对犯罪事实有认识,并有意加以实现的场合。何谓有意要素,目前还有争议,但至少必须对犯罪事实具有认识,对此最近已经达成共识。可是,最近从人格责任的立场出发,对此又提起了疑问。认为即便对犯罪事实不要求有实际认识,只要有潜在的认识就足够了,[2]或者说从"实际存在"来看,只要是人格的必然表现就足够了。

---

[1] E. Schmidt, Kriminalpolitische und strafrechtsdogmatische Probleme in der deutschen Strafrechtsreform, ZStW59, S. 386, 1957.
[2] 高松高判1956年10月16日,载《裁判特报》第3卷第20号,第984页。

确实，正如激情杀人或者醉酒杀人，存在对死亡结果是不是具有认识，难以查清的场合。通常的精神状态下，若对"以短刀刺杀腹部"的事实有认识的话，就可以说对"死亡结果"有预见。但在上述精神状态异常的场合，认识现存事实的能力和从中推断、预见结果的能力之间，存在偏离正常人的情形。这里，存在难以认定有故意的时候。莫兰德坦率地承认这种事实，将其作为过失谋杀罪，和故意杀人罪同样对待。但在日本难以采用这种见解。按照上述见解，对这种场合要认定故意责任，还必须认可潜在的乃至无意识的故意，或者实际存在的乃至人格的故意。

潜在的乃至无意识的观念，恐怕是受了精神分析观念的影响而提出来的。但是，内容是不是一致，非常值得怀疑。但无论如何，正如威廉姆斯所说的一样，[1]在我们现有的知识之下，无意识世界的认定是不确定的，刑罚对于无意识世界具有什么样的效果，了解也相当贫乏。另外，正如迈兹格所说，在认定故意的场合，虽然能判断其是不是与人格相当，但相反地，如果是人格的必然表现的话，则不管其认识内容如何，都将其作为故意杀人罪，这不管是如何现实的考虑，都应当是不可能的。毕竟刑法还是停留在意识世界中，对认识到的东西才有意思的行为责任原则，无论如何都必须得到维持。

2. 过失

过失场合，似乎是因为对结果没有认识，因此潜在的或者人格性的东西就直接成为责任的根据。所以有"过失的本质是无认识"的说法。但果真如此的话，刑法还能够对其加以干涉吗？这是个大问题。现在，霍尔和格鲁曼提倡将"没有认识的过失"置于刑法之外。

---

[1] G. Williams, Criminal Law, p.33, 1953. 他说，如某女手中的盘子掉地上摔碎了。在显现于意识的层面上，她没有破坏盘子的故意，最多只能追究过失责任。但是精神分析的结果表明，她有对上班的地方很讨厌，想回家不干，摔碎盘子的话，其就会被解雇，可以回家这种无意识的意识。此时，可以肯定其具有刑法上的毁坏财物罪中的故意。

但即便说是没有认识的过失，也只是指没有认识、预见到结果而已，而不是对无认识的状态追究责任。对因为睡着了而忘记放下栏杆的铁路道口值班人员，不能针对其睡着了的状态进行谴责。能够谴责的只是其睡着之前的有意识的状态。[1] 在这种有意识的状态之下，对"一般而言，可以引起一定结果发生的事实"有认识，但行为人没有响应该刺激而紧张或者说强化其意识，这就是过失责任的根据。这样说来，过失犯不是过失犯罪这种一般性的犯罪，而是过失致死、失火之类的个别犯罪，其也是行为责任，至少可以说是意思责任、认识责任。这一点准备通过别的机会再展开。

3. 违法意识

关于违法意识，问题更为深刻。在对结果的认识并不直接面对有发生结果的可能性的某种事态时，不成其为问题，某行为是不是违法，更加一般性地，换言之，以日常的举止行状来确定。作为日常举止行状的结果，并不知道行为违法的时候，看似能够追究和具有违法认识的场合一样的责任。如迈兹格认为，虽说故意当中必须具有违法意识，但从日常举止行状来看"对法具有敌对态度"的场合，就能追究和故意同样的责任。[2] 另外，波克尔曼现在尽管一般性地否定行状责任，但在违法意识这一点上，也认为行状责任多少还是有妥当之处的，[3] 这也是基于上述同样的考虑。

但如果将违法认识作为故意的要件的话，则即便说日常的举止行状值得谴责，但在其只是行为人并没有意识到违法过失的累积的场合，恐怕就不能追究其故意责任了。如果说在有"对法的敌对态度"，或者

---

[1] Mezger, Lehrbuch, S. 356. 但是，虽说过失的本质是无意识，但这种场合中无意识，可能是无意识层面上的意思。即便如此，仅说无意识，这还只是消极的概念而已，必须查明对无意识下的"什么"具有责任。

[2] Mezger, Strafrecht, Ein Studienbuch, 3. Aufl., S. 146, 1951. 但是，在第4版之后，他再也没有提及这一点。

[3] Bockelmann, Materialien zur strafrechtsreform, Bd. 1, S. 36.

"对不知法本身应当加以谴责"的场合，就能追究行为人故意责任的话，就必须将行为时，即尽管对犯罪事实有认识，而仍然实施行为时作为问题。不管日常的态度如何，在对犯罪事实有认识的场合，就必须检讨其是不是违法，对法是不是抱有敌对态度，只有在此时才作为现实的东西而变得明晰起来。日常举止，只是认定这一点的一个证据而已。

4. 责任能力

只要采取行为责任的立场，就会说责任能力也是行为时是不是能够认识该行为的违法性，并据此而采取行动的问题，而不是针对法秩序的一般性的持续人格问题。因此，对某种行为具有责任能力，但对其他行为没有责任能力的情形，在理论上是可能存在的。[1] 另外，平常看起来一切正常的人，但因为妄想而实施了有关行为，只能考虑为无责任能力的场合也是存在的。但和故意、过失、违法认识不同，责任能力是"人格能力"的问题，可以说，将人格自身作为直接判断对象的可能性更为强烈。如反复实施盗窃的犯人，即便精神病发作，也还是会反复实施同样的盗窃行为。这种场合，因为盗窃行为与精神病人的人格没有直接关系，因此，在与这一盗窃有关的范围内，可以说具有责任能力。但考虑到"人格的同一性"，对已经陷入精神病状态的人，就其在该种状态下实施的伤害而言，只要其已经被判定为无责任能力人，则就上述盗窃而言，认定为无责任能力的话，反而更加妥当些。实际上，仅从某一行为来看正常，但从行为人的人格整体来看属于病态的情况也是有的，因此，应当像迈兹格一样，在相对责任能力的认定上，必须非常慎重。

---

〔1〕 美国因为没有限制责任能力制度，因此，就同一行为，便以尽管作为 Murder 没有责任能力，但作为 Manslaughter 具有责任能力的形式，认可了 partial responsibility，适用了较轻的刑罚。但其是没有限制责任能力制度之下而产生的法律适用技术，是不是具有实质根据，值得怀疑。在日本，如果认可相对责任能力的话，就要认可杀人的时候没有杀人的责任能力，但具有作为伤害犯的责任能力的场合。换个场景，在实施了杀人和伪造文书的时候，即便说对杀人没有责任能力，对伪造文书具有责任能力，但也还是不能马上认可相对责任能力。

因此，认可人格责任的话，对这种人格责任的阻却即一定的病态人格，恐怕就只有以不追究刑事责任的形式，在责任能力的领域当中进行了。[50] 在故意、过失当中导入人格责任的同时，又在责任能力上强调个别责任，这种做法在逻辑上是颠倒的。

恩格希的自由意思论

我以前曾尝试探讨过"自由意思"。[1] 之后，我最近接到了恩格希有关自由的小册子（《现代刑法哲学中的自由意思论》，K. Engisch. Die Lehre von der Willensfreiheit in der strafrechtsphischen Doktrin der Gegenwart, 1963）。他说的和我先前的论述相当接近。我的论文主要参考了英美的文献，几乎没有参考德国的文献。因此，兼有补充的意思，我下面稍微详细地介绍一下恩格希的论文。

说到自由意思论，或许有人会有"又来了"的感觉。但是，其在某种意义上其是"永恒的问题"。在有名的有关禁止错误的判决中，联邦法院认为"刑罚以责任为前提。所谓责任就是谴责可能性"，刑法草案采用了责任原则，如就责任能力，规定"谴责可能性，以行为时能够避免形成实现该行为的意思为要件"。这里就采用了接近古典自由意思论的正式表述。

首先，这里的问题是，该种"刑法上"的自由意思。形而上学式的或者纯粹道德哲学上的考察，不在问题之内。如布兰科将自由意思问题作为假问题，认为"如果将有关自由意思的内部考察和外部考察加以区别的话，则意思自由和因果法则的约束之间的二律背反就归于消灭"。"从外部（即在考察他人的意思或者过去的自己意思的场合）来看，尽管意思被因果地决定，但从内部立场来看的话，意思是自由的。"但刑

---

[1] 参见本书所收论文"意思自由和刑事责任"。

法中的问题是,法官是"从外部"来观察犯罪人的意思的,这种场合,责任谴责是不是可能?萨鲁托露也说"人应当在自由状态下被处断"。这是实存哲学的视点,因为此处只有"针对自己的责任"的问题,而不存在刑法中的"针对刑罚权的责任"问题,因此,这里不加讨论。

其次,这里意图作为问题的,是"现代"的状况,但在开始此话题的时候,还是要说说之前的时代即"学派之争"时的情况。古典学派认为,刑罚是对责任的报应,"在能够实施其他行为的时候"即自由的时候,谴责才变得可能。相反地,近代学派如李斯特认为,刑法世界是现实世界,受因果法则支配,人类的行为均有动机。因此,刑罚不是传统意义上的报应刑,而必须是目的刑或者保护刑。作为这种命题和反命题的扬弃,有人意图在决定论之上为责任奠定基础。默克尔是其中的代表。他和李斯特一样是彻底的决定论者。按照他的理解,行为来自性格,追究责任,就是将行为当中所展现出来的性格特点作为问题。"我们之所以尊敬苏格拉底,不是因为他也可能会卑怯,而是因为他的行为当中所显现出来的性格给我们提供了道德上的满足感。正如美术作品能够满足我们对美的感觉一样。""所谓责任无非就是对性格归责,而报应,是为恢复犯罪所引起的不和谐而进行的反动。"

但是,问题还没完。针对这种综合说,批判意见认为:"其疏忽了伦理判断的特殊性,混淆了伦理和美学之间的界限。"因此,尽管我们处在更高的阶段上,但还是必须再次回到最初的出发点来进行检讨。这里提出以下四个问题:①即便在精神世界,因果律是不是也毫无例外地妥当?②所谓自由,说到底就是"还有其他行为的可能"吗?③"还有其他行为的可能"是什么意思?④在意思自由问题和新方法之间能够协调的责任和报应方面,还有什么新见解吗?

首先考虑第一个问题。

H.迈耶在认为微观现象不能一概而论之后,说:"毫无疑问,没有证据证明,微观上被驱动的有机体一律被机械地决定。""动机和性格构造并非物理意义上相互影响的力量。"但是，迈耶的这一见解，只是说在有机体的世界中，古典物理学的因果律不起支配作用，即便在心理的、精神的世界中也残存有独自的因果律的可能性。我们要慎用微观世界中的轻率的推理来确认在刑法领域中因果律是否妥当。

在此检讨传统的说法即"能够实施其他行为"的见解，是不是充分地表达出了自由的意思。

关于这一点，格拉夫·茨·朵拉的遗稿非常有趣。他说，所谓"还能实施其他行为"是幻想。即，不能说该人能够实施其他行为，只能说"一般人"能够实施其他行为。确实，严格来讲，该个人在具体状况之下，是不是能够实施其他行为，这种问题是没有意义的。因为这种问题没有办法检验。两个现象相继发生的法则性，在学术上只能通过实验来检验。针对人类精神的实验，也不是不可能的。但某人是不是可以进行其他行为，只能在将同一个人置于完全相同的条件之下，才能进行实验检验。但人有记忆，第二次就会成为不同的人，因此这种重复在原理上是不可能的。因此，具体的人在具体状况之下的行为，是不是被决定，并不能检验，无论如何，必须进行某种程度的抽象。但是，该抽象不能飞跃到"一般人"的程度。抽象必须在该个人的内部进行。最终，所谓自由，正如金麦尔所说，无非就是"受刑之后，具有实施其他行为的可能性"。所谓其他行为的可能性，就是通过施加新的力量，向实施其他行为的状态发展。换言之，"具体状况下的具体行为人的缺失，在我们的谴责意思力量或者考虑之内的话，在也可能实施其他行为的意义上——也只有在该种意义上——才能说其他行为也是可能的"。

但是，关于自由，也有与上述不同的见解。其中尼古拉·哈特曼的自由意思论，是有关这个话题的最近论述，也是最为深刻、最为优秀的论述之一，尽管其和刑法哲学并不直接相关，但还是值得一提。他的基本思想如下：意思自由，不是偏离心理的、生理的因果意义上的消极自由，而是受制于道德律的积极自由。但伦理自由，更在这种积极自由之上。其是针对道德律自身的自由。只能选择善的意思，已经不是伦理意思。这种自由的存在本身，就是自己决定意识和归责的事实证明。

与哈特曼的这种想法接近的是迈兹格的见解。他说，除了因果这种"思考形式"之外，还必须认可"自发性"的思考形式。这种"自发性"和哈特曼的积极自由几乎同义。迈兹格认为，只有根据这种自发性的思考形式，才有可能了解精神现象。但是，针对迈兹格的见解，有人提出了质疑：面向价值的精神现象，说到底是伴随某种动机的，在此意义上，其不是被决定了吗？对此，虽然迈兹格回应说，"在因果的范畴内，不能理解精神的内在内容"，但这是狭隘地理解了因果概念，将其限定在机械的、盲目的情形，就面向目的的"创造性"现象而言，其并没有突破广义上的因果律的范围，这一点必须注意。

但是，对迈兹格的这种犯罪也是指向价值实现的行为的见解，可能会有反对意见。不是必须将犯罪理解为犯罪人自身也认可的恶，在情动或者冲动的驱使下而实施的行为吗？这就是疑问。这正好就是威尔泽尔的见解。他认为，在意义和价值的层面上操作欲望，这就是自由。他不认可哈特曼所谓的能够选择恶行的自由、违反道德律的自由，他认为遵从道德律的时候，人就是自由的。"被违反价值的东西所决定的时候，不能说是自由。"

威尔泽尔的见解非常具有魅力，但其中也有若干疑问。其一，岂不是将作为存在论问题的自由、不自由和作为价值论问题的价值、无价值混为一谈了吗？其二，有意义的决定不也是一种决定吗？其三，犯罪意思也不是完全听命于欲望和冲动，犯罪人不也是按照其自身的价值观而行动的吗？其四，按照他的见解，岂不是只有不自由的意思才是值得谴责的意思吗？

这样，在存在论上证明自由意思的尝试，只是"不完全证明"而已。无论哪种场合，作为刑事责任基础的自由，可以说，在某种意义上是被决定的。哈特曼也认为其见解能和一定的决定论相调和，迈兹格也承认，认为对精神现象的了解只有依据和因果律相矛盾的自发性才有可能的观点不能被证明，威尔泽尔也认为，犯罪最终被因果律所决定。

另外，还有人提出，法学家是不是能够像个法学家的样子，在法律范畴内解决这种现象呢？这就是试图以举证责任来解决的尝试。哈特曼曾经说过，从我们具有自由意识和责任意识的现象当中能够推断出人是自由的，因此，否定这种见解的一方负有举证责任。但是，正如迈兹格所言，在意思自由之类的理论问题当中，果真具有所谓举证责任的分配吗？值得怀疑。如果说有的话，倒不如说，这种责任应当在非决定论者的一方。因为，我们不仅有认为所有的现象都为因果法则所决定——这种经验上的推定，而且，意图施加谴责者必须证明，能够施加谴责是理所当然的。

这样，不管是现代物理学还是迈兹格、威尔泽尔的见解，都未能否定行为为性格和环境所决定这一点。那么，在这样无可奈何的时候，为什么还能追究行为人的责任呢？如果说意思能力的欠缺是根植于行为人的性格的话，那么我们的责任谴责，说到底，不就只能附随保安处分了吗？但并非如此。如罗比科夫斯基认为："对于特别预防、一般预防的要求而言，自由意思是不必要的。对于目的刑而言，是不是能进行其他行为，也不是问题。"但他是就目的"刑"而言的，依然认可了刑罚和保安处分的区别。按照罗比科夫斯基的见解，刑罚是独特的"保安"处分，刑罚是通过承受痛苦而发挥其效果的处分。相反地，保安处分则要努力不让人感觉到痛苦。另外，也不是说，刑罚只要符合正义就可，而保安处分只要追求合目的性就行。刑罚也要追求合目的性，而保安处分也必须符合正义。因此，责任不是伦理上的责任，也能将其作为法律上的责任而加以维持。这样说来，罗比科夫斯基也是意图通过将谴责和性格联系起来，在决定论之上认可责任的一群人（如朵拉、塞里西、海尼茨等）中的一个。

那么，为什么能够对性格追究责任呢？这里我们就遇到了行状责任论。科拉和宾丁也认可了塑造自己性格的可能性，但迈兹格和波克尔曼主张，常习犯人的加重处罚根据是行状责任论，这种见解为威尔泽尔和兰格所支持。但是，行状责任论毕竟是行为责任，在此性格责任的观念就被抛弃了。本来的性格责任论来自将性格和行为在内部联系在一起考虑的见解。但性格责任认为，在各个行为当中所显现出来的性格的限度之内，能够追究责任。但并不是在和行为无关的性格当中追究责任。非决定论者从各个自由意思活动中追究责任。但决定论者一定要追问这种行为的原因。这样就追到性格上去了。如此说来，可以说，性格责任是立足于决定论之上的报应刑。其和前面所说的"也能实施其他行为"命题的解释一致。

那么，这种性格责任和实定法上的责任能力、故意过失、禁止错误、期待可能性等之间是什么关系呢？

（1）为什么不处罚没有责任能力者？乍看之下，该行为也是性格的表现。对于这个问题，或许可以回答说其不是"人格"的表现。但在不能否定该种联系的场合，特别是在少年的场合等，可以说其没有适应刑罚所具有的影响的特性。精神病人的场合也一样。就精神病人而言，行为尽管根植于其性格，但对其不是以刑罚，而是以其他处分应对会更好一些。但针对上述观点，反对意见可能会说，责任能力就是犯罪能力，必须在犯罪时存在，但这是出于误解的意见。犯罪能力和刑罚能力并不对立。行为时之所以必须具有责任能力，是因为不如此的话，刑罚就不能作为有意义的东西而被接受。

（2）之所以要求故意、过失，是因为其是性格的表现。责任谴责的程度，也能作为性格责任的差异而加以说明。如果说自由是责任轻重的尺度的话，则该自由越是容易向正确方向驱动，责任就应当越重，结局上，轻率的过失致死就比妒忌杀人还要重。

（3）对紧急避险和期待可能性，也能以性格责任加以说明。在大多数人处于相同情况下会实施相同行为的场合，该行为就不是该人的个性表现，而是一般人性的表现。因此，对其没有必要施加刑罚。

另外，M.E.迈耶说："性格加重刑罚，动机减轻刑罚。"但是，由于性格和动机相互关联，因此，动机是不是减轻刑罚，取决于其中所显现出来的性格是不是具有可谴责性。就常习犯人而言，由于其性格对法律来说确实是一个很大的威胁，因此加重刑罚。正如前述，对于没有责任能力的人而言，施加报应没有意义，但对常习犯人而言，即便说其是素质性的、命中注定的犯人，但只要具有受到刑罚影响的可能性，就可以说，对其处刑是有意义的。

那么，如何看待自由意思呢？不能否定存在这种意思。但是，也不能否定，并非总是存在该种意思。按照金迈尔的见解，"自由行动"的意思，处于被决定的意思和未被决定的意思之间。自由意思具有多种含义。其常被用于行为自由的意思这一意义上。其不能成为意思自由的证据，据说，这一点自肖彭豪威尔以来就已清楚。但是选择自由的意思，也不是意思自由的证据。因为，正如前述，是不是能够选择其他动机，在事后是不可能了解的。在已经"变得更加聪明"的现在，能够像他一样行动的事实，不能成为过去他就能如此行动的证据。如果说遵从人格而行动的意思就是自由意思的话，则自由意思就和性格责任完全一致了。柏格森也说："行为出自人格内部的时候，我们就是自由的。"

这样，就能清楚地看出，即便说决定论正确，也能对责任、谴责、报应的观念进行说明。而且，这一点也具有实践意义。我们在责任、谴责、报应等观念中，应当注意，不要带入过于强烈的道德因素。作为法学家，我们必须使国家的刑罚权限制在有意义的必要的限度之内。

论刑事责任
——兼作对批判的回应

一、序言

我在前述题为"意思自由与刑事责任"[1]的论文中,试图证明因果性(法则性)和有责性(谴责可能性)之间不是二律背反的关系,倒不如说,有责性以因果性为前提。另外,在"人格责任与行为责任"[2]一文当中,在上述见解的基础上,认为刑法上的责任尽管应当是行为责任,但对这种行为责任必须实质地理解,实质上看,行为,越是与行为人的规范人格要素相当,责任就越重。

对这种主张,有若干批判意见。小野博士的"法语刑法学中的责任论"[3]、福田教授的"现代责任论的问题"[4]、中山助教授的"刑事责任和意思自由"[5]就是其代表。团藤教授的"刑法中的自由意思问题"尽管和我发表在同一论文集当中,但内容完全相反,可以说是批判之一。

---

[1] 本书所收论文"意思自由和刑事责任"。
[2] 本书所收论文"人格责任和行为责任"。
[3] 《ジュリスト》(《法学家》——译者注),第298、299号。
[4] 《ジュリスト》(《法学家》——译者注),第313号。
[5] 《法学论丛》第77卷,第3号。

即便有这些批判，我也丝毫没有感觉到要对我前述的内容进行修改。只是觉得因为叙述不够妥帖，有若干地方没有被大家充分理解。因此，在回应上述批判的同时，再次阐明我的立场。

二、问题概要

首先重复一下问题的要点。

问题是，刑法学和犯罪学之间是不是处于二律背反的关系？从传统的自由意思论即"不被决定即自由意思"的立场出发，对此只能持肯定态度。因为，如果明确地说犯罪具有原因的话，就是不存在自由意思，对其就不能加以否定了。现在，不知是有幸还是不幸，犯罪学不太发达，很多场合的原因不明，因此，在此限度之内，可以说犯罪是自由意思的结果，并可以对其加以谴责。但是，将来，随着犯罪学的发达，相应地，刑法学存在的空间就会越来越小，最终甚至会归于消灭。因此，"犯罪学给刑法学留下了什么"的问题，就被郑重地提了出来。[1]

犯罪学和刑法学之间之所以被认为处于二律背反的关系，最主要的原因，是刑法学方面的误认，以为没有非决定论意义上的自由意思，就不能对其加以谴责，当然，犯罪学方面也有责任。

在犯罪学中，说到犯罪原因的时候，历来的学说，稍不留神，就掉入了只考虑生理原因的陷阱。即便是在考虑心理原因的场合，也几乎只是限定于欲望、冲动之类的所谓生理性东西的直接产物。龙勃罗梭的是否天生犯罪人，根据头盖骨的特征就能加以判别的观点，作为初期的犯罪学或许是无可奈何的，但可以说，这种生理学倾向在犯罪学中已经根

---

[1] 比尔克、迈耶对李斯特的批判（1907年），以"李斯特给刑法学留下了什么"为题。这可以说是其体现。

深蒂固地被继承下来了。[1]

另一方面,所谓"原因"观念,也很容易被考虑为所谓生理的、物理的"力量"。在说 A 作为原因引起了 B 的时候,就被看作为 A 发"力"制造出了 B 现象。

在这种原因论之下,因果性和自由当然是不能同时存在的。

但在最近的犯罪学中,情况发生了变化。一方面,作为犯罪原因,重视行为人的规范意识乃至价值体系(不管是有意识的东西还是无意识的东西)的趋向逐渐强烈。犯罪原因,大体上可以分为学习理论和不适应理论,在学习理论当中,上述倾向尤为明显。如按照萨庶兰所提倡的差异接触理论,人同反法律的规范意识接触,或者将其和自我认同的时候,该人就成为犯罪人。[2] 不适应理论,虽说怎么看都具有强烈的强调生理倾向,但多少还是具有重视行为人的规范意识乃至价值体系的倾向。将精神病人的人格作为犯罪原因加以强调的见解,可以说是不适应理论的代表性见解,但即便是这种场合,其也没有将精神病人的人格直接作为犯罪而显现出来。而是说其人格上层当中具有价值意识层面,在其属于反社会的场合,就陷入犯罪。[3] 即便就被认为属于龙勃罗梭一派的克鲁格而言,他精密的调查结果显示,幼时父母家教的好坏,是决定是否成为常习违法者的最为重要的因素。这里也能确认被内化的规范体系的重要性。

另一方面,因果关系也被简化。其不是力的关系,而是相继发生的现象之间的法则性而已。将因果关系作为力量关系的见解,被认为是将

---

[1] 如阿伦认为,作为 rehabilitative ideal 的特色,就是"首先人的行为是先行原因的产物。这种原因是物理世界的一部分"。Legal Values and Rehabilitative Ideal, 50 J. Crim., C & P. S. 226, 1959.

[2] Sutherland-Cressey, Principles of Criminology, Chapt. 4, 46th ed., 1960. 因此,改变规范意识就是刑罚的目的,该种场合,是采用谴责这种直接的方法,还是采用心理疗法特别是接触合法的规范意识的方法,成为问题。

[3] 日本刑法学会第 29 次大会上,名古屋大学教授堀博士的报告,在这种意义上,发人深省。

自然拟人化的泛神论的残余。因为，其和人在搬动物的时候使用力量一样，将因果关系考虑为了物转动物的关系。但即便是现在的物理学当中，也没有如此这般地将因果关系考虑为力和力之间的关系。随着犯罪学中对原因探究的精致化，原因观念也逐渐被转换为了相关关系的观念。甚至有见解提出，犯罪学中应当放弃原因观念。但如果将原因看作相继发生的现象之间的法则性的认识的话，则应当说，其在犯罪学中也还是一个有用的概念。

像上述一样考虑犯罪原因的话，则可以说，即便说犯罪存在原因，也足以对其加以谴责。因为，所谓谴责，就是向行为人传达社会的否定的价值判断，向其诉说规范意识。这里，并不需要介入任何"非决定"的要素。因此能够按照自己的规范意识而行动，就是"自由"。这被称为"柔软决定论"。

当然，即便如此，也不应马上将规范意识作为行为而现实化。规范意识受到环境以及其他因素的刺激，以意思乃至决定的形式，经历此环节之后，作为行为而被客观化。在此意义上，自由意思和自己决定被认可，它们对行动的理解具有重要意义。只是，自由意思和自己决定，不应当说是无缘无故地产生的。科学地探究"所谓"自由意思的原因，还停留在可能的阶段上。这样说来，刑法和犯罪学不仅能够共存，而且也相互不可或缺。

但也有以与上述不同的方式将因果关系和自由意思的关系加以协调的尝试。这就是所谓相对的非决定论。这种相对的非决定论，容易被认为是柔软决定论的同类，但二者是完全不同的两个东西，这一点必须注意。[1]

---

[1] 如小野博士说："科学决定论也是柔软决定论，反过来说，正在成为柔软的非决定论。"载《ジュリスト》（《法学家》——译者注）第299号，第31页。团藤教授也说："只要采用绝对的自由意思论，社会责任论就会失去其基础，但若采用相对的自由意思论乃至柔软决定论，则不管哪一种立场都是可能的。"参见团藤：《尾高朝雄教授追悼论文集·自由的法理》，有斐阁1963年版，第211页。

所谓相对的非决定论的内容并不一定明确，可能是指以下内容：如以某学生在双亲去世之后，生活无助为例。由于这一"原因"，该学生于是就"决定"自力更生。但是，在以什么方式谋生，做黑市交易，从事体力劳动，还是做家教的方式上，具有选择的自由。这样说来，相对的非决定论，只是宿命论和绝对的非决定论的机械结合而已。因此，如果说其在是做非法的黑市交易还是做合法的打零工上具有完全的选择自由的话，则从刑法学的观点来看，上述见解和绝对的非决定论之间没有任何差别。菲利作为"幻想"而痛斥的，正是这种相对的非决定论。[1]但他并不一定就排斥自由意思本身。

但是，相对的非决定论，或许可以把握为和上述不同的概率性的东西。即是不是做非法的黑市交易，尽管在"某种程度"上被决定，但不是被完全决定。实际上，我们对于何谓犯罪原因，也只能说出个大概来。因此，上述命题看起来具有相当的说服力。但是，必须注意，在说"盖然性地""可能"的时候，其中包含两种不同的意思。一是，因为我们掌握的知识并不充分而导致只能盖然性地加以判断的情况。如下次会在什么时候、什么地方发生地震，这只能是盖然性地加以预测。但不能因此就得出地震是"自由意思"所导致的结论来，我们所经验的盖然性几乎都是这种情况。犯罪行为也是如此。二是，尽管知识很完备，但在完全相同的条件下，A可能发生，B也可能发生，但A是否发生只能是概率性的场合。这种场合是不是现实存在，必须通过将同样的现象大量反复来检验。这种证明目前还不存在。前文已述，物理学上的所谓测不准原理也不一定是显示上述事态存在的证明。但我们的问题是，假如存在这种事态，即便将其称为相对的非决定性，也不能将其作为自由意思。[2] 因为，如果这就是自由意思的话，则自由就完全被机械地把握，

---

[1] Ferri, Criminal Sociology, pp. 204~209, 1917.
[2] 关于物理学中的测不准原理和自由意思无关的见解，参见淡野："因果律和意思自由"，载《尾高教授追悼论文集》（1963年），第145页以下。

和偶然同义了。

不管按照上述何种观点来理解相对的非决定论,但从相对的决定论中所产生的结论是:在原因被明确的范围之内,没有自由,在说有一定事由者具有80%以上的概率会陷入犯罪的时候,不管该事由的性质如何,即便是在由于违反法律的规范意识而导致的场合,该人在该限度之内就不自由,在该限度之内也没有期待可能性。换言之,"理解一切就是允许一切","在理解的限度内就必须允许"。

另外,作为调和决定论和非决定论的尝试,还有观点认为,"过去被决定,但未来并不被决定"。[1]确实,就未来而言,我们无法体验。但是,认为未来和过去完全不同,就我们迄今为止的经验来看,岂不是很奇妙吗?到目前为止,我们一直在对未来进行预测,在未来成为过去的时候,通过对其验证而证实法则性的存在。如此说来,认为今后也会同样的考虑,大致上是理所当然的。不仅如此,即便说未来不被决定,但在刑事责任上成为问题的,也还是过去的犯罪行为。如果说过去被决定,对被决定的东西不能追究责任的话,那么,刑事责任这种东西就要被否定了。而"未来没有被决定"的一点,并不能成为刑事责任的根据。

三、非决定论的主张

另外,小野博士和团藤博士所谓的"自由",最终无非上述的"偶然"。[2]

小野博士如是说:"在僵硬决定论的立场上,是不可能对人进行'谴

---

[1] 如小野,前述《ジュリスト》(《法学家》——译者注)第299号论文,第53页。相反观点参见淡野:"因果律和意思自由",载《尾高教授追悼论文集》(1963年),第145页以下。

[2] 小野博士认为:"目的设定的基础当中,必须有非决定论。"参见《ジュリスト》(《法学家》——译者注)第56号。

责'的。过去,德国的默克尔主张决定论的报应刑论,最近恩格希也继承了该立场。与其无关,日本的平野龙一也几乎持相同立场。但是,僵硬决定论和道义责任,是根本上不相容的所谓二律背反。"[1] 确实,僵硬决定论和道义责任互不相容,在这一点上没有问题。但恩格希和我所主张的是"柔软决定论"。因此,我对上述批判只有困惑之感。可能在小野博士看来,决定总是意味着僵硬的决定,作为其思考形式,只有僵硬决定论或者非决定论。如此的话,其所说的"罪孽的因果",就是僵硬决定论和非决定论的混合物,在其中的非决定的限度之内,就有"相对的自由"了。因此,"被决定的同时也在决定"的情形应当是不可能存在的。在行为人的自己决定中具有某种理由的场合,在该限度之内并不自由,在该限度之内也就不能追究责任了。换言之,"在理解的限度之内不能谴责"。小野博士曾经说,"在刑法学中,作为哲学的刑法理论和作为实证科学的犯罪学以及刑事政策之间横亘着几乎难以超越的矛盾",[2] 的确,刑法和犯罪学之间,处于无论如何都难以超越的二律背反关系之中。

但是,"被决定的同时也在决定"一语的意义应当在,即便是在被决定之下而实施的,但决定还是决定,并不丧失作为自己决定的性质这一宗旨上加以理解。这样解释的话,其就是"柔软决定论"。而这个用语所具有的说服力,正是根植于可以进行这样解释的余地当中。

这种刑法学和犯罪学所具有的二律背反性,在团藤教授这里,表现得更为尖锐。

团藤教授一方面认为:"用非常公式化的表述来说的话,就是素质和人格环境形成人格,如此形成的现在人格和现在环境即行为环境形成行为。"[3] 虽说其中多少具有表述上的差异,但属于犯罪学上常用的表

---

[1] 小野:《ジュリスト》(《法学家》——译者注)第56号,第56页。
[2] 小野:《对本国犯罪现象的认识》(1947年),第3页。
[3] 团藤:《尾高朝雄教授追悼论文集·自由的法理》,有斐阁1963年版,第218页。

述方式,意味着犯罪行为是被决定而产生的。但是,团藤教授在另一方面,又强调"主体性"。"所谓主体性,可以说,就是行为人对其自身能够加以控制的可能性","控制当然以控制主体为前提。如果说控制主体完全被因果必然性所支配的话,则其无非就是因果关系过程中的一个单一环节,而不可能成为控制主体自身。控制主体,在该限度之内,必须是超越因果关系的东西"。[1]

那么,因果决定论和主体性论之间是什么关系呢?团藤教授说:"我们的行为统统都被把握为生物学的因果过程,但并不能因此而说,我们的行为被实证为是不具有主体性、实践性的东西。没有证据证明其(主体性、实践性的东西——作者注)被素质、环境所完全决定。这里,到底是自由还是被决定,无论哪一方都没有被证明。这一点该如何看待,借用诉讼法用语的话,就是举证责任的问题。这样,只要作为实践性、主体性的东西而考虑人的本来面目,该举证责任就在决定论者的一方。"[2]

上述见解,将决定论完全把握为生理决定论,相反地,认为自由就是无原因性,这是典型的二元主义的主张。因此,在未被生理决定论所占领的范围内存在自由,而刑法则好不容易在该范围之内保住了性命。

但是,其一,举证责任果真在决定论的一方吗?姑且不论这个问题是不是应当用举证责任来解决,但既然说检察官具有证明被告人的有责性的责任,则不如说,证明具有自由的一方应当承担举证责任。其二,按照这种见解,因为"在已经被证明的范围之内,被决定的一面也当然要列入考虑之中",因此,大概是只有具有"原因",责任才会变轻。如在出于获利的动机而实施犯罪的场合,或者在因为违反法律的暴力团的价值意识而实施犯罪的场合,换言之,行为越是行为人的反规范的人格态度的体现,期待可能性就越少。这样行吗?或者不是如此,而是应当

---

[1] 团藤:《尾高朝雄教授追悼论文集·自由的法理》,有斐阁1963年版,第228页。
[2] 团藤:《尾高朝雄教授追悼论文集·自由的法理》,有斐阁1963年版,第224页。

在犯罪的原因之中，将减少乃至消灭期待可能性的因素和不是如此的因素加以区别呢？其三，按照这种考虑，刑罚就要成为不会产生任何效果的绝对报应刑。因为，既然作为谴责对象的犯罪"主体"是超越因果关系的存在，则刑罚谴责就不应当对其有任何影响。团藤教授说："被决定的一面，就是只认可因果法则性的一面，该法则性认识应当对刑事政策上的控制发挥作用。"但是，按照团藤教授的理解，这种控制所面向的是主体以外的方面，其已经不是刑罚，而是保安处分或者威慑处分而已。

问题是，不超越因果关系的话，能够成为控制主体吗？所谓控制，就是让对象遵循一定基准的目的性活动。没有目的的盲目活动，不能说是控制。但也不是说因为是目的活动，所以不可能没有原因。即便是基于某种原因的控制，也是控制。确实，"进行某种主张自身就是主体性的活动"，因此，"人为了从事刑事政策这种主体性的活动，人自身必须具有主动性，这是当然的前提"。但是，基于某种原因的主张是完全可能的，不能说具有某种理由或者某种原因的主张，不是主张。刑事政策正是为基于有关犯罪原因的知识和出于保护社会的目的以及人道主义的价值观所决定的，不是无原因地实施的。自身既是因果关系的一环，同时也在做"决定"，这是完全可能的，也可以说其正是我们日常所经验的。这恰恰就是"主体性"一语的内容。"采用决定论的话，提倡某种主张自身就毫无意义"这一命题的骨子里，存在着决定论和宿命论之间的混淆。

另外，必须注意，这个问题不是形而上学或者人生观的问题。其是有关人的心理和行动的认识问题，是只能有一个真实的问题。主张什么样的形而上学观是各人的自由，希望成为什么样的人，则依照各人的想法而有不同，但人的意思活动之中是不是具有法则，则是能够检验的事实认识问题，不是价值观的问题。因此，不得以"理想中的人物形象不同"为借口而回避对这一问题的讨论。

四、决定论的主张

这样，小野博士和团藤博士的见解和我基本对立，但福田教授以及中山副教授的见解则和我基本相同。

福田教授对威尔泽尔的说法大体上接受。福田教授如是说："所谓意思自由，如果说是人的意思，即便受各种条件的制约，最终也还是无原因的意思的话，其就是不妥当的。因为，如果说意思中没有原因的话，就不成立责任，科处刑罚也就没有意义了。"[1]因此，"我们和威尔泽尔一样，认为决定形式由层面构成，即能够认可因果决定和意思决定这样两个层面的决定形式"，"（所谓意思自由）并不意味着意思没有原因，而是说意思是为意味（价值）所决定——因此在这种价值决定的层面上，能够认可作为谴责的责任根据"[2]。这也毫无疑问的是"柔软决定论"。但这两个层面并不是截然分开的。两者之间是连续的，而且价值层面对生理层面也具有影响，同时，相反的场合也是可以存在的。因此，尽管在决定的层面上存在差别，但并不意味着决定的'形式'中也存在差别。不管在哪个层面上，所谓"决定"当中都是有法则性的。

下面看看福田教授所依据的威尔泽尔的意见。威尔泽尔排斥非决定论。"（针对为什么能够追究责任的问题的）回答是，历来的非决定论不能提供答案。无论如何，非决定论破坏了责任的主体。如果说人的意思活动不为任何东西所决定的话，则之后的意思活动和之前的意思活动之间就没有任何联系了。意思决定之后的主体和意思决定之前的主体之间也没有任何关系。这样，非决定论就破坏了对行为负有责任的主体的同

---

[1] 福田：《ジュリスト》（《法学家》——译者注）第313号，第61页。
[2] 福田：《ジュリスト》（《法学家》——译者注）第313号，第61页。

一性。"[1]"历来的决定论的错误之处在于,认为只有一个决定形式,即近代初期以来被称为因果关系的东西,即因果的一元论。但我们知道,即便在行为领域,也能修正因果关系。同样的情况也能对心理活动适用。因果关系的场合,效果就是现实存在的盲目的(无关价值的)结果,相反地,目的性的场合,目标就决定了走向效果的步骤。""意思自由不是能够实施其他行为的自由,而是按照价值行动的自由。所谓自由(正如哈特曼所说的)不是在意思和无意思、价值和无价值之间能够选择的可能性。""这种有关自由的分析的光芒,也会投射到对刑法学和犯罪学关系的分析上去。乍看之下,二者似乎相互矛盾,实际上并不矛盾。所谓责任,就是能够按照意思进行自我决定的主体遵循因果的强制。犯罪,到每一个细节为止都是因果要素的产物。因此,那种认为在环境和素质之外,某种程度的自由也和发生犯罪有关(如萨庶兰的犯罪社会学中的见解)的见解,只是一种'奇妙的游戏'(absonderliche Spielerei)而已。"[2]

福田教授引用威尔泽尔的这些话排斥"因果一元论"。其中让人不禁产生是不是要回归非决定论的怀疑。但恐怕不是如此。威尔泽尔在使用因果性乃至因果一元论的用语时,其完全是指盲目的因果性。威尔泽尔并不否定包含目的因果性在内的"因果一元论"。这一点从其对非决定论的强烈排斥中能够看出来。另外,尽管威尔泽尔认为,犯罪都是被盲目的因果所决定的,只有不是犯罪的合法行为才为目的因果所决定,但这正如恩格希所批判的一样,并不妥当。犯罪行为还是被目的因果所决定,而且也正是因为如此才能被谴责。福田教授的这一点也被恩格希所赞成,所以福田教授和我之间,几乎没有什么不同。

因此,福田教授对我的下述批判,不是出于其本人的误解,就是由于我的表达不清才导致的。"在此所说的(即我的论述当中所考虑的)

---

[1] Welzel, Deutsches Strafrecht, 9. Aufl., 132, 1965.
[2] Welzel, op. cit., cit., S. 135.

刑罚,就是为在同样的事态当中,下次不要再犯而设置新的'条件',这种刑罚,已经丧失了作为谴责形式的意义,而只具有作为纯粹反应或者刺激体系的意义,因此,与这种刑罚对应的责任,难以说是作为本来意义上的谴责的责任。"[1] 但福田教授恐怕也会认可"谴责"是一种意义。即认可,人的行为为这种谴责的意义所决定或者影响。当然,不仅只涉及犯人自身。一般人也受到这种谴责的影响而展开行动。这正是刑罚谴责的结果即目的。这种场合下的谴责,针对人的行为,通过意义而设定"条件",提供谴责这种"刺激"。其应当不会丧失"作为谴责形式的意义"。只有与此对应的责任,才是"本来意义上的"责任(只要本来意义上的责任不以非决定性为前提)。

中山副教授,在结论上和我的见解几乎是一致的,只是其分析过程当中,还有若干难以让我明白之处。

中山副教授开始主张相对的非决定论。他说:"从历史经验和实际立场来考虑的话,能够说,相对的非决定论和道义责任论,即便不能对其进行科学论证,甚至说是一种'虚构',但认为在阶级社会条件之下对其加以认可,或者说不得不加以认可的主张,是能够具有十足的正当性而登场的。"[2] 但果真如此吗?

按照马克思主义的理解,资本主义社会中犯罪的原因,在于资本主义自身。这一点也为博纳等在一定程度上所实证地加以证明。在此,博纳、李斯特以及菲利主张,应当尽量避免刑罚,而采用完善社会政策的方式来预防犯罪。但是,如果说犯罪是非决定论的自由意思所引起的话,则就犯罪的发生而言,社会就是没有责任的了。龙勃罗梭的天生犯罪人说因为将犯罪原因求之于生物学的原因,社会没有责任,因此被批判为是为"资本主义社会辩护的理论"。但该学说是实证的命题,能够以实证的资料加以反驳。如果说非决定论的自由意思"即便是虚构的,

---

[1] 福田:《ジュリスト》(《法学家》——译者注)第313号,第63页。
[2] 中山:《法学论丛》第77卷第3号,第6页。

也应当承认"的话，那么就不可能对其反驳了。这正是为资本主义制度辩护的理论，是无视制度性理解的理论。中山副教授所引用的帕西卡尼斯的话也不能为非决定论提供基础。"那种认为所谓绝对的刑罚论，不过是只要一点点理论批判就能驳倒的伪学说，是错误思想而已的见解是错误的。现实当中，等价这种荒诞不经的形态，不是从各个刑法学者的谬误中产生的，而是从商品生产社会的物质实体当中所产生，且由此而培育起来的。"[1] 正是这种等价交换的观念，让人感受到对应犯罪的刑罚的正义，通过适用于社会现象，让发挥预防镇压犯罪效果的"法则性""合理性和科学性"被判明。这种认为近代刑法观和非决定论无关的事实，通过其代表性学者费尔巴哈以及中山副教授所介绍的霍美尔都是决定者的一点就能清楚。

中山副教授还说，"我认为，否定责任的道义内容，就是否定责任本身。道义责任概念自身是历史性的概念，其首先和近代刑法的责任原则对应",[2] 极力提倡道义责任论。但真的如此吗？被称为"近代刑法学之父"的费尔巴哈就没有主张"道义"责任论。主张道义责任论的是普鲁士国家主义之下的黑格尔学派的人。其二者在日本都被称为旧派，但这是误解之下的称呼。我将其区分为前期旧派和后期旧派。费尔巴哈的思想，实际上被李斯特所继承。所谓"自由主义刑法观的山脉"自费尔巴哈开始一直延绵到了李斯特。就日本而言，道义责任论是天皇制意识形态的体现，或者说与其有密切关系，这是不能否定的。道义责任中有积极方面和消极方面之分，对其不能采用只是利用其消极方面的机械处理来应付了事。中山副教授或许只是在与社会责任对照的意义上使用"道义责任"一语。我也曾在没有其他合适用语的现实之下，在该种意义上使用过"道义责任"的称呼。但是，正如使用"可罚的责任"或者"规范责任"一样，还是区别开来为好。

---

[1] 中山：《法学论丛》第77卷第3号，第5页。
[2] 中山：《法学论丛》第77卷第3号，第29页。

按照我的理解，马克思主义恰好就是将遵循法则看作自由，力图将自由和法则性加以协调。虽说资本主义社会向共产主义社会过渡的大趋势是必然或者说是宿命，但我并不认可在该趋势之下，实施何种行为，是没有原因的选择——这种相对自由形式下的协调。正是马克思主义，才将历来被抽象考虑的伦理和法明确为了个人和社会的意识形态，从而开辟了对其科学地、合乎法则地理解的道路。中山副教授所引用的列宁的"决定论的理念是，认可人类行为的必然性的同时，……尽量使人类的理性和良心，以及对行为的评价不被消灭。不仅如此，也只有在决定论的立场上，严格办事，正确评价才会变得可能"这段话，正是上述观点的明证。

中山副教授就是这样主张相对的非决定论的。他在其论文的结尾处写道："就结论而言，我也认为，正如平野教授所言，从决定论出发进行责任谴责，应当说，也是完全可能的（上述认为只有在决定论的立场上，才能对行为进行正确评价的列宁的命题也是如此，在此之外，就没有解释的余地）。"[1]

但中山副教授接着写道："只是，我并不认同，只有据此才能对刑事责任进行展望式的思考。责任首先是对过去行为的追究，其只有在具有道义上的说服性的场合，才能实现面向将来的预防目的。"不用说，责任是对过去行为的谴责。否则的话，就不会出现"谴责和决定论能共存吗？"的问题。但问题是，"到底为什么要对过去的行为进行谴责？"以相对的非决定论为前提的话，责任追究就不会有任何效果。只是为了追究而追究。这就是所谓回顾性。所谓展望，就是通过对过去行为的谴责，以抑制其本人以及其他一般人的犯罪。其只有通过诉之于本人以及其他一般人的规范意识才能实现。当然，不是说只要刑罚具有效果就够了。而是说其必须符合——至少不违反——国民的正义感。但也不是

---

[1] 中山:《法学论丛》第77卷第3号，第33页。

说，只要不违反正义感，就不问有无效果了。刑罚并非单纯的伦理谴责，而是伴随有约束身体自由的重大物理力量的谴责，这种刑罚必须具有效果——在此意义上讲，刑罚具有功利性。所谓"与责任相应的刑罚"或者"与行为相应的刑罚"，绝不是仅仅因为符合等价交换的正义而被正当化的。能够有效防止犯罪的预期，是其被正当化的一个重要根据。

另外，中山副教授认为我将危险性和责任作为完全相同的东西看待，但这是误解。我说在人格之中，与所谓规范心理部分（按照福田教授的话说，就是有价值的层面）相当的话，行为人的责任就重，而不是说与人格的生理部分相当的话，责任马上就多。在多大程度上考虑这种人格要素，则是"政策"的问题。在这一点上，我对使用"性格责任论"一语负有责任。因为，在使用"性格责任论"一语的学者当中，也有持被中山副教授所批判的那种见解的人。因此，倒不如说，我更想使用"实质的行为责任"一语。

中（义胜）教授最近就相同问题也发表了具有重要价值的论文。[1]这里也想结合该论文，谈谈我的见解。中教授说："是采用非决定论还是采用决定论，结局上是推定的问题，无论以哪一个为前提，责任都是基于这种推定的一种虚构。问题归结于，将何者推定为前提，更便于对刑事责任进行说明"，"虽说是特别预防、教育刑，不采用固有意义上的道义谴责的话，该机能就实现不了，这样说来，上述的二者择一，当然应当在前者的意义上加以决定，这是毋庸赘言的"。

这里的"虚构"一语的意义，并不一定明确。科尔拉修在说自由意思"对国家而言是必要的虚构"的时候，其是以决定论为前提的。但这种虚构并不合理，这就不用说了。"你没有自由意思。但是，因为要对你处刑，所以就说你有自由意思"的说法，应该是难以让犯人接受的。

---

[1] 中义胜："刑事责任和自由意思论"，载《刑法杂志》第14卷第3、4号（1966年），第51页以下。

确实，从过去到现在，我们都以犯人具有自由意思而对其处罚，现在也是如此。但说这样做不合理则是违反常识的。为了证明这种常识的正确性，就应当采取能够让所谓自由意思的内容明确的方法，设定为虚构，解决不了任何问题。不仅如此，通过查明自由意思的内容，如果说存在不当地施加刑罚的场合的话，还可以对其进行改正。虚构，认为"存在的就是合理的"，只有维持现状的意义而已。

但中教授所说的虚构，恐怕不是上述意思。他的意思是，因为无法证明自由意思的存在与否，因此，将证明问题暂时搁置，而将其作为理论模型或者作业假说，检讨哪一方更为合理。有见解认为，以非决定论为前提的一方能够推导出有意义的结论来。

但正如波克尔曼所说："如果说在两个或者三个可能性之间进行决断、在这个目标还是那个目标之间进行选择的决心，实际上是自发的即没有原因的话，则进行选择的人就不是原因了。如此的话，则进行决断行动的看起来似乎是人，但实际上是幻想。行为人，只是为了将从无中所产生的神秘意思变为现实而被利用的生理的、心理的机构而已。作为这种机构的人或许是行为的原因，但能够将行为的决断加以归属的人格当中，什么也没有。将这种归属的可能性归于自发性、无原因性、决定的自由的想法，不仅无法证明其存在，甚至还被排除。如果说人真的有选择自由的话，就如不能对防止杀人的人手里的盾牌进行谴责一样，不能针对其行为，而追究该行为人的责任。"[1]

这样，从"他行为可能性"的模型中，最终推导出了无责任的结论，正如中教授所说的一样，从此之后，就不能引导出"自责之念"，而且也不能说其"在刑事责任的说明上有其所长"。既然中教授自身也"不得不袒护"木村教授的"如果说自由意思，就如非决定论中所理解的一样，因为不将其他作为原因，因而是不被决定的意思的话，则刑

---

[1] Bocklemann, Willensfreiheit und Zurechnungsfahigkeit, ZSt W. Bd. 75, S. 385, 1963.

罚，不管是报应还是改造、教育，都是不可能实现该目的的"，那么，为何又特意要使用让刑罚变为无益之物的模型来加以说明呢？我真的是一头雾水。

另一方面，中教授也说了。"所谓他行为的可能性，正如恩格希所公式化的一样，即行为人在其所处的具体环境之中，如果不是欠缺随后被谴责的意思力和关照而适用他行为的可能性公式的话，则只有在可能实施了其他行为的意义上，才能对其加以解读。本来，这就不是一个假定命题。其是以意思更加强固的深思熟虑者，来替代了行为当时的行为人。但是，将两者把握为完全不可能有沟通的不同人格，这也是不妥当的。人格，并非绝对不变的东西，包括不作为在内，在某种行为之后，在为该行为体验的年轮烙下深刻印迹的人格，已经不可能是和行为时的人格相同之物。但是，经此前后而将人格看作完全异质、不同的东西，这是将人格自身的性格倾向加以分断，即便说有变化，但其也还是对作为同一个性的发展来加以把握的人格持续性见解的全面否定。在这里，请允许我再次引证后悔的体验。尽管是犯罪人，但后很快就感到后悔，从内心深处发出不再以身试法的决心，努力对所犯下的罪行进行补偿这样的人格发展也是可能的，而且，从我们的经验来看，这种情形也并不罕见。……认为为意思力和思考的实现而做出贡献的人格，也是行为人本人可能发展的人格，将其投入所提供的行为环境中，就有其他行为可能性的见解，尽管依然不失其代替的、假言命题的性质，但所说的，是针对比较具体的行为人所记述的、前后持续的、宏观来看是有关同一人格的他行为可能性的问题。"

这就是对我的前述论文——正如中教授所评价的，即"在何种意义上，刑罚能够更好地进行道义谴责，其说明还是让人一头雾水"——的未尽之处所做的补充说明。如此说来，中教授的批判即"科处责任的根据不是行为人实施他行为的可能性，而是他人的（行为后的本人也包括在内）他行为的可能性，这样就难逃与责任的根本原理背道而驰的批判"的说法，确实叫人难以理解。应当说，这正好就是为中教授自身所评价的人格分断。中教授所担心的责任感或者刑罚的说服性等，也只有在这种考虑之下才能被期待。因为，所谓责任感，正好就是"自己"是原因的意识。

我认为，就中教授而言，应当将决定论的模型用作为虚构，"这种二者择一，当然应当在后者（决定论）的意义上加以决定，这是毋庸赘言的"。

刑事责任的扩散

——刑法的一个课题

当今的刑法学面临什么问题,这是给我的题目。由于课题太大,因此,我还没有做好全面回答的心理准备。

现在,刑法学所面临的问题很多,其中之一,就是我所称的"刑事责任的扩散现象"。也可以说是刑事责任的淡化,但其并不仅只是变得稀松,因此,称之为"扩散"。无论如何,由于是我自己所制造的用语,因此,用语自身并不是特别重要。

在历来的责任论当中,打比方来说,被追究责任的对象,通常被考虑为一个实体。就是被称为"自由意思"的东西。其是脱离了我们的经验理解的超自然的东西,理论上来讲,被表现为"不由自己决定而是他定"的非决定论。其爆发式的情感表现,就是道义上的谴责。

现在,能够根据这种理论模式加以处理的情况也不是没有。绑架杀人就是其典型。但是,也有根据这种模式难以处理的情形,这是不能否定的。

从非决定论的自由意思当中寻求刑事责任的根据的话,责任,就是只能在"有"或者"无"当中选择,而不可能存在责任程度的问题。相对的非决定论中,乍看之下,似乎有认可自由意思大小的余地,但并非如此。这种"有"或者"无"的见解,可以说是上述见解的特征之一。

如德国刑法在根据有无"自由意思"区分有责任能力人和无责任能力人的时候，之所以没有限制责任能力的提法，就是基于不存在只有一半的自由意思的考虑。现在，很多人以限制责任能力的形式来认可"自由的程度"，但就责任能力自身而言，正如现在仍以"没有"辨别是非，并按照该辨识而行动者的定义当中所显现的一样，"有"或者"无"的考虑依旧强势。但是，即便是精神病人，也并非完全不能辨别是非，也不是完全不能控制自己的行动。只是该种能力实质上比较低而已。是为了选择适合科处刑罚这种谴责的人而在量变上画线而已。

就过失而言，其是否为责任的一种，也存在争议。在日本，很多人不对其进行实质性的讨论，就认为其是和故意并列的一种责任形式，但像杰姆·霍尔以及阿尔泽·考夫曼一样强调"意思"责任的人，则否定过失具有责任。实际上，从作为过失而处罚的事件来看，很多情况下，是由于"判断失误"而引起了事故，或者由于"技术不熟练"而撞上了人。过失当中，"多少"混杂有并非本来责任的悟性责任、技术责任的情形，这是不可否认的。尽管如此，对这种行为进行谴责，也不是完全没有意义，多少会起到防止事故发生的效果，这在经验上也不容否定。这也证明能够成为谴责对象的"责任要素"还是存在的。但即便在这里，问题也并不纯粹就是"有"或者"无"。

有关责任的"有"或者"无"的考虑，就处置而言，导致刑罚和保安处分上的纯粹的二元论。

看看少年的情形。现在对于少年特别是年长的少年，是适用刑罚还是适用保护处分，争议很大。这种场合，也是由于形式地考虑刑罚和保护处分的倾向，引起了问题的混乱。一般认为，对少年科处刑罚就是责任原则，而科处保护处分就是保护原则，责任原则认可少年的主体性，保护原则则似乎否定其主体性，而将（少年的）不法行为的原因统统归结于环境。但是，虽说是刑罚，可目的也是改造教育受刑人；虽说是保护处分，但也具有谴责的意思。两者之间的差别不在于质，只在于量而已。少年法的问题，经常被看作世界观的问题，但并非如此，而是对于什么样的少年予以什么样的处置最为有效——这种在经验上就能加以判断的问题。

精神病患者的问题也同样如此。既然连对无责任能力人的保安处分，也是以犯罪行为为由而实施的强制收容，则不能说其完全没有刑罚的色彩。实际上，尽管是无责任能力人，也不是完全不能判断是非，另外，即便从治疗的角度来看，让其意识到自己"很坏"也是有效的。对限定刑事责任能力人，仅仅是减轻处罚也不能解决问题。另外，追究人格形成责任，只会擅自使得刑罚更加残酷。因此，仅仅作为病人对待，还是非常不够的。该处置，不得不是半刑罚、半治疗性质的。

这样，以比喻来说的话，就是责任并非集中在个人人格当中的某一点即自由意思上进行追究，而是扩散到了人格的整体，至少可以说是相当广的范围。在此，能够追究责任的情形和不能追究责任的情形混合存在。当然，其中根据层次程度，区分为能够追究责任的层面和不能追究责任的层面。但即便这样划分，也仍然不能像水和油一样截然分开。

另外，以所谓自由意思为基础的责任是个人责任。因为，只有个人才具有自由意思。因此，认为对和自己无关的他人行为，不得追究自己责任的个人责任原则，到现在还是妥当的。但是，就某一事实的责任在数人之间扩散意义上的团体责任，在现代社会当中，正变得越来越多。

再看看共犯的规定。现在共犯被分为正犯、教唆犯、帮助犯。亲自产生犯意的是正犯，让犯人产生犯意的是教唆犯，帮助已经具有犯意的人的是帮助犯。这里，以犯意这种东西猝然产生，一旦产生就面向实现的自由意思形象为前提。但实际情况并不如此简单。存在在相互说话的时候，逐渐形成犯意的情况；也存在朦朦胧胧的犯意由于受到帮助而成为确定犯罪意思的情况。这种心理上的相互作用非常复杂。按照心理标准来区分正犯、教唆犯、帮助犯，无论如何都是很困难的。共谋共同正犯就是从这种困难当中所产生的。当然，共谋共同正犯论所说的"共同意思主体"，是将有些过分的事情实体化，但不能否定其所提出的问题，也不能对其视而不见。

责任的扩散范围偏离了传统的共犯概念。如《道路交通法》第74条第2款规定："雇主对受雇的驾驶人员，不得为诱使其违反本法第68条（最高时速限定）的规定而对其限定时间，也不得以此为条件让受雇的驾驶人员驾驶车辆。"另外，该法第75条第2款规定："直接管理车辆运行的人，在其业务上，对车辆等的驾驶人员，不得命令或者容忍其在由于药物、酒精、过劳、疾病或者其他原因而不能正常驾驶的状态下驾驶车辆"，若有违反，就要受到处罚。这也是一种共犯规定，但其已经偏离了刑法当中的共犯处罚范围。

所谓业主的责任也是其中之一。关于这一点，最高法院在没有明文规定的情况下，对业主在行为人的选任或者监督上没有过失的时候免责的判例意见，予以高度评价。但奇怪的是，高唱道义责任的人反对这个判例，固执地坚持这是在拟制过失。

法人处罚中也有同样的问题。在日本，法人只有在刑法有规定的场合才能被处罚。和美国对所有的犯罪都予以处罚的情形相比，日本的做法更妥当一些。但是，存在特别规定的话，法人就要受到处罚。但是在日本，有力学说认为，这种场合下，法人没有犯罪能力而只有受刑能力。理由是法人没有意思。但只能说，这是很荒谬的见解。问题是，处罚法人是否妥当。如果说法人没有意思的话，就应当否定法人处罚。如果肯定法人处罚，但同时认为法人只是受刑主体的话，则即便作为法律论也毫无意义。不仅如此，上述见解在无视集团意识这种社会心理事实的一点上，也是不妥当的。

有见解认为，对法人不应当科刑，而应当判处过料，[1]但这也不是有意义的讨论。过料尽管不是现行法上的"刑罚"，但实质上也是一

---

[1] 一种作为行政处罚的小额罚金。——译者注

种刑罚，这是不容否定的。有人认为，过料在"伦理上是无色的"，但过料和诉讼费不同。说称为"过料"就不是刑罚的见解，和说保安处分不是刑罚一样的"标签诈骗"，以不是刑罚为由，科处和责任无关的金钱，对其程序也不加限制，不得不说，这种做法反而非常危险。

现在，所谓责任，正在扩散到个人的人格问题、社会集团当中去了，很难把握。这种事态之下，对被追究责任的对象需要进行冷静的认识，另外，还要对刑罚机能进行经验分析。仅仅高唱道义或者伦理是解决不了这个问题的。

第二部

刑法的机能

现代刑法的机能

一、刑法的机能考察

在现代,刑法应当具有什么样的机能?这便是本论文所追求的目的。

历来的刑法学均致力于刑法解释特别是犯罪论的理论构成。这种刑法解释或犯罪论的理论构成,本来也是应当从刑法的社会机能如何的观点来加以展开,但是,历来的理论却往往将其重心放在理论的独创性、理论的精密性、体系的整合性上了。这也许可以说是日本法学的一般状况,其中尤以刑法学为甚。在对刑法进行机能性考察的场合,考察的几乎都是刑罚的机能,即刑罚是报应还是教育,而刑法本身的机能,即刑法作为规制社会的手段,应当具有什么样的作用,则不太被人关心。

这种情况不仅限于日本。在外国,特别是对日本刑法有巨大影响的德国刑法学中,有关刑法机能方面的研究也比较落后。在英美,与德国相比,对这一问题的关心似乎要高得多,但是,从正面来全面研究这一问题的著作也几乎没有。能够列举的为数不多,如曼哈姆的《刑法司法

94　和社会重构》、[1] 赫尔的《盗窃、法和社会》[2] 等。但是，在最近的英国，围绕着肖事件，在刑法和伦理的关系上展开了很大的争论。在美国，围绕着《美国模范刑法典》的制定以及罗宾逊事件，对刑事立法的界限问题再次进行了反省。1964 年在海牙召开的第九届国际刑法学大会之所以将"对家庭以及性道德的犯罪"[3] 作为议题，也是因为，在这一领域，刑法的作用特别成为问题。在德国，随着修改刑法工作的深入，对这一问题的关心似乎也越来越高。

在日本，修改刑法也正在成为话题。在修改刑法的场合，当然必须考虑刑法的作用问题。但在日本，是不是在对这一问题进行了充分反省之后来展开修改刑法工作，还很值得怀疑。在各种会议上，所讨论的不是制定这种条文的话会有什么样的效果、它是否妥当，而大多是这种规定出来的话，该怎么进行解释之类。在机能问题上，最多只是讨论一下诉讼上举证是否困难而已。

当然，目前，对刑法实际上应当发挥什么样的机能，我们的了解可能并不多，对于发挥什么样的机能的反思也还很不够。因此，我这里的议论也完全是支离破碎的，内容贫瘠，充满不确定性，这一点我自己是最清楚的。只是，希望今后能有更多的人共同协力，推进这一问题的研究。于是出于这种抛砖引玉式的想法，我斗胆提起了笔。

二、刑法和价值观

95　曼哈姆在《刑事司法和社会重构》一书的序文中，以以下形式引出

---

[1] H. Mannheim, Criminal Justice and Social Reconstruction, 1946.
[2] J. Hall, Theft, Law and Society, 2nd ed., 1952.
[3] 本书所收论文"对家庭以及性道德的犯罪"。

了问题:〔1〕

"最近五十年间,刑法领域中出现新思想的,几乎都是在处遇的问题上。……在对价值体系进行再探讨方面,几乎没有任何尝试。我们在考虑如何对犯人进行处遇之前,首先要考虑应当课处刑罚的是什么样的行为。……刑法反映的是文化基础中的价值,是该时代的文化的镜子。因此,价值观发生变化的话,刑法也应当发生变化。……这样,在重建刑法的时候,就面临两个基本问题:一是新世界中最为重要的价值是什么?二是这种价值是应当用刑法来加以保护,还是应当用其他方法来加以保护?"

在日本,战后,实现了大规模的"价值转换"。用一句话来概括的话,就是从天皇绝对神圣、国家是超越个人目的的存在的价值观,转变为了个人的生存和幸福至高无上的价值观。可以说是从国家主义向个人主义的转变。将天皇主权的旧宪法改变为国民主权的宪法,全面地规定基本人权,就是这种转变的最极端体现。这种价值观的转换,当然也应当在刑法中有反映。那么,到底是不是在现实中反映出来了呢?答案并不一定是肯定的。

如有以下说法。"国家首先必须保障自己的存在。……在国家存在的时候,将危害国家存在的行为作为犯罪,并且用最为严峻的刑罚来对付该种行为。只有对国家的犯罪,才是最原始的、最基本的犯罪。"〔2〕的确,对国家的犯罪是最原始的犯罪。因此,在旧宪法之下,国家就是应当用刑罚加以保护的最基本的价值。但现在还是如此吗?

在旧宪法之下,天皇就是国家。因此,对天皇的犯罪,在所有的犯罪中,范围最广、处罚最重。所有对天皇"施加危害"的行为都要处以死刑、对天皇的"不敬行为",包括在日记中书写对天皇的批判意见的行为,都要受罚。另外,在《治安维持法》上,就以"变革国体"为

---

〔1〕 Mannheim, op. cit., p. 2.
〔2〕 小野清一郎:《新订刑法讲义总论》(1949年),第9页。

目的的行为而言，不仅相关的结社活动，所有为实现该目的而进行的行为都要受罚。这种情况，与其说是"保护"天皇，倒不如说是对反对天皇制的思想本身进行处罚。

但另一方面也要注意到，在防止破坏国家的基本政治组织即扰乱宪政的内乱罪的适用上，则比较克制。其一，所谓扰乱宪政，就是破坏内阁制度，不包括试图变更各个内阁的情况在内（所谓神兵队事件判决）。作为刑法解释，应当说，将后者包括在内也不是完全不可能的。其二，只有在由于暴动而直接产生扰乱宪政结果的场合才构成犯罪，而暴动又引起他人行动，由此可能导致扰乱宪政结果的场合，则不包括在内（所谓五·一五事件的判决）。用现在的话来说，就是仅限于具有"明显紧迫的危险"的场合。

那么，为什么在有关大逆罪、违反《治安维持法》系列的犯罪和有关内乱罪系列的犯罪的处理上，会有这种差别呢？因为，前者是针对天皇的犯罪，而且主要是对左派进行处罚；而后者是对宪政的犯罪，而且几乎都是右翼势力所为的行为。

战后，大逆罪、不敬罪、《治安维持法》被废止。但是，这是迫于占领军的压力而进行的，并非日本国民的价值观发生变化的体现。作为其替代，就是制定了《破坏活动防止法》。这部法律在强化内乱罪系列犯罪的同时，还将《治安维持法》系列的犯罪也一并规定进来了。而且，还可以将内乱犯罪理解为处罚"出于实行的目的，印刷、颁布以及公然张贴鼓吹该实行的正当性以及必要性的文书、图画"（《破坏活动防治法》第38条第2款第2项）等的规定。因此，对这一条款该向哪一个方向解释适用，就成为决定本法特征的关键。但是，法院在有关《破坏活动防止法》的判决上，将任何条文中均没有规定的"明显紧迫的危险"作为必要要件，判定共产主义者散发煽动性传单的行为无罪。由此可以清楚地看出，法院没有在《治安维持法》的方向上理解《破坏活动防止法》。[1] 因此，处罚政治性言论——本来应当由治安刑法加以处罚、加以镇压——的情况，在目前不太可能会发生。在此，不管怎么说，都能看出价值观的转换。

但现在，对于政治性的反对行动，也可以不根据上述本来意义上的治安刑法，而以通常的、自身不具有政治色彩的刑罚法规加以处罚。骚扰、妨害执行公务，侵入建筑物，违反道路交通法，违反公安条例之类的犯罪就是如此处理的。治安刑法正在被中性化。其可以被称为机能的治安刑法。但是，这些场合下的违反行为，不要求是政治性的反对行为，而是违规行为，实际上多数场合下侵害了市民生活。但是，根据这些规定对政治性的反对行为进行镇压也是可能的。这主要要看适用法律的人对"政治性反对的自由"尊重到何种程度。同时，也和对刑法典自身的价值转换贯彻到了什么程度有关。在从这种观点出发的时候，不得不说，现行刑法以及修改现行刑法的《修改刑法准备草案》中，还存在很多问题。

在刑法典之中，对国家的犯罪即内乱罪、外患罪，都规定在刑法分则的开始部分。这是表示，这些犯罪，和对个人的生命、财产犯罪相比，它们仍然重要一些。的确，内乱、外患等犯罪，在侵害众多的人的生命、财产这一点上，可能比侵害个人的生命、财产的犯罪更为重大。但是，仅仅因为上述原因，就说对国家的犯罪优先于对个人的犯罪，而将对国家的犯罪排在对个人的犯罪之前，理由好像有些不足。我认为，这样做是基于以下观念：国家是超越个人的独自存在，它是以自身的存在为目的的存在，这种国家，和个人相比，具有上位价值，能够要求个人为其牺牲。不仅内乱、外患罪，连妨害执行公务罪等对国家作用的犯罪，在顺序上也是排在个人犯罪之前的。这可以证明，现行法还在贯彻国家优先的考虑。

---

[1] 官内裕：《战后治安立法的基本性格》（1960年）。

99　　很早以前，费尔巴哈就按照犯罪是对个人权利的侵害的观念，将对个人生命和财产的犯罪，放在他起草的《费尔巴哈刑法典》分则的开始部分。但是，保守的普鲁士刑法优先考虑了国家利益，德国现行法也采用了这种模式。[1] 这完全是立足于把国家作为道德形态的黑格尔哲学基础之上的舒达尔的见解的体现。日本法也接受了这种模式。但是，瑞士刑法，在战前开始，就优先考虑对个人的犯罪。战后的德国、奥地利等国的刑法修改草案都采用了这种模式。

　　但是，日本在战后不仅没有进行这样的刑法修改，而且，准备草案之中，依然准备将对国家利益的犯罪放在优先位置。而且，在学界，也几乎看不到对这种情况的批判。学者当中，有人在他们的教科书上，将对个人的犯罪放在了优先位置。但仍然有人优先考虑对国家利益的犯罪。

　　不仅如此，准备草案有进一步扩大强化对国家利益的犯罪的趋势。这种趋势，是战争中所制定的《修改刑法准备草案》分则的一大特色，现行的准备草案也将其继承下来了。[2] 这一点，可以在对妨害执行公务罪的考察中看出来。现行法中的妨害执行公务罪，同外国的情况相比，范围相当广。外国的立法如德国的立法当中，仅仅处罚抵抗国家权力的实现即妨害公务，但是，在日本，尽管有公务的"执行"这一要件，但在日本，即便对正在处理不具有任何权力内容的单纯事务的公务员实施暴力行为，也能被认定成立妨害执行公务罪。而且，在德国等的刑法当中，明文规定执行公务必须是合法的，但是，日本法中则没有这种明文规定。在战前，判100　例认为，即便执行公务的行为是违法的，但只要该公务员认为是合法的，对该种行为的抵抗行为就构成妨害执行公务罪。战后，尽管判例也倾向于要求具有合法性，但是，准备草案并没有反映这一点。不仅如此，还增加

---

[1] 作为有关这种变化的研究，有 W. Oehler, Wandel und Wert der strafrechtlichen Legalordnung, 1950.
[2] 最高法院将在战时插入妨害执行公务犯罪一章的"不当免除强制执行罪"修正为对个人的犯罪。这是显示最高法院的水平的见解。

了威力妨害执行公务罪。另外，准备草案通过重罚毁坏公物的行为、重罚二人以上的侵入住宅的行为、新设准备骚扰罪，等等，强化了其机能性的治安刑法的特色。将其和前述的体现国家主义价值观的等级制度综合起来考虑的话，我认为，有必要对准备草案进行深刻反省。

从现行宪法的价值观的角度来看，个人的生命、身体、自由、财产，才是刑法最应当优先保护的。而国家仅仅在作为保护个人的生命、身体、自由、财产的机关的意义上，其价值才被认可。的确，民主主义的宪法，或许值得以刑法进行厚重保护。但在最终结局上，其也仅仅是手段，而非目的自身。

如果说，保护宪法也非常重要的话，则必须说对基本人权的犯罪才是刑法典的出发点。既然宪法将基本人权放在中心位置，则即便从"保护宪法"的角度来看，首先也应当考虑对基本人权的犯罪，这是理所当然的。但是，日本刑法中，没有和宪法中的基本人权直接相关的规定，准备草案也没有作这样的规定。

总之，日本，不管是在准备草案中还是在多数学者的意识当中，应当进行的价值转换并没有被充分地进行。

三、父权主义和道德主义

有人提出了这样的问题，即便说国家法益不是优先于个人法益的独自利益，但作为刑法上应当保护的东西，除了个人的生命、身体、自由、财产以外，不是还有超越个人的"社会"或者"伦理秩序"吗？它们不才是真正值得刑法加以保护、维持的东西吗？

对这一问题进行否定回答，以刑法的目的仅在保护个人的经典形式加以主张的，是密尔。在他的《自由论》中，他是这样说的：

"对文明社会中的一员，违反其意思而对其施加的强制，能够被正当化的,只有在防止其对他人造成侵害的场合。其本人的肉体或者精神上的利益,不是承认刑罚正当性的理由。采取一定的行动,即便按照他人的意见是正当合适的,但这也不能成为动用刑罚强制该种行动的正当理由。"[1]

与此相对,有人提倡"法的目的在于维持伦理秩序,没有其他"的见解。后述的德伏林就是提倡这种见解的人之一。在日本,也有人主张"法就是伦理",这和上述见解相同,或者说是更为彻底的见解。在前一场合,法和伦理被大致区别开来,认为法是维持伦理秩序的手段,而这种场合,法和伦理则被完全看作为一致。即便在德国,也有人强调刑法的社会伦理意义,即不仅结果无价值,行为无价值也被视为处罚的对象,刑法不仅保护法益,而且还具有教导人们应该如何行为的意义,[2]可以说,这种见解和德伏林的见解相近。

这一问题,归根到底,是涉及法和伦理的关系如何的问题。不用说,刑法的目的在于保护个人的生命、身体、自由、财产,但这并不意味着刑法和伦理完全无关。杀人、盗窃如果不成为人们意识中的伦理上的恶,则对其处罚就不能具有效果。在此限度之内,刑法和伦理重合,共同在起作用。但是,强调法的伦理性的人则试图对其做出超出上述限度的主张。即,刑法的目的就是实现伦理,处罚杀人或盗窃,不是为了保护个人法益,而是为了实现伦理。反过来说,在伦理上是恶的东西的话,因为它是恶的,仅此就可以将刑罚权的发动合法化。在提倡这种主张的时候,能够称之为"法律道德主义"(Legal Moralism)。

最能体现上述两种见解上的差别的,主要是违反性道德行为的场合。近亲相奸、同性恋、通奸、重婚、卖淫等,在伦理上的确是恶的行为,引起人们情绪上的反感。但是,在成人之间,基于各方的完全同意而实施上述行为的时候,存在据此而被侵害的被害人吗?值得怀疑。对上述行为是

---

[1] J. S. Mill, On Liberty, Chapt. 1, 1859.
[2] 如 Welzel, Deutsches Strafrecht, 9. Aufl., S. 1, 1956.

不是应当予以处罚，意见也不一。

目前在日本，随着《卖淫防止法》的制定，卖淫自身是不是应当受到处罚，引起了很大的争议。处罚论者认为，为了说明卖淫是坏的行为，就必须对其予以处罚。结果，以只规定"任何人，不得卖淫，不得嫖娼"的禁止性规定（《卖淫防止法》第3条）而没有设置任何罚则的形式，和不罚论之间达成了妥协。但是，之后，提议处罚卖淫和成为卖淫对象行为自身的法案被数次提交到了国会，看来，这一问题还没完。

现在稍微回顾一下吧！战后不久的刑法改革之中，通奸罪是不是应当被废止，曾引起了争议。当时，对只处罚妻子的通奸行为，出于法律面前人人平等的考虑，很多人要求，对丈夫的通奸和妻子的通奸，或者两者都予以处罚，或者两者都不处罚。但是，人们可能会说，在通奸的场合，配偶方的利益受到了侵害，不是完全没有被害人的犯罪，可是，爱情消失之后，配偶的权利就是一个空壳。但是，即便在这种场合，反对废除通奸罪的人还是认为，废除通奸罪的话，就会使通奸之恶变得模糊，为了说明通奸是恶行，作为"红灯"，也有必要对其设置处罚规定，这是反对废除通奸罪论者的最大理由。但是，通奸罪，在国会上，最终还是被废除了，尽管在票数上只有微小的差别。

在英国，最近，关于卖淫和同性恋，也有同样的争论。

1957年，沃尔夫登委员会就同性恋和卖淫问题，提交了一份报告书。其中的基本见解和密尔的意见相近：

"在我们看来，刑法的机能在于维持公共秩序，保护个人以免其受到侵害，特别是保护那些由于年少、心智劣弱、经验不足、在身份或经济上处于从属地位等原因而容易被剥削和被诱惑的人。……按照我们的见解，刑法的机能不是干涉市民的私生活，或者超越上述内容，强制他们实行某种行为举止。因此，对有关性的所有行为进行规制不是法的任务。有些性行为，对于多数人来说，是罪孽，是伦理上的恶，是违反良心或者违反宗教、文化传统的东西。但是，现在刑法并没有对它们都予以处罚。如通奸

或婚外性行为就不是刑法上要受到处罚的犯罪。卖淫也不是。"〔1〕

这样,《街头犯罪取缔法》(Street Offence Act)就不处罚卖淫,而只处罚在公共场所的教唆卖淫行为。被告人肖发行印有妓女的姓名、住所、照片的杂志。法院在即便没有成文法也能处罚的普通法的权限之内,以"社会伦理沦丧罪",对肖进行了处罚。

德伏林支持这一判决,并对沃尔夫登的报告进行了批判。他写道:

"我从将犯罪和罪恶(sin)完全分离,对于伦理和法律来说并不是一件好事的角度出发。……英国刑法从当初开始就将伦理作为问题。明白这一点的简单方法就是,看看对刑法上的同意的态度。在犯罪的性质上——当然,例外的情况除外——刑法没有将被害人的同意作为排除犯罪事由。这种场合,不是社会受到了损害,也不是有人受到了震撼而被榨取或堕落了。即便是私下进行的也一样。……迄今为止,作为刑法的基础,唯一可能说明这一点的是,它是社会要求遵守的一定的行为基准或者伦理规范。违反这种规则,不仅是对被害人,而且也是对社会全体的犯罪。沃尔夫登报告书实际上也承认了谴责同性恋、卖淫的社会伦理(public morality)的存在。报告用'个人伦理'一词所表现的,不过是反社会伦理的个人行为而已。……构成社会的是思想的共同性。不仅是政治思想,就该社会的成员应当如何行为、如何管理其生活方面的思想而言,也必须共同。没有政治、伦理、道德方面的共同思想,社会就不可能存在。这样,社会就可以对伦理进行判断,如果该伦理对国家的存在来说是必要的,则社会为了维持该伦理,应该可以使用法律。因此,不能在理论上对针对反伦理行为的国家立法权进行限制。……那么,立法者应如何对社会伦理进行判断呢?一方面,多数人的表决是不够的,另一方面,要求所有的人都同意又显过度。而必须根据一般人的判断。不能将一般人和理性人混同起来。他没有必要讲述理由,主要是根据感情来进行判断。这就是街头的人的

---

〔1〕 Home Office, Report of the Committee on Homosexual Offenses and Prostitution, 1957.

判断。"[1]

这是典型的法律道德主义的主张。相反地，哈特认为，即便密尔的主张过于干脆，但刑法也不应该干涉伦理（按照他的用语，就是 private morality）自身，与德伏林的意见针锋相对。[2] 现在，以他的批判为线索，对这一问题进行探讨。

的确，存在即便有被害人的同意也成立犯罪的场合。但并不能因此就像德伏林一样，说"刑法的机能在于实现伦理，而不是其他"。在被害人同意的场合，或被害人自伤的场合，和卖淫或同性恋的场合不同，有"被害"的发生，只是该种被害并不违反被害人的意思而已。因此，如果刑法对这种行为予以处罚的话，就是"防止被害人自己伤害自己"。这正如哈特所说，是父权主义（paternalism）的体现，而不是——至少不是——道德主义的直接体现。这两者之间有相关联的一面，但还是要将其明确区分开来。密尔也区分了上述二者。他认为，不管是"本人自身的肉体的或精神上的利益"还是"他人对行为好坏的判断"，都不是刑罚正当性的基础。

密尔也反对这种父权主义。但要注意的是，他并不是完全否定父权主义，而是认为"在成熟的社会中，对于成熟的人们"，刑法不应该进行家长式的干涉。因此，父权主义多少也是必要的，其不仅存在于密尔所说的不发达社会，而且也存在于所谓过度成熟的复杂社会之中，这一点必须注意。一方面，社会复杂的话，对行为结果的判断就变得困难，很多时候，难以得到对其进行充分判断的资料。另一方面，随着社会的复杂化，人们的感情也变得不安定，这也成为导致人们判断失误的原因。因此，食品之类、药品之类、文书之类，即便在取得了人们的同意而使用的场合，仍然还是要取缔交付者，或用罚则对使用者进行警告。但是，作为原则，除了上述特殊事情之外，至少应当将传统意义上的父权主义，从刑法世界中减

---

[1] Devlin, The Enforcement of Morals, 1959.
[2] Hart, Law, Liberty and Morality, 1962.

少乃至消除，这是近代刑法的基本形态。

日本在这一问题上，战前和战后有什么差别吗？针对这一问题，最能说明问题的是伤害。战前，同意伤害，特别是有正当理由的场合，一般认为是没有违法性的。为了治疗，经过健康的人的同意之后而得到其皮肤的场合，就是这种情况。在身体的完整性方面，一般认为，由于被社会整体所关心，因此不能根据该人的意思而进行处分。但是，例如在德国刑法之中，明文规定了有同意的场合，伤害行为原则上不违法，仅仅是在违反公序良俗的场合才违法。这种原则和例外，在日本恰好是相反的。日本现在还是必须像德国法一样考虑。这样的话，此处就有父权主义的后退。

另一方面，关于医疗行为，战前一般认为，只要大致上被认为是医疗行为的话，即便没有患者的同意，也看作具有推定的同意的行为，认为该行为合法。但是，最近的德国，虽然一方面认为医疗行为不是伤害而是个别范畴之内的东西，但另一方面，认为医生不对手术内容、结果进行充分的说明，并且没有征得患者同意的话，除明显是为了患者的利益的情形外，必须作为独断的医疗行为而构成犯罪的见解非常有力。在日本，作为伤害的违法性的问题，恐怕也有必要引入同样的见解。在安乐死方面，虽然具有单方面地强调行为人的同情心的见解，但仍然要强调对方同意的一面。

现行法处罚吸食鸦片的行为。另外，《麻药取缔法》中规定，请他人为自己注射麻药，处10年以下有期徒刑（第12、64条之二）。这是惩罚损害自己健康的行为，正好是属于为了"自己保护自己"而使用刑罚的场合。但是，最近，美国联邦最高法院在罗宾逊案件[1]中认为，对自己使用麻药的行为判处自由刑是"残酷刑"，违反宪法。但其理由是，对处于不得不使用麻药的病态中而使用麻药的行为进行处罚是不妥当的，而并没有说对纯粹自愿使用麻药行为的处罚也违反宪法。但是，一般而言，使用

---

[1] Robinson v. California, 82 Sup. Ct. 1417 (1962).

麻药的场合，通常来说，多少是处于病态之中，正因如此，才有必要进行防止。所以，罗宾逊案件在明确说明不应当以刑罚方式体现父权主义这一点上，有其意义。该判决作出之后，美国设立了一个委员会，对使用麻药者进行民事处理。由此看来，有必要对日本的《麻药取缔法》中的处罚优先主义进行深刻反省。

话题还是回到刑法和伦理的关系问题上来。成人之间基于合意的卖淫或同性恋行为中，并不存在上述意义上的"被害人"。处罚这些行为，仅仅是因为这些行为很"恶"。

如果说"法是伦理"，将法"完全"看作为伦理的话，就会说，恶是因为其恶，所以要受到处罚，这是当然的道理。但是，法和伦理之间，应当具有某种程度的差异。德伏林也并不是完全将法和伦理同等看待。他只是认为，为了社会的存在，人们必须具有某种共同的价值观和伦理观，这种"共同的伦理"就是维系人与人之间的关系、使社会存在的凝固剂，没有这种凝固剂的话，社会就会瓦解。为了维护这种"共同的伦理"，有必要使用刑罚。如重婚，在当事人之间谁也没有欺骗谁的时候，就是没有"被害人"。但是，一夫一妻制的价值观是社会所必不可少的，为了维持这种价值观，所以，有必要对重婚进行处罚。

但是，社会是不是一定应有一个共同的伦理，否则社会就不能存在呢？有见解认为，伦理这种东西本来就是客观的，具有普适性的意义。但是，价值判断的相对性，对于多少受到过批判哲学洗礼的人来说，无论如何必须认可。在现实社会中，特别是基本价值观，事实上被大家所共有，看起来似乎是客观存在的。但实际上，现代是多元价值观并存的时代，数个互不相融的伦理观的并存是这个时代的特色。大而言之，基督教和佛教、天主教和新教之间的宗教战争，现在已经成为遥远的过去。

在和刑法有关的事实上，如堕胎成为问题。在被强奸而怀孕的时候，堕胎是否为伦理所认可？在日本过去，牧野英一博士和穗积重远博士之间有过争论，意见也不一致。最近德国修改刑法的过程中，也谈到了这一问题。不处罚的意见很有力，但是，阿登纳基于其新教的价值观，要求对其处罚，因此，在草案上仍然要对该种行为进行处罚。但是，用刑法来强行推行某种价值观，不是反而不当了吗？

目前的一个例子就是安乐死的问题。在身患绝症临近死亡的病人难以忍受剧烈痛苦的时候，通过注射毒药的方式来使其死亡，使其免除痛苦，这是否被允许？按照天主教的考虑，在靠持续地注射镇静剂来延长生命的场合，存在上述事实的话，不注射镇静剂也可以，另外，作为缓和痛苦的手段而注射镇静剂行为的副作用，多少会短缩患者的生命，这也是无可奈何的事情，但"通过杀人来缓和痛苦"的做法，则绝对不允许。可是，在日本，多数人认为，"通过杀人来缓和痛苦"的做法，如果是在非常狭窄的范围之内的话，就应当被允许。因此，处罚安乐死，就是将天主教的伦理强加到所有的日本人头上。另一方面，日本多数人的考虑是"伦理上的要求"，但天主教的考虑也不能说是反伦理的。之所以希望安乐死在一定限度上不受处罚，就是因为不希望法律卷入这种伦理观的对立。

最近成为问题的是人工授精。德国刑法草案规定，除了夫妻间之外，用第三者的精液进行授精的话，即便丈夫表示同意，也要予以处罚。其理由之一就是，这样生下来的孩子很悲惨。但是，谁能断定该孩子自身感到很悲惨呢？在夫妇同意之后接受第三者的精子而生下小孩的场合，也可能比收养孩子的感觉还要真切。

就卖淫或通奸而言，恐怕没有人认为其不"恶"。可这种伦理观是封建式的，或许需要以认为卖淫和通奸是"恶"的近代伦理观对其加以克服。但是，通过刑罚强行推广近代伦理，恰恰是非近代的做法。不仅如此，追求性的完全解放和自由的思想，也不一定能说不是未来的思想。

这样，仅以行为违反伦理为由而对其进行处罚，就是将自己的兴趣强加于他人。这正好威胁到近代社会的"共同价值"即个人自由。所谓个人自由，就是只要不侵害他人，即便是实施他人不愿看到的事情，也是可以的自由。另外，以国家的名义，决定什么是伦理上的正确，这和国家是伦理的源泉的国家主义的见解正好一脉相承。

即便说具有客观上的"唯一伦理",[1]但用刑法强行对其推广,是不是合适,这是另外要加以考虑的问题。刑罚是以身体上、经济上的痛苦为核心的东西。对这种以痛苦的威慑所形成的共同体,从伦理的角度来看,不能进行高度评价。刑罚不单单是痛苦,而且是对行为的谴责,是社会对行为的否定性评价。因此,强调刑罚的谴责特征的人,具有认同刑法对伦理进行干涉的倾向。但是,表达社会谴责的手段不仅限于刑罚,还有地域社会中的控制,学校教育、社会教育的影响等一般社会中的非正式评价,特别是最近,通过大众传媒表达社会评价的方式明显进步。在这种手段发达以前,刑罚可以说是能够向狭小的社会地域之外的其他地方传达社会评价的唯一手段。但是,现在情况就不这样了。刑罚不单是谴责,而是通过对直接行为人施加痛苦的谴责。其实现当中,伴随有许多对私生活的侵害。因此,从这一点来看,也不得不说,将单纯的伦理问题委诸刑罚以外的手段是妥当的。[2]

在这里必须注意的是,行为自身因为反伦理而被处罚,和公然实施该行为,由于伤害了人们的感情而作为一件烦人的事情而被处罚,它们是不同的两个问题。后者不是因为反伦理行为的反伦理性而受罚,而是处罚其

---

[1] 有见解认为,伦理这种东西客观地存在着,其反映在个人之中的时候就是主观伦理或者良心,但倒不如说应当反过来理解。在每个人的价值判断事实上一致的时候,"似乎"在说存在客观的价值基准而已。客观伦理乃至自然法的主张,实际上,是将自己的价值判断作为客观存在亮给别人看,其只是强制他人的手段而已,这一点现在已经清楚。但在意图打破现状的时候,不用说,这种策略是有用的。近代初期的"僵硬的"自然法论,在这种意义上,起到了改革的作用。但是,"历史的自然法""内容别扭的自然法"往往将现存的东西作为自然法,即"存在的就是合理的",对所有的进步都给予抵抗。另外,这一点,从社会学的角度来看,是个人的规范意识将社会期待加以内化的结果,这也不容否定。但这种场合的"社会期待",是单纯存在的事实,是某人的"用语",而不是客观规范自身。
[2] 从别的方面来讲,这种情况也是可能的。社会当中存在种种习俗。社会为了让其成员遵从该习俗,就使用制裁。国家作为社会之一种,为了让其成员遵从一定的行为基准,就使用法这种制裁。但是,"近代国家"中,不应将所有的行为基准都采用法的形式。法只对侵害他人的行为而使用。虽然 M.E. 迈耶说,法是"国家所承认的文化规范",但这源自其黑格尔主义的思想,并不妥当。国家并非只要是文化规范,就什么都承认,并将其作为法律。

对他人的"侵害"。这种区别确实很微妙。即便不是公然实施，只要了解到实施了卖淫行为，人们的感情可能就要受到伤害。通奸也是如此。但是，这种区别仍然是很重要的。如夫妇间的性行为自身并不违反任何伦理。但是，如果他们公然实施的话，就会伤害人们在礼仪上的感情，能够成为取缔的对象。此外，如果只处罚公然实施的场合的话，就表明人们具有秘密实施该行为的自由。因此，"即便是他人听说该情况之后表示恶心，但仍然具有实施该行为的自由"，这才是个人的自由，应当得到尊重。

日本的《卖淫防止法》和英国的《街头犯罪取缔法》对卖淫自身都不予以处罚，只处罚公然劝诱卖淫的行为，从前述意义上讲，这种规定是很明智的，法国法仅对公然纳妾形式的通奸行为进行处罚，也是出于前述考虑。而且，很多国家对于近亲相奸，可能是因为这种行为过于震撼人心，因此，在私下实施的场合也要受到处罚。但是，在日本，近亲相奸也不受到处罚。这是因为，近亲相奸基本上是完全私下实施的，不便于用法律干涉，而且伦理上对其也非常反感，因此，在防范上，仅此就够了。在不干涉性生活伦理的问题上，和其他国家相比，日本尤为彻底。

淫秽文书或电影，只有在散布或公然展示的场合才受到处罚。其中，以广告等形式让人看到的场合，确实会让看到的人产生厌恶感。这种场合下的人就是所谓"被俘虏的观众"（或听众）。处罚这种行为是理所当然的。但问题是，因为自己掏钱买来的书、看的电影是淫秽的，就可以说该人是被害人吗？处罚上述行为，某种程度上，不得不说是基于父权主义的考虑。任何人都能自由地去观看的时候，确实和完全私下进行的场合不同。但即便同样是公然实施的场合，前一场合和后一场合在意义上完全不同，这是不能否定的。因此，在处罚的政策上也当然会有若干不同。

俗话说"法是伦理的最低限度"。这并不是说，因为是伦理上的恶行所以马上就要进行处罚，而是说处罚必须限定在必要的最小限度之内，这种说明已经和结论相近。但是，它是以法和伦理的一致性为前提的法的自我克制，其中含有法和伦理的差别不分明的缺陷。[1] 法规范中也包含有伦理上并不一定恶的事项，另外，法也不一定要求发自内心的服从。不仅如此，因为是不是处于最低限也并不一定明确，因此，也有可能在相当广的范围之内受罚。相反地，法律上不被禁止的行为，如近亲相奸等，也可能会给人以伦理上遵守的必要性淡薄的印象。私下实施且不损害他人利益的场合，不管怎么违反伦理，刑法都不应当加以干涉的原则——即便现在不得不承认有若干例外——为我们提供了明确的指南。

四、市民的安全要求

这样，刑法的目的，至少其主要目的不在于保护国家自身或维持伦理秩序，而在于保护个人的生命、身体、自由、财产。其可以被称为"市民的安全要求"或"市民的保护要求"。这或许是不言自明的。但至少在日本还没有被充分意识到。

但其并不意味着，为了这种市民安全，马上就可以发动刑法。一般认为，刑法具有以下性质——可以将其概括为刑法的谦抑性。[2]

第一，刑法的补充性。即便在市民的安全上，只有在其他手段如习惯道德上的制裁、地域社会中的非正式的控制或民事上的控制不充分的时候，才能使用刑法。市民生活受到侵害的时候，就产生了处罚的要求，容易马上诉诸刑事立法或强化刑罚的手段。在某种意义上这是理所当然的。但有时候，侵害是非常例外的情况，对其不采用刑罚手段，而是以其他手段或方法来制止，从长远来看，可能效果更好一些。如交通事故引起的他人生命、身体健康的侵害，是个很大的社会问题。刑罚对其可能也具有某种社会效果。但是，提高驾驶人员或行人的交通道德、驾驶水平，改进道

---

[1] 川岛：《近代社会和法》（1959 年），第 47 页。
[2] 参见弗莱堡大学教授耶塞克在日本的演讲（《刑法杂志》即将刊载）。

路或照明设施,或根据民事赔偿来处理这些问题,防止效果可能要好得多。

第二,刑法的不完全性。如果说刑法具有补充性的话,则刑法起作用的场合只能是不完全的。在民事上,侵害他人权利的人必须进行赔偿,但是,刑法上所处罚的行为,不仅仅是违法、有责的行为,还必须是符合构成要件的行为,就是说,法律特地将可罚的行为规定出来加以处罚,就是由来于这种刑法的不完全性。因此,即便将各种犯罪进行分类和体系化,其也不一定能将"人伦体系"原封不动地体现出来。

第三,刑法的宽容性。也可以说是尊重自由性。即便市民的自由受到了侵害,其他的控制手段又不能有效地发挥其效果,但刑法也没有必要对其不折不扣地都予以处罚。在现代,人们在生活中不可能一点也不给他人造成伤害。因此,每个人必须对来自他人的伤害有某种程度的忍受。对这些伤害行为统统都予以处罚、禁止的话,反而会妨害他人行动的自由。

当然,刑法的上述特征只是大致的原则,在各个具体场合,由于其他事情的影响,有时候也并不按这些原则行事。但这里,我并不想讨论上述个别问题,而是想指出,在日本,历来市民的安全要求(后述的财产保护则另当别论)不仅不高,反而被过低评价。

以下,试举二三例加以说明。

首先是未遂的问题。不仅是生命、身体被实际侵害的场合,就是遭受到危险的场合,也要用刑法加以处罚,这就是市民的安全要求强烈的证据。这种要求越强的话,未遂成立的时间就越早。

在日本,杀人未遂当然也要受到处罚。但未遂成立的时间却相当晚。很久以前的判例认为,意图杀人而将调配好的毒药交给对方,对方还没有开始服用的时候,还不是未遂。在对方开始服用的时候才成立未遂(大判1903年6月23日《刑录》第9卷,第1149页)。之后,范围稍稍扩大了一些,认为在交付了毒药的时候就是未遂。即便如此,在邮寄毒药的场合,仅仅开始邮送的话还不是未遂,而必须要到达对方的手中。在所谓不能犯中,判例的态度是,只限于危险性极为现实的场合。一个著名判例认为,意图杀人而让他人喝硫黄的场合,不成立杀人未遂(大判1917年9月10日《刑录》第23卷,第999页)。甚至还有意图杀死对方而投掷手榴弹,但因为火药不行而没有爆炸的时候还不成立未遂的判例(东京高判1954年6月16日,"撤销原判,自己改判",东高时报第5卷,第236页)。以为是氰化钾而让他人喝下结果却不是的场合,法院恐怕也不会作为杀人未遂处理。最近的为勒索赎金而绑架他人案件的判决等,可以说,表示了日本法院的传统态度。对出于诱拐妇女的目的,开车跟踪对方的汽车而寻找机会的行为,法院认为,本案中,行为人决意就在此地实施而出现在对方的汽车之前的话就是未遂,不是这种情况的话,就不是未遂。另外,现行法中,教唆他人杀人而对方没有答应,或者虽然答应了但什么也没有做的话,就是教唆未遂,不受处罚。若是伤害,现行刑法典对伤害未遂不予处罚。仅是作为暴行罪处罚而已。

还有一个例子就是不作为犯。日本的判例中,关于放火罪,较多地认可了不作为犯,但是,在杀人、伤害方面几乎没有认可不作为犯。最多只有母亲给婴儿喂奶时睡着,结果乳房把小孩压死之类的例子。

外国特别是欧洲的刑法中,一般而言,未遂犯的成立时期稍微早一些。即便不是在任何人看来客观上是"意图杀人的行为"的场合,在综合犯人的计划,认为具有迫切的危险的时候,就成立未遂。在诱拐的场合,有判例认为,打通拐骗电话之后,出发前往约定见面地方的时候,就成立未遂。就抢劫而言,有判例认为,在电车的车站等候从银行取钱出来的人的时候,就已经成立未遂。在通过邮局寄送毒物的时候,当然在邮局发送的时候,就成立未遂。关于教唆未遂,很多立法规定,处罚所谓重罪的未遂。

不作为也比较广泛地被认可。如在德国,默认丈夫的自杀,不采取任何防止措施的妻子就被作为不作为的杀人罪而受到了处罚。另外,最近外国的立法中,以不救助罪的形式处罚不作为的情形也不少。如奥地利刑法草案就意图处罚"灾害或公共危险之际，不为正面临死亡或者明显有侵害威胁或健康威胁的人提供必要救助的"行为。这种规定在法国刑法或德国刑法中已经存在，或者更为广泛。

当然，并不是说上述立法都妥当。目前的德国刑法草案中，正在试图缩小不作为犯的成立范围。但是，不可否认，日本和欧洲各国之间，具有若干差异。其原因仍然在于，市民的保护要求的强度存在差别。

那么，日本市民的安全要求较弱的理由何在呢？当然，进行这种判断相当困难，勉强来说，可以考虑以下几种情况。[1]

第一是对市民安全的不关心。从刑法分则将对个人的犯罪置于最后的情况就可以看出，和个人的利益相比，刑法优先保护国家和社会利益的倾向强烈。稍微夸张一些地说，即便市民安全受到了威胁，结果也是稍微用刑法应付一下了事，不能和对政治问题、社会问题的处理相比。对个人自身进行保护，不管是为政者还是刑法学者，并不那么热心。

第二是地域社会的控制力量还很强大。和后述的财产犯罪的情况不同，杀人或者伤害，多数情况下是由家族或地域社会中的内部人际关系的纠纷而引起的。我还记得在数十年以前，我在一个乡下的监狱翻看关于杀人、伤害致死的犯人的记录，发现几乎所有的人都是因为亲戚间特别是有关性感情的纠葛和暴力团之间的争端而引起时，大为吃惊。仅此就可以看出一点，即针对犯罪的社会内部控制能够比较有力，而来自国家的外部干涉反而比较弱。未遂和不作为的场合就是如此。

第三是国民生活程度的不高和不安定。天灾、地变、瘟疫等，很多时候会使生命或身体受到侵害。当然，犯罪与此不同，还会引起被害人的愤怒，但无论如何，如果都是难以防止的情况的话，人们就只有对其绝望。特别是暴力团等导致的被害，很多情况下，和天灾、地变一样，被害人除了绝望放弃，没有其他办法。所谓对犯罪的"感受性"不那么强烈，某种

---

[1] 关于日本的伦理主义和刑法的谦抑性之间的奇妙关系，参见本书所收"日本刑法的特色"一文。

现代刑法的机能

程度上意味着人们接受了这种现实。

但是，上述情况在开始发生变化。其一，刑法的目的在于保护市民生活的观念，正逐渐被确认。其二，随着社会的城市化，地域社会的控制力量正在逐渐弱化。当然，尽管如此，还是希望地域社会的控制力量能够被强化。在这一点上，如在苏联，对于较轻的犯罪交由同志审判会处理，这种做法很有意思。斯里兰卡等国也在进行同样的尝试。这些都是尝试有效利用地域社会中的非正式的控制力量。但在日本，目前，控制的制度化即法院这种正式机关的控制范围的扩大，已是不可避免的现象。伴随着城市化，对生命、身体的犯罪，不是由日常生活中熟悉的人，而是由人际关系不那么紧密的人所实施的增多，这种要求也就愈发强烈。其三，随着国民生活的向上和安定，被害感的增强，市民的安全保护的要求也越来越强。人们常说报应感情是中产阶级的意识形态，但是随着国民整体成为中产阶级，报应感情也得到了强化。这种现象已经在某种程度上显现出来。严厉惩罚绑架行为的呼声就是其典型体现。

这些变化一定程度上已经影响到立法。在杀人方面，"准备草案"将杀人教唆的未遂作为独立的犯罪予以处罚。将教唆未遂作为独立犯罪是所谓新派的人的主张，如果将其限定为杀人的话，的确有考虑的余地。但是，"假案"很慎重地将其限定在被教唆的人已经具有杀人的决心的场合，但是，"准备草案"则将其扩张到教唆之后而对方拒绝的场合。将处罚扩展到此种范围，值得怀疑。关于伤害，在最近正在进行的《部分修改处罚暴力行为等的法律》中，用枪炮刀剑类的工具进行的伤害未遂行为也要受到处罚。在以勒索赎金为目的的绑架方面，通过最近的立法修改，连预备行为也要受罚。

就不作为的杀人而言，特别是交通肇事之后逃逸的场合，事实上，通过适用保护责任人遗弃罪，肇事者一定程度上也能受到处罚。严密来说，汽车肇事者，正如最高法院所说的，是不是《刑法》第218条所规定的"保护义务人"，还值得考虑。尽管如此，最高法院对此还是予以肯定，是为了体现保护生命的强烈要求。对于类似案件,在下级法院的判决中,有的是以不作为的杀人罪予以判决的。

当然,不是说有上述理由就马上要使用刑法。前述的刑法谦抑三原则,依然要受到尊重,在治安刑法中性化的现在,还是要提防以保护市民安全为名而滥用治安刑法的行为。尽管如此,还是不能对市民的安全要求不断增强的事实自身视而不见。视而不见的话,就是对个人价值的漠不关心。在此,刑法不是镇压的手段,其具有调节个人之间利益手段的特性。因此,和治安刑法或维持伦理秩序的场合不同,刑法稍微积极一些也可以。今后,如何调节这些要求,如何发现刑法的适当界限,如何能够避免刑罚的副作用而发挥其本来的效果,等等,便是要解决的问题。这就是作为控制社会技术之学问的刑法学的任务。

关于个人生命、身体、自由的保护问题,在此不能一一详述,在此,仅讨论作为其前沿问题的隐私权问题。

隐私权的观念,在日本,可以说,迄今为止都不存在。最近,在民事上终于提出了对其保护问题。但是,刑法保护,则几乎没有被意识到。

但是,损害名誉罪中就具有保护隐私权的一面。尤其是日本刑法,采用除了有关公共利益的事实之外,对所披露出来的事实,不问其真假,一概都予以处罚的法制,即只要披露有关个人隐私的事实,即便该事实是真实的,也都要予以处罚。因此,这种场合,事实真伪的证明没有什么意义。但是在日本,事实的真伪尽管和是不是成立犯罪无关,但由于和情节有关,因此,一般来说,认为允许就事实真实性进行证明的见解非常有力。损害名誉罪是有被害人的告诉就处理的犯罪,但在法庭上查明了事实的话,只要不是明确地说是虚伪,被害人就不会提起告诉。我过去为了调查在当今的日本,什么样的人感到自己的"名誉受到了损害"的被害感受,将某法院的损害名誉罪的案件全部都收集起来,一看才知道,几乎都是政治家的场合,或者是作为民事诉讼的被告所提起的反诉而提出的场合,而普通市民的名誉则几乎没有受到保护。其原因很多,有上述制度上的原因，与此相应，就是法官、检察官、学者对隐私权的漠不关心。德国法中，目前，一般允许对事实进行证明，在证明是事实的场合，就不作为损害名誉罪进行处罚，但是，在即将出台的草案中，对有关个人私人的事情，不管其真假，只要暴露就要予以处罚，而且不允许对事实的真假进行证明。[1] 日本的损害名誉罪也有必要向这个方向发展。

更进一步来讲，在国外，对于擅自将他人照片用在广告上或者是擅自将他人对话予以录音，也要予以处罚。如纽约的《人权法》规定"为了作广告或进行其他交易，没有经过他人事前的书面同意而使用他人照片和姓名的时候，成立轻犯罪"。[2] 对这样的规定，人们或有疑问：隐私权这一微妙问题不是和刑法结合得太紧密了吗？但是，和前述私人的性行为的情况不同，这里所探索的情况下，个人有时也会感受到痛切的伤害，这一点必须注意。

这种市民安全的要求，也体现为保安处分的要求。如果维持伦理秩序是刑法的使命的话，则只要对犯罪进行谴责就够了。但是，刑法要保护市民安全的话，那么，刑法是不是能够有效地对其予以保护，成为问题。对于惯犯和精神异常的犯人，人们发现，刑法并不一定有效，于是考虑导入其他处分特别是保安处分。所谓社会防卫论就是这种见解。所谓社会防卫，似乎一般容易将其理解为，就是保护超越个人的社会或社会体制，但是，社会防卫论的基础思想是个人主义，恰好就是保护市民安全的要求。[3] 因此，其自身也包含有谦抑思想。

在日本，很久以前，也有人提倡社会防卫论，计划引入保安处分。但是，该计划没有得到支持，保安处分制度到现在还没有实现，其个中原

---

[1] 1962年《德国刑法草案》第182条（公然议论他人私事）："（一）没有特别的理由，公然在集会上，或者通过散发文书的方式，对无关公益的他人私生活或者家庭生活的内容，提出具有事实性质的毁损名誉的主张，或者将其寄送给第三人的，处二年以下徒刑、拘留或者罚金。（二）该行为，不管其主张真实与否，处罚之。不允许对其真实性进行举证。"
[2] Mckinney, Civil Rights Law, Sec. 50.
[3] 特别是最近，安塞尔的新社会防卫论成为话题，但他标榜"社会性的个人主义"。

因，一方面是伦理主义的观念太强，另一方面，市民的安全要求也还不是太强烈。迄今为止，新派和旧派在刑罚本质上的争议，与其说是有关该如何解决现实要求之争，倒不如说是纯粹的观念之争的色彩更为浓厚一些。现在，作为刑法修改工作的一环，活用保安处分再次成了议题，可以肯定，今后，随着市民的安全要求的增强，对其肯定会有比以前更为接近现实要求的讨论。

五、民事控制的替代

如上所述，在日本，处罚侵害个人生命、身体或自由的犯罪的范围，并不很广。但是，处罚侵害财产犯罪的范围却很广泛。

如以诈骗罪为例。诈骗是基于欺诈而得到对方的同意，因此，以刑法对其予以处罚也不是完全没有问题。如黑格尔在其《法哲学》中将诈骗放在犯罪和民事不法的中间。英美法中，最初也只是将使用能让一般人上当受骗的道具（如称不准的秤等）进行诈骗的场合才作为犯罪予以处罚。即便在德国法中，现在也还是将发生"财产上的损害"作为其成立要件。但是，日本刑法中的诈骗罪是"欺骗他人，骗取财产或财产上的不法利益"，在方法上没有做任何限定。因此，一般认为，即便没有造成财产上的损害也成立犯罪。

背信罪的范围也很广。如德国到1933年修改刑法为止，将本罪的主体范围进行了限定性列举，设定为如监护人、管财人，或代理人，或根据政府的命令而实施业务的人之类。但是，日本《刑法》在1907年的制定之日起，就将背信罪的主体宽泛地、一般性地规定为"处理他人事务的人"。在解释论上，如已经设定抵押权的人再次对他人设定抵押权的时候，将该人也理解为"处理他人事务的人"，成立背信罪。可以说，差一步就要对不履行债务的行为进行处罚了。

这样，无论是交易对方的不诚实行为还是使用人的不诚实行为，都要受到刑法处罚，财产交易在广泛的范围内受到刑法保护，另外，从正面为财产交易提供保护的，还有妨害业务罪。它是对使用威力或诡计对他人的业务进行妨害的行为进行处罚的规定。这种犯罪在国外的刑法中很少见。特别是诡计的内容过于模糊，能够适用民事制裁的行为几乎都能成为处罚的对象。

如此广泛地对财产犯罪适用刑罚，在某种意义上讲是合理的。因为一方面，经济活动多是在经过合理计算之后实施的，和性冲动不同，刑罚发挥威慑力作用的余地很大。从所谓被害人学的观点来看，财产犯罪的犯人和被害人之间，大多不是具有非常亲密关系的同事，因此，和刑罚这种超越初级群体（primary group）的制裁方法容易亲近。但另一方面，经济性利益，在事后进行赔偿的话，几乎完全能够恢复，可以说对财产犯罪没有适用刑罚的必要。菲利等强调，在赔偿之后就没有必要适用刑罚。尽管如此，日本的财产犯罪的范围还是非常广泛，这到底是为什么呢？有人认为，日本的人民非常贫困能吃上饭就不容易了，因此，财产是贵重物品，要受到刑法的保护。的确，贫困是事实，但是，并不是很多人穷得连饭都吃不上。理由之一，而且也是相当重要的理由，或许就是，明治时代以后发展起来的个人企业，意图快速发展但是家底不厚，因此，要求国家给予强有力的保护，但另一方面，民事裁判制度又不能有效地发挥其作用，很多时候，民事诉讼保护跟不上财产保护的需要。因此，刑事制裁作为民事救济的替代，发挥着保护经济活动的作用。在此限度之内，刑法的补充性只好被放弃了。

在最近，最能体现民事诉讼效率低下，只有靠刑法手段来解决问题的例子就是侵夺不动产罪。不动产在其性质上，即便被他人占有，也不会被破坏，也不会消失不见，因此，只要民事诉讼迅速的话，就应该能完全避免被害。国外的刑法都没有规定盗窃不动产罪，其理由也在于此。但是，在日本通过民事诉讼不能解决问题，因此，就要通过刑法来对其加以保护。

　　体现这种民事救济的实效性阙如的另一个事例，就是《改正刑法假案》中的自力救济的规定。该规定的内容是："在保护请求权方面，由于处于特殊时期，不可能依靠法律程序请求救济的场合，为了避免不能行使请求权或行使明显困难的状况而实施的自力救济行为，根据当时的情节，认为具有相当性的时候，不成为犯罪。"（第20条）这是因为难以根据民事诉讼来实现债权，从而正面认可了自力救济行为。但是，之后的立法或草案上并没有作这样的规定。相反地，自力救济被严格禁止。如果民事诉讼整体上在合理地发挥作用的话，在没有办法的场合下，即便认可自力救济，其范围也不至于扩得太广。在美国等认可自力救济行为，从反论的角度来看，也可以说是因为民事诉讼相当有效的缘故。但是，在日本，认可自力救济的话，其范围就不得不扩张得相当广。日本判例之所以不承认自力救济，可能就是迫于这种孤注一掷的选择。不仅如此，判例更进一步，认为即便是行使权利，也成立敲诈勒索、诈骗、盗窃等犯罪。认为成立敲诈勒索罪的有，使用暴力团索回贷款的场合；认可成立盗窃罪的有，自己的财产被他人违法占有而拒不返还，于是自己取回的场合。之所以如此，大概是担心，如果将这种场合认定为合法，或者仅仅是作为胁迫来处罚的话，则"逃避民事裁判"的行为会不断增多。这样，最高法院认为，财产犯罪的被害法益不是所有权和其他本权，而是占有权，进一步扩大了财产犯罪的成立范围。当然，判例之所以采取这种态度，还有其他理由。这就是，其可能是将民事上的权利，从"所有权"这种观念性的东西当中，机能性地分解为若干内容，而上述判例做法只是这种分解过程的一个表现。但是，我认为，还是不能否定其和民事诉讼有关。

　　另外，在日本，将来也会逐渐强化民事诉讼的机能，逐渐要接近其本来姿态。到那时，财产犯的范围是不是会缩小呢？这不是三言两语就能说清楚的问题。因为，如上所述，其要受到其他多种因素的影响。但是，着眼于这一点，对将来的财产刑法的走向进行充分讨论，这是确定无疑的。

以上，我对现代刑法应当具有的机能、应当具有的作用进行了推测。当然，问题还远不仅止于此，即便是这里所提出的问题，还有研究的余地。只是，正如开头所说，本文能起到一个提出问题、抛砖引玉的作用，我就感到非常欣慰了。

日本刑法的特色

一、序言

简要地概括一国刑法的特色并不是一件容易的事。但是，作为一种尝试，以下列形式提起问题的话，恐怕是可以做得到的。"日本刑法是主观主义的刑法，果真如此吗？"

这一问题，现在，在和刑事诉讼的关系上具有重要意义。日本在明治时代，先是学习法国法，之后学习德国法。现行的刑法以及刑事诉讼法，均以德国法为基础。因此，刑事诉讼法，正如学者们所言，是"半弹劾主义"的东西。[1] 战后，刑法典没有修改，但是，刑事诉讼法在占领军的主导之下，按照英美法中所谓的当事人主义原理进行了修改。在大陆法的半弹劾主义之下，检察机关或法官具有询问犯罪嫌疑人、被告人，使其自己交代的机会。因此，有的时候，只有靠坦白来证明其主观要素。相反地，在当事人主义的诉讼方式之下，检察机关或法官几乎没有询问被告人、犯罪嫌疑人的机会。为此，美国刑法规定了容易证明的客观要素，并设计了对被告人不利的推定。这样，由于日本刑法和刑事诉讼法之间有矛盾，因此，有人主张，不是将刑法按照美国刑法的方式进行修改，就是将诉讼法按照德国的方式进行修改，二者之中必须择一。

---

[1] Gneist, Vier Fragen zur deutschen Strafprozessordnung, S. 5, 1874.

但是，不能仅在和刑事诉讼法的关系上考虑刑法。刑法到底是客观的还是主观的，与对刑罚目的的理解也相关。关于刑罚的目的，如果说主要是一般预防的话，就与主张改造犯人的见解冲突，这便是通常所说的古典学派和近代学派的对立。但在日本，多数人称之为主观主义和客观主义之间的对立。这是因为，日本近代学派的人重视行为的主观要素。所以，刑法是主观的还是客观的问题，也涉及近代学派的思想以何种形式对日本刑法产生影响的探讨。

上述问题，还可以从更为广阔的视野来进行考察。这便是从刑法的社会机能，换句话说，从刑法作为社会统治手段的作用的角度来进行。和宗教、伦理、习俗等规范一道，刑法也试图对社会行为进行管控。这种场合，刑法的作用，根据该国的文化的不同而有异。刑法的作用越是和伦理密切相关，刑法的主观色彩就越浓厚。

记住上述各点之后，再讨论"日本刑法是不是主观刑法"的问题。

对这一问题的回答不止一个。根据作为讨论对象的刑法的侧重点不同，答案也不一致。其可以简化为以下三个命题：

第一，在没有现实的、重大的被害，就不会动用刑法的意义上，日本刑法是客观的。

第二，在即便有被害，只要对此没有故意或过失，就不能施加处罚的意义上，日本刑法是主观的。

第三，在数人共同犯罪的时候，实际实施犯罪行为的人自不用说，对在背后操纵该种行为的人也要从重处罚的意义上，日本刑法是主观的。

二、被害

在日本刑法中，未遂只有在有规定的场合才处罚。在其他多数国家，除了一定的轻罪之外，所有的犯罪都处罚未遂犯。如在法国或德国，所有重罪的未遂犯都予以处罚，而轻罪的未遂只在有规定的场合才受到处罚。之所以只在有特别规定的场合才予以处罚，是因为，一般认为，刑法以处罚实际发生了被害为原则，而处罚未遂则为例外。

但是，未遂，在有处罚规定的场合，原则上要和既遂受到同样的处罚。减轻处罚只是酌定处罚而已。如果说处罚未遂是例外的话，则未遂原则上和既遂同罚的规定当中，就有若干矛盾之处。但是，作为旧刑法的母法的法国法，将既遂和未遂同样处罚，未遂得减的规定，充其量也只能说是日本的立法者的功劳。从实际的宣告刑来看，法官们也认为，对于未遂犯应当比照既遂犯从轻处罚，这是非常清楚的。[1]

日本刑法典参照法国法，以"实行的着手"为根据，将未遂和预备区别开来。学者特别是主张所谓主观主义的学者当中，认为未遂应当在比较早的时间上成立，[2] 还有人主张只要有"犯意的飞跃性的表动"，就是实行的着手。但是，根据判例的见解，未遂成立的时间比较晚。出于盗窃的目的而进入房间，仅此还不是未遂。[3] 进入房间之后，用手电筒寻找食物的时候，[4] 为了获得财物，接近保管箱的时候，[5] 才成立未遂。这一标准，一般称为"物色说"。为杀人而邮寄毒物的，也不是未遂。只有在毒物到达被害人手里的时候，才是未遂。[6] 但多数客观主义论者反对这一判例意见。他们认为，既然犯人的行为实施终了，就必须说具有实行的着手。[7] 但是，判例认为，只要没有十分紧迫的危险，就不应当成立未遂。

在欧洲，在比较早的阶段上认定未遂。在德国，出于盗窃的目的而将

---

[1] 本稿末尾所列举的是1959年分别对四种犯罪的宣告刑，其表明了法院对这一点的态度。
[2] 如牧野：《日本刑法》（第1卷）（1937年），第254页；宫本：《刑法大纲》（1935年），第179页；木村：《刑法总论》（1959年），第344页。
[3] 大判1934年10月19日《刑集》第13卷，第1473页。
[4] 东京高判1949年12月10日《高刑集》第2卷，第292页。
[5] 最判1948年4月17日《刑集》第2卷，第399、402页。
[6] 大判1918年11月16日《刑录》第24卷，第1352页。
[7] 如小野：《新订刑法讲义总论》（1950年）第106页；团藤：《刑法纲要总论》（1957年）第265页。

看家狗带出门的时候，就被认为未遂。[1] 即便在学说上，也有人认为，在寄出了恐吓信的时候，就是未遂。[2] 在奥地利，认为对被害人发出了诱骗信件的时候，就是诱拐的未遂。[3] 在瑞士，认为在向约定的地方出发的时候，就是诱拐的实行的着手。[4] 在法国，在出口等待拿钱的人从建筑物里出来的时候，就被认为是未遂。[5]

最近的欧洲立法，具有在着手实行以前认定未遂，或者主观地考虑实行的着手的倾向。如1938年的法国草案规定"根据实行的着手或导致直接犯行的行为所呈现出来的重罪未遂自身，是重罪"，1960年的德国草案第26条规定"根据实行的着手行为或者有关本人行为事情的表象而应当成为实行的着手的行为，意图完成行为的故意已经现实地表现出来，但尚未达到既遂的，是犯罪未遂（第1款）。所谓实行的着手，就是行为人已经开始实施实现构成要件的行为或者与此直接相关的行为（第2款）"。但是，日本1961年的草案，依然将实行的着手作为要件，没有变更判例立场的意思。

即便在不能犯的领域，刑罚的使用也受到限制。判例认为行为人所追求的结果绝对不可能实现的场合，不成立未遂犯。[6] 虽然"绝对不能"

---

[1] 1919年4月1日判决。Reinsgericht, Ⅱ Strafsenat, Entscheidungen des Reichsgerichts in Strafsachen, Bd. 53, S. 217; Schönke – Schröder, Strafgesetzbuch; Kommentar, S. 208 ~ 213, 10. Aufl., 1961.

[2] Schönke–Schröder, op. cit., S. 210.

[3] Judgment No. 2969, Kasstionshof, June 20, 1904, 6 Entcheidungen des k. k. Obersten Gerichts als Kasstionshofes (neue Folge), S. 219. 另外, Rittler, Lehrbuch des Osterreichischen Strafrechts, Bd. Ⅰ., S. 262, 2. Aufl., 1954.

[4] Regierungsrat Aargau v. Regierungsrat Glarus, Bundesgerichtshof, April 1, 1908, 34（Ⅰ.）Entscheidungen des Schweizerischen Bundesgerichts, S. 288, 292. 另外, Germann, Die Rechtsprechung über den Versuch nach schweizerischem Strafgesetzbuch, Schweizerische Zeitschrift für Strafrecht Bd. 60, S. 1, 1946.

[5] Prévost et Coulond, Cour de Cassation, Ch. crim., Jan. 3, 1913, [1913] Sirey Recueil Génèral 1, p. 281. 另外, Donnedieu de Vabres, Traitē de droit criminel et de legislation pēnale comparēe, p. 134, 3 ēd., 1947.

[6] 最判1950年8月31日《刑集》第4卷，第1593、1594页。

的用语是否妥当,受到了批判,[1]但倒不如说,这里的问题是,什么场合才是不能犯。在大审院[2]时代,作为不能犯而判处无罪的,几乎可以说,只有一件,这就是硫黄杀人案件,该案中,犯人认为可以用硫黄将人杀死。对于这一判决,主观主义的学者就不用说了,即便是客观主义的学者也表示了质疑。[3]但是,即便只有一件,也可以从中看出,日本的法院采取了非常客观的立场,即认为只有发生结果的现实危险的时候才成立未遂。当然,一件无罪判决,并不意味着其他类似场合都是有罪,倒不如说,在其他类似场合几乎都没有被起诉。

在所谓缺乏事实方面,一方面,有判例认为将手伸进空口袋的行为构成盗窃,[4]但另一方面,却没有将对未怀孕的妇女实施堕胎手术的行为作为堕胎未遂而处罚。[5]法国或德国的法院对这种情况是作为堕胎未遂加以处罚的。[6]德国的法院认为,误认为赃物而加以收买的,成立故意收买赃物罪的未遂。[7]《日本刑法》中没有处罚故意收买赃物罪的规定,即便是有的话,恐怕也不会将上述情况作为未遂处理。

最近的立法,如瑞士以及德国1960年刑法草案,都有很强的主观主义的倾向。《瑞士刑法》第2条规定:"根据行为人实行重罪或轻罪所采用的手段或者所针对的对象,行为不可能实行的时候,法院可以根据自由裁量减轻刑罚。"德国刑法草案规定:"行为人在行为的手段或对象的性质上,明显是出于无知而没有认识到不能达到既遂的时候,法院根据裁量,可

---

[1] 如木村:《刑法总论》(1959年),第352~353页。
[2] 大判1917年9月10日《刑录》第23卷,第999页。
[3] 如小野:《新订刑法讲义总论》(1950年),第192页。
[4] 作为其例,见大判1914年7月24日《刑录》第20卷,第1546页。
[5] 大判1927年6月1日《刑集》第6卷第208、215页中的旁论,认为"实施堕胎手术时的胎儿,要求保有生活能力,否则就不构成堕胎罪"。
[6] 如 Epoux Fleury v. Minitere public, Cour de Cassation, Ch. crim., Nov. 9, 1928, [1929] Dalloz Jurisprudence Ⅰ.97 (Fr.); Judgment of Feb. 27, 1888, Reichsgericht, Ⅰ Strafsenat, 17 RG. St. 158, 159; Judgment of May 24, 1880, Reichsgericht, Vereinigte Strafsenat, 1 RG. St. 439.
[7] Judgment of March 25, 1930, Reichsgericht, Ⅳ Strafsenat, 64 RG. St. 130.

以减轻或免除刑罚。"但是，日本1961年刑法草案规定"行为在其性质上，不能发生结果的时候，作为未遂犯，不予处罚"（第23条），没有改变上述判例态度的意思。

《日本刑法》处罚"教唆他人实行犯罪的人"。[1] 在被教唆人没有实行犯罪的时候，教唆人不受处罚。在欧洲，对这种情况，多数国家是予以处罚的。如瑞士[2]和德国[3]处罚重罪的教唆未遂。在日本，主观主义者主张采用这种见解，在1926年的改正刑法纲领中，规定有"教唆未遂是独立犯罪"的条款，但是，之后的1940年、1961年的草案中，只将内乱、杀人的教唆未遂作为独立犯罪，而没有将一般教唆作为独立犯罪。

在英国或美国，有主观色彩非常浓厚的犯罪，这就是共谋犯罪（conspiracy）。但是，日本刑法按照欧洲刑法，[4] 没有将共谋自身作为犯罪。只是处罚内乱、外患的共谋行为而已。[5]

到此为止的叙述，说的是，侵害法益的危险到达什么阶段时发动刑罚权的问题。其和什么样的法益要用刑法加以保护，本应是不同的问题，但是，它们在刑法规制应限于什么范围这一点上则是相通的。在此一一列举什么样的行为要受到处罚，并与其他国家的情况加以比较，显然是过于烦琐。但是，只要稍微看一下刑法典，就会发现，许多在国外被处罚的行为，在日本并不被罚。特别是对性道德的犯罪、对家庭的犯罪，在欧洲各国或美国广泛地受到处罚，但是，在日本却几乎都在处罚范围之外。

同性恋、近亲相奸、兽奸不受处罚。通奸罪在战后被废除。重婚尽管在刑法上要受到处罚，但是，婚姻只有在户籍登记本上登记在册时才成为法律上的婚姻，具有法律效力，[6] 因此，即便实施事实上的重婚，也不

---

［1］《刑法》第61条第1款。
［2］ Schweizerisches Strafgesetzbuch §24（2）1958.
［3］ Strafgesetzbuch §49（a）.
［4］ 但是，德国刑法典处罚重罪的共谋。StGB §49（a）.
［5］《刑法》第78、88、93条。
［6］ 渡边洋三："家庭和法——个人主义原则和日本的近代家庭法"，载《日本的法》（中）。

符合构成要件。实际上,战后,被罚的重婚案件只有4件而已。堕胎虽然是刑法上的犯罪,但是,《优生保护法》[1] 则在广泛的范围之内将其合法化。特别是"继续怀孕或分娩,从生理或经济理由来看,对母体的健康具有重大影响的场合",根据一个指定医生的判断,就可以进行堕胎。[2] 在这种规定之下,光在1957年,就有112万件合法堕胎。[3] 而在同年,作为堕胎罪而被处罚的仅有5人。[4] 尽管经营妓院在1957年之后就被禁止,[5] 但卖淫自身到现在也不是犯罪。[6] 最高法院虽然将《查泰莱夫人的情人》认定为淫秽文书,[7] 但是这只是例外情况而已,并不意味着在日本,淫秽书刊或电影受到了严格取缔。

处罚不履行家庭内的经济抚养义务的行为也受到了一定限制。在很多国家,不履行抚养义务要受到处罚,但是,在日本,只有在对年老、年幼、患病的人等"不进行生存所必要的保护"的时候,才予以处罚。[8] 而并不处罚仅仅是对妻子不履行抚养义务的行为。

上述就是刑法典将什么范围的行为作为犯罪的概述。从刑法实际上在多大程度上适用的情况来看,能够发现,刑法的机能进一步受限。检察官在是否提起公诉方面,具有广泛的裁量权。[9] 1957年只有46.1%的案件被起诉,1952年是50.2%。尽管如此,和1923年的25%相比,还是明显增加了。[10] 就是连杀人罪之类的重大案件,也有不被起诉的。另外,被

---

[1] 1958年法律第156号。
[2] 《优生保护法》第14条第1款第4号。
[3] 厚生省大臣官房:《厚生白皮书》(1958年版)。
[4] 最高法院事务总局:《1957年司法统计年报刑事篇》第2卷第1部,第49页。
[5] 《卖淫防止法》(1956年法律第118号)第11、12条。
[6] 法规规定"任何人不得卖淫,或成为其对象",但对违反该条文的,没有规定任何刑罚。《卖淫防止法》第3条。
[7] 最判1957年3月13日《刑集》第11卷,997页。
[8] 《刑法》第217~219条。
[9] 《刑事诉讼法》第248条规定:"从犯人的性格、年龄以及遭遇、犯罪的轻重以及情节以及犯罪后的情况来看,没有追诉必要的时候,可以不提起公诉。"
[10] 法务省法务综合研究所:《犯罪白皮书》(1960年版),第148页。

害人没有报案的情况，可以想象，也是相当的多。如 1957 年，由于遗弃而被处罚的是 11 人，由于暴行而被处罚的是 18 690 人，由于赌博而被处罚的是 3860 人；1956 年，由于遗弃而被处罚的是 10 人，由于暴行而被处罚的是 14 435 人，由于赌博而被处罚的是 5000 人。这些数字之所以不是很多，不是因为犯罪少，而是最终受到处罚的人很少的缘故。[1]《轻犯罪法》[2] 虽然规定了 34 个罪名，但是在 1957 年受到处罚的只有 209 人，这可以说是这一事实的极端表现。[3]

三、犯意

仅有重大的法益侵害，并不马上成立犯罪。成立犯罪，还要有一定的主观要素。在美国，对于所谓公共福利犯，不要求具有故意和过失。但是，在日本，不认可这种绝对责任。至少必须有过失，在大多数场合，还要求有故意。

刑法规定了"没有犯罪意思的行为，不处罚"的原则。这一原则，不适用于"法律有特别规定的场合"。[4] 在此，这一特别规定必须是明示的，但同时也引起了默示规定是否也可以的问题。对此，最高法院的态度并不十分明确，但下级法院基本上对此持严格解释的态度。[5]

战后，在酒水饮料缺乏的时候，发生了将含有工业酒精的饮料搬上街头出卖，导致多人死亡或失明的案件。占领军颁布了"不得贩卖、转让、制造或持有含有工业酒精的食品或饮料"，违反者要被处罚的命

---

[1] 最高法院事务总局：《1959 年司法统计年报刑事篇》第 2 卷第 1 部，第 129~130、352 页。
[2] 1958 年法律第 39 号。
[3] 最高法院事务总局：《1959 年司法统计年报刑事篇》第 2 卷第 1 部，第 308 页。
[4] 如《刑法》第 38 条第 1 款。作为对照规定的，有《丹麦刑法》。其第 19 条规定："刑法规定以外的犯罪，在有过失的场合，适用刑罚。但有特别规定的场合，不在此限。"
[5] 大判 1918 年 5 月 17 日《刑录》第 24 卷，第 593~594 页。

令。〔1〕我想，占领军意图追究这种场合下的绝对责任。但是，日本的法官以及检察官认为，受处罚的只应限于明知是工业酒精的场合。〔2〕因此，该命令很快就被修改，明文规定包括过失情况在内。〔3〕

以前的《道路交通取缔法》只处罚故意的场合。其中规定，对不携带驾驶执照的行为处以罚金，这一点成为问题。〔4〕东京高等法院认为，过失不携带驾照的行为也能予以处罚。〔5〕但这是个例外的判决，招来了很多批判性意见，认为其也应当限定于故意违反的场合。1960年的《道路交通法》明文规定，对这种场合以及其他的几种场合，过失实施的，和故意相比，处以较轻的罚金，使得这一问题得以解决。〔6〕

140   在英美法中，绝对责任可以雇主代位责任的形式被认可。即便在日本，就被雇佣人的行为，也能对业主追究刑事责任。只是，其以有法律的明文规定为限。上述规定之中，业主证明自己对于被雇佣人的选任、监督没有过失的时候，就可以免除责任。在没有这种特殊的免责规定的时候，业主的责任就是绝对责任。〔7〕但是，最近，最高法院认为，即便是没有特别的免责规定的场合，在证明对选任、监督没有过失的时候，业主也应当免责。〔8〕这样，在这一领域中，绝对责任也消失了。

在美国法中，重罪——谋杀原则（felony-murder）目前还是一种绝对责任原则。这种原则常常被日本的法学家投以蔑视的目光。但是，即便在日本法中，作为列车颠覆、强奸、抢劫的结果而致人死亡的场合，通常要

---

〔1〕《有毒饮食物取缔令》（1956年敕令第52号）第1条（1）。第4条（1）规定："违反第一条规定的，处3年以上5年以下徒刑或者2000元以上10 000元以下罚金"。

〔2〕最判1958年3月20日《刑集》第2卷，第256~258页。

〔3〕1956年敕令第325号第4条（1）有以下规定："过失违反的场合，同样"。

〔4〕《道路交通取缔法》（1947年法律第130号）第9（3），第29条（1）。

〔5〕东京高判1959年6月16日《高刑集》第12卷，第653、659页。

〔6〕《道路交通法》（1960年法律第105号）。

〔7〕如大判1942年9月16日《刑集》第21卷，第417页；大判1941年12月18日《刑集》第20卷，第709页；大判1938年3月4日《法律新闻》第4248号，第13页；大判1923年2月27日《刑集》第2卷，第134页。

〔8〕最判1957年11月27日《刑集》第11卷，第3113、3116页（"违反《入场税法》事件"）。

判处无期徒刑或死刑。这种场合，上述行为虽然不是谋杀罪，但实质上却与其同出一辙。只是，多数学者认为，对于重结果必须具有过失。[1] 1961年的草案也采用了这一见解。[2]

美国刑法，在即便只有杀人成问题的场合，也以所谓客观责任的形式，承认绝对责任。即成立犯罪需要某种心理要素的场合，该标准是客观的，不是被告人有没有认识，而是将理性人是不是有认识作为问题。即便没有杀人的故意，但有造成他人"重大身体障碍"的意思的话，就成立谋杀罪。就连1957年的英国《杀人法》，[3] 也没有抛弃这一立场。另外，不仅是具有杀人故意的场合，即便是鲁莽（wanton）的场合也能成立谋杀罪。是不是成立鲁莽，见解并不一致，但根据有力见解，只要理性人觉得被告人对引起死亡危险的事实有认识就够了。[4] 通常，只要对事实有认识，就对其引起的结果具有预见。但是，在醉酒的场合，或有精神异常的场合，即便对事实有认识，也不会对结果有预见。在疲劳的场合，在放松的场合，也是一样。一般认为，在这种场合，本人即便没有预见到，也应作为谋杀罪处罚。有人将这种情况称为过失谋杀罪。但是，在日本，行为人没有现实地预见到行为结果的话，就不能作为杀人罪予以处罚。按照通说，故意由两个要素，即认识要素和意志要素。首先，只要对可能发生死亡结果的一点没有认识，就不成立故意。并且，犯人不容允该结果发生的话，也不能说具有故意。一般认为，在结果确实发生了的时候，只要证明对其具有认识，上述两个要素就同时被证明。但是，并非如此的场合，就必须对上述两个要素分别证明。

在故意收买赃物的场合，就其故意而言，有两种不同的见解。在日本，必须认识到是赃物，并且予以容允。而在美国，根据情况，没有必要

---

[1] 如小野：《新订刑法讲义总论》，第178页；团藤：《刑法纲要总论》，第248页。
[2] 《改正刑法准备草案》第21条。
[3] Homicide Act, 1957, 5&6 Eliz. II, C. 11.
[4] Moreland, The Law of Homicide, pp. 36, 1952.

具有该种认识。在属于理性人就能认识到是赃物的场合，即便被告人实际上没有该种认识，也要受到处罚。在并非如此的场合，很多情况下，也是从一定事实出发，推定被告人具有故意。[1] 就是在讨厌推定的德国刑法中，就故意收买赃物的行为，也规定在"被告人无疑知道是赃物的场合"，予以处罚。[2] 在英国或美国，此外还有众多的推定规定。但日本法中，可以说根本见不到推定规定。作为唯一的例外，[3] 就是很久以前的1884年的《爆炸物取缔罚则》中规定，在不能证明爆炸物的持有者没有杀伤人或动物的目的的时候，同被证明具有该目的的场合相比较，处以较轻的刑罚。[4] 也仅此而已。因此，日本的检察官很羡慕英国或美国法中有众多的推定规定，特别是在故意收买赃物或受贿方面具有推定规定。[5]

没有主观要素就不成立犯罪的见解，以行为人不能受到伦理谴责，就不能受罚的原理为基础。因此，在没有选择合法行为的可能性的场合，就不应该受到处罚。所谓期待可能性就是这种情形。最高法院对此

---

[1] 如 Model Penal Code §206.8（Tent. Drafs No.4, 1955）. (1) 定义。除了出于返还给所有者的目的之外，明知是赃物而收受，或者觉得可能是赃物而作为业务进行处分的，按窃取罪处理。(3) 定义。所谓业务人，是指以下情形：(a) 在各个机会上，从两个以上的人那里占有或者管理赃物；(b) 在正在被追诉的交易的前一年之内，根据其他交易而获取该赃物；(c) 以买卖或者暂时保管商品为业的。(4) 知情或者认识的推定。以下场合属于具有必要的知情和认识而加以处罚：(a) 行为人属于前述 (3) (a) 或者 (b) 的业务人的场合；(b) 尽管符合前述 (3) (c)，但是从未满16周岁的人手中获得，或者以比通常价格低廉的价格取得，而且对此事没有通知警察或者与赃物相关的人的场合；(c) 行为人在被追诉行为的前三年之内，属于因为收受或者其他窃取犯罪或其未遂而被宣告有罪的人的时候。

[2] StGB §259.

[3] 《刑法》第207条的规定也可能是另一个例外，但与客观要素有关。"二人以上实施暴行，伤害他人的场合，各自的暴行所造成的伤害的程度无法查清，或者无法查清是谁造成了该伤害的时候，即便不是共同实施的，也按照共犯的规定处理。"

[4] 《爆炸物取缔罚则》（太政官布告第32号）。

[5] The Prevention of Corruption Act, 1916, 6&7 Geo. V. c, 64, §2 当中规定，"Where…it is proved that any money…has been …given to or received by a person in the employment of His Majesty, …the money …shall be deemed to have been paid or given and received corruptly, …unless the contrary is proved". 以这种实体法强调主观要件的情形，是否马上就能将半弹劾主义或者纠问主义正当化，存在疑问。在这一点上，程序法对实体法的意义并没有太大，倒不如说有被检察官强调过头之嫌。

还没有做出明确的结论，倒是下级法院根据这种理由做出了几个无罪判决。[1]

如此这般强调伦理上的谴责可能性，和成立犯罪必须具有违法性意识的主张或许是一以贯之的。但是，日本的法院在这一问题上坚持"不知法律不受饶恕"[2]的立场。

只在极为例外的场合才没有上述的期待可能性。但是，通常情况下，伦理上的谴责可能性的程度，对于量刑来说，是应当考虑的重要因素。刑法所规定的法定刑的范围非常广。如杀人罪是死刑、无期徒刑或3年以上有期徒刑。[3] 刑罚在此范围之内根据责任来量定。[4] 但是，在美国，将杀人分级，多数情况下，对于一级杀人就只有死刑这一绝对法定刑。英国1957年的《杀人法》中，对于一定类型的杀人，虽然规定了作为绝对法定刑的死刑，[5] 但其主要是从一般预防角度出发所进行的选择。如规定使用枪支杀人的要判处死刑。但是，从谴责可能性的角度来看，使用枪支的场合，并不一定都值得处以死刑。这种情况，在英国是根据恩赦来予以救济的。即法的目的是实现一般预防，但对具体情况，则根据恩赦来解

---

[1] 如东京高判1953年10月29日《高刑集》第6卷，第1536~1540页；东京高判1950年10月28日《高刑集特报》第13号，第20~21页；东京高判1948年10月16日《高刑集补》第1卷，第18~19页。

[2] 如最判1950年11月28日《刑集》第4卷，第2463、2465页；最判1948年7月14日《刑集》第2卷，第889、891页；大判1933年9月13日《刑集》第12卷，第1619、1634页；大判1924年8月5日《刑集》第3卷，第611、616页。但是，也有一些大审院判例认为，如果有足够的理由相信行为合法的话，就不应当处罚。其例为：大判1934年2月10日《刑集》第13卷，第76、80页；大判1932年8月4日《刑集》第11卷，第1153、1157页。《改正刑法准备草案》在第20条第2款中采用了该种观点。另外，大审院以及最高法院经常巧妙地将刑罚法规和非刑罚法规或者法律的错误区别开来，作为事实错误或者非刑罚法规错误排除故意，判定无罪。如大判1925年6月9日《刑集》第4卷，第378页、大判1924年4月25日《刑集》第3卷，第363页。

[3] 《刑法》第199条。

[4] 作为和财产犯罪相比，对有关生命、身体犯罪的刑罚较轻的另一个说明是，法院特别考虑到了犯行动机中应当谴责的程度。对生命、身体的犯罪，其原因多源自共同体中人际关系的冲突，通常而言，被害人也有一半的责任。

[5] Homicide Act, 1957, 5 & 6 Eliz. II, C.11, §§5~6.

决。拉德布鲁赫以"木犀草号案件"[1]为例,说明这种英美法的精神和重视责任的德国法之间的差异,[2]这种说明,对于英美法和日本法的比较也适用。

四、共犯

日本刑法将共犯分为共同正犯、教唆犯、帮助犯。即"数人共同实行犯罪"的时候是共同正犯,"教唆他人实行犯罪"的时候是教唆犯,"帮助正犯"实行犯罪的时候是从犯。教唆犯和正犯按照同样的刑罚处罚,从犯减轻处罚。据此,立法者将共犯按照实行、教唆、帮助这种客观要素进行区分,根据其对结果的原因力的不同而区分刑罚。

但是,法院超出了这种框架,创造了共谋共同正犯的观念。只要一起实施了犯罪的共谋行为,实行人和没有实行的人,都作为正犯处理。大审院最初在敲诈勒索罪中认可了这种观念。理由是,对于这种智能犯,对赋予其心理上的动力的人,应当比实行行为人予以更重的处罚。因为,日本刑法典规定对教唆犯要和正犯同样处罚,因此,教唆犯在其法定刑的范围之内,应该是可以比实行犯处罚得更重的。但法院认为,不挂上正犯的名头的话,难以对幕后操纵者科处比实行犯更重的处罚。[3]

但是,正如杰克逊法官在有关共谋时所说的一样,[4]一旦认同了某种原则,通常会走向极端。1936年的判决,将抢劫之类的暴力犯中的共

---

[1] The Queen v. Dudley & Stephens, 14 Q. B. D. 273(1884).

[2] Radbruch, Der Geist des englischen Rechts, S. 74~81, 2. Aufl., 1947. 但也不能忽视这一事实,即英国法讨厌独任裁判官根据自己的裁量科处死刑,因此,死刑被法定。

[3] 大判1922年4月18日《刑集》第1卷,第233、235页。

[4] Krulewitch v. United States, 336 U. S. 440, 445, 1949(concurring opinion).

谋者也作为了正犯。[1] 将共谋共同正犯如此扩张，当然，也是为了解决举证上的问题。证明谁实施了什么样的行为，常常存在困难，因此，就考虑只要能证明有共谋，就对所有的人都予以处罚。在此，共谋这种主观要素就有了非常重要的意义。

在这一点上，存在和英美法中的共谋类似的情况。[2] 其一，英美法中，不要求所有的共谋人都互相了解，日本的法院也认可所谓顺次共谋的共谋共同正犯。[3] 其二，只要有默示的了解就够了。[4] 在这一点上，日本法比英美法更加彻底。为什么呢？日本的共谋共同正犯，不是依据特别规定，而是根据共同正犯规定的解释所创造出来的。共同正犯的场合，彼此了解当然只要是互相之间有默契就足够了，[5] 这一点也被原样照搬到共谋共同正犯中来了。[6] 因此，在下级法院的判决中，有将仅表示了犯罪企图的人也作为共同正犯的倾向。[7]

共谋到底是行为还是心理状态，尚未被确定。按照1936年判决的执笔者草野法官的见解，共谋是心理状态。[8] 虽然合意在实施犯行的时候就必须存在，但其不是在什么时候、什么地方形成的问题。可是，之后的

---

[1] 大判1936年5月28日《刑集》第15卷，第715、734页。另外，法院将此立场更向前推进一步，也将现实中分担实行行为者作为帮助犯加以处罚。在因为违反《粮食管理法》而成为被告的案件中，对没有经过允许而搬运、输送大米的场合，最高法院将策划、命令此一行为的人作了实行正犯，而实际搬运、输送的人只是作为帮助犯（最判1950年7月6日《刑集》第4卷，第1178、1180页）。

[2] 关于美国法中的"conspiracy"（谋议），参见Developments in the Law——Criminal Conspiracy, 72 Harv. L. Rev. 920, 1959. 另外，赛亚说，英美法中的conspiracy是现代的一种倾向即"法律中的道德提倡"（"infusing morals into the law"）发达的一种反映。Sayre, Criminal Conspiracy, 35 Harv. L. Rev. 393, 400, 1922.

[3] 大判1936年6月18日《刑集》第15卷，第805、812页。

[4] 最判1950年6月27日《刑集》第4卷，第1096页。

[5] 如最判1948年12月14日《刑集》第2卷，第1751、1753页。

[6] 如最判1949年2月8日《刑集》第3卷，第113、114页。

[7] 但是，东京地判1958年12月15日《判例时报》第177号，第5、8页中，法院限制了共谋共同正犯论的适用。这个判例，无论从哪个角度来看，都不能说是判例的主流，而是其例外。

[8] 草野："刑法改正草案和共犯的从属性"，载《法协》第50卷（1932年），第959、978页。

判例，好像采取了稍稍不同的见解。大审院认为，实施共谋的时候就是在实施犯罪，当地的法院也具有管辖权。[1] 最高法院最近也认为，仅有合意的存在还不够，还必须证明什么时候、在什么地方实施了谋议。[2]

五、刑法的自我克制和主观性之间的关系

这样看来，和西欧各国的刑法相比，日本刑法是自我克制型的刑法，和英美刑法相比较，在强调主观要素这一点上，可以说具有特色。那么，为什么会有这种特色呢？

我认为，刑法的自我克制，源自日本的文化特征。在欧洲，刑法起源于复仇。但是，从日本刑法的历史来看，看不到复仇的痕迹。这可能是因为在较早的时候，中国发展起来的复仇色彩较弱的刑法对日本刑法具有影响，复仇的习惯在法条中体现不出来的缘故。但即便是翻看日本的神话，也会发现，和北欧的神话相比，其复仇的色彩较弱。之后，在欧洲，基于基督教的严格伦理，这种复仇的欲求被正当化和强化，相反地，在日本由于受倡导宽大为怀的佛教思想的强烈影响，这种本来就存在的差异更加扩大。公元818年到1156年间，日本废除了死刑的事实，就是这种差异的象征。在性方面的禁忌，日本也并没有那么强烈。

另外，在迄今为止的日本，家族或地域社会的统治依然非常强大，因此，对刑法的依赖程度也远没有西欧那么强烈。在明治以前，村作为一个基本的行政单位，具有刑罚权。驱逐出村是最严厉的处置，在没有达到该种程度的时候，就实施"村八分"——根据村民会议的决定，断绝与行为人的来往。明治维新之后，"村八分"在法律上被废止，而且，被作为了

---

[1] 大判1936年12月9日《刑集》第15卷，第1593页。
[2] 最判1958年5月28日《刑集》第12卷，第1718、1723页；最判1959年8月10日（松川事件）《刑集》第13卷，第1419、1441页。

犯罪处理。尽管如此，该种风俗仍然存在。从受到"村八分"处罚而向拥护人权委员会求助的数量，在1951年为139件，在1952年为135件当中，也能推知这一点。[1]

即便在明治以前，家族的长老也不具有法律上的刑罚权。但实际上允许其私设牢房。现在，家长的统治力量虽然在城市被弱化，但是，在乡下仍然残存。特别对于精神病人，更是如此。[2] 日本刑法当中，没有对无刑事责任能力者做无罪判决的时候必须将其送进保安处分设施中收容的制度，社会一般人对设立这种制度的要求也并不强烈，原因之一，是家庭保护在相当程度上发挥了这种作用。

而且，国家法具有和传统伦理不一致的一面。日本的法律披上了近代国家的外形，大体上是模仿法国或德国法而制定的。严格实施该法的话，就会暴露出其和传统伦理之间的矛盾。当然，刑法不会因为国别的不同而有太大的差异，但存在微妙的差别，这是不容否认的。不仅如此，法官、检察官或警察制度也是模仿西欧而重新建立的，因此，该种介入是外来介入的感觉非常强烈。

如果将刑法的自我克制作为日本刑法的一大特色的话，那么它和日本刑法强调伦理谴责之间存在什么样的关系呢？

明治政府，表面上看起来具备了近代国家的形态，但其实质仍然是家长主义的。政府一方面主张应当保障、支持经济活动的自由，另一方面，主张应当给国民提供伦理标准。有日本政治学者称之为"国家自由主义"。在这种思想之下，法和伦理的界限并不清楚，法院要对犯罪人的内心伦理进行批判。但这种态度，由于受制于刑法前述的自我克制性格，通常是隐藏在背后而已。但是，一旦到了适用刑法的场合，这种态度就正面闪现出

---

[1] 前田："村八分的诸形态"，载《近畿大学法学》第5卷（1957年），第30、44页；岩崎："论村八分"，载《刑法杂志》第6卷（1956年），第162、193页。
[2] 这一点从以下事实当中也能推论出来。1957年，日本被看作有精神障碍的人有45万，其中只有2.5%的人被放在设施中进行治疗。厚生省大臣官房：《厚生白皮书》（1958年版），第138、292页。

来了。没有责任就不予以处罚是其消极方面的体现,在共犯的场合,对于躲在后面的人要予以重罚,就是其积极方面的体现。

由于刑法不对个人的内心进行干涉,一般就难以发挥国家对社会秩序维持上的积极作用,因此,在直接侵害国家的场合,刑法的主观性就暴露出来了。对天皇的犯罪特别如此。《刑法》第 73 条规定 "企图对天皇施加侵害的",予以处罚。一般认为,这种场合,不仅企图是未遂,而且作为该种意思体现的一切行为都包括在内。因此,在 1910 年,24 名无政府主义者仅仅因为进行了杀害天皇的阴谋,就被处死。[1] 另外,《刑法》第 76 条规定 "对天皇实施不敬行为的",予以处罚。根据这个条文,对在日记中表示对天皇不满的行为也予以处罚。[2]《治安维持法》[3] 是防止、镇压革命党的手段,出于变革政体以及破坏私有制的目的而组织社团的场合,不仅加入该社团的人,所有为了实现该目的而实施行为的人都要予以处罚。这里,甚至可以说,提倡革命主义的行为自身,就是为了实现该目的而实施的行为。

战后,情况有了若干变化。对天皇的犯罪被废止,只按照对一般的人的犯罪处罚。按照作为《治安维持法》的后续的《破坏活动防止法》的规定,[4] 除教唆、煽动内乱之外,对 "出于让他人实施内乱、外患罪的目的,而印刷、颁布或公然张贴主张其行为的正当性或必要性的文书或图画的",予以处罚。[5] 到现在为止,根据这一条文而起诉的只有四件,但由于没有 "明显的紧迫的危险",[6] 所以,均被判无罪。可见,战后,即

---

[1] 大判 1911 年 1 月 18 日。参见潮田、渡边:《大逆事件》(1961 年)。
[2] 大判 1911 年 3 月 3 日《刑集》第 17 卷,第 258、263 页。
[3] 1925 年法律第 46 号以及 1941 年法律第 54 号。但死刑被作为法定刑,是根据 1928 年敕令第 129 号对 1925 年的法律进行修正时的事情。
[4] 1952 年法律第 240 号。
[5] 1952 年法律第 240 号第 38 条。
[6] 岐阜地判 1959 年 1 月 27 日《判例时报》第 183 号,第 5、33 页;钏路地判 1954 年 9 月 15 日《判例时报》第 36 号,第 3、9 页;京都地判 1956 年 12 月 27 日《判例时报》第 112 号,第 1、32 页;津地判 1955 年 2 月 28 日《判例时报》第 48 号,第 3、15 页。

便是对政府的犯罪，也体现出了强烈的客观考虑的色彩。

这种客观的自我克制和伦理谴责的强调，在刑罚的问题上也具有意义。在 19 世纪的末叶，欧洲形成了所谓近代学派。这一学派，一方面主张刑罚应当更加人道、更加科学，但另一方面却强调社会防卫，具有危及犯罪人的人权的危险。前述欧洲刑法的主观性，也是这种对社会防卫的关心的体现。但是，正如李斯特所说的一样，如果承认刑法是犯罪人的大宪章的话，过度主观化就是危险的。因此，即便说刑法是客观的，其也不会妨害到刑罚的科学化、改良化。倒不如说，那种认为行为中所显现出来的主观要素就是行为人性格的体现的见解，非常肤浅。正确的做法，应该是在具有客观行为之后，再充分地诊断其性格，进行适当处置。

在欧洲，近代学派是建立在承认个人是社会的基本价值的基础上的，但在日本，是在家长主义见解依然强烈的基础之上，导入近代学派的见解的。近代学派的刑罚主张和家长主义的刑罚主张之间，有类似之处。大约是因为这种原因，所以，日本主张近代学派的见解的人极端主张主观主义，也无视罪刑法定原则，在现行刑法之下，也主张对教唆未遂进行处罚。这一点，可以说，比欧洲的主观主义更加彻底。但是，在现实的日本社会中，正如前述，由于并不需要如此程度的法律统治，因此，这些学者的意见并没有太大影响力。

近代学派的见解，倒不如说，其影响仅局限在使刑罚人道化、限制刑罚的方向上。不起诉、缓期行刑、假释等就是其体现。这些改革，在复仇、报应感情并不太强烈的日本，比较容易被采用。根据 1922 年的《刑事诉讼法》,[1] 不起诉，不管犯罪的类型，一律认可。缓期行刑，在 1906 年以来，只对 2 年以下的有期徒刑适用,[2] 但是，在 1947 年的《刑法》修改[3]之后，放宽到对 3 年以下的有期徒刑都适用了。按照这种条件，除了若干

---

[1] 1922 年《刑事诉讼法》第 279、292 条。
[2] 《刑法》第 25 条，修改 1947 年法律第 124 号。
[3] 1947 年法律 124 号。

犯罪之外，几乎所有的犯罪都可以适用缓期执行。1959年，被判徒刑的有90 729人，其中，有43 498人，即48%的人被判处缓期执行。[1] 仅以杀人罪而言，被判有罪的1483人中，有405人被判缓期执行。[2] 假释，在刑罚执行三分之一之后就能被允许。但欧洲诸国，如瑞士必须刑期执行三分之二以后才能被允许，与其相比，日本宽大得多了。1959年，刑满释放者为14 949人，而同期被假释者则为31 180人。[3]

另一方面，即便是现在的日本刑法中，也没有对常习犯人的不定期刑，保安处分——特别是对精神病犯罪人的保安处分——也不存在。

六、展望

以上是我所认为的日本刑法的特点。但因为叙述简短，因此，难免有流于不当的一般化之嫌。

有关将来的预测，比诊断更加困难。但无论如何，日本在快速地工业化、城市化。这种趋势是难以阻挡的。结果必然是，法作为社会控制手段的作用会越来越大。因为，家庭以及其他社会控制机关的作用不得不逐渐弱化。与此同时，刑法更加具有机能性，伦理色彩也日渐淡化。因此，并非纯粹的刑罚，而是对犯罪人的处遇这一点会被更加强调。但不管如何，对不考虑日本社会的复杂特点，单纯地采用所谓"科学"方法的做法，必须持有戒心。

---

[1] 最高法院事务总局：《1959年司法统计年报刑事篇》第2卷第2部，第202、262页。
[2] 最高法院事务总局：《1959年司法统计年报刑事篇》第2卷第2部，第254页。
[3] 法务省：《行刑统计年报》（1959年版），第8、280页（1960年）。

生命和刑法
——以安乐死为中心

一、生命和刑法

尽管这里提出的是生命和刑法这样一个很大的题目,但我主要探讨安乐死。只是,在探讨这个问题之前,首先要概括一下从什么角度来切入生命和刑法的问题。

最大的问题是,剥夺他人生命的杀人罪,和对杀人罪犯科处死刑是不是合适的问题。现在,日本正在审议修改刑法,讨论该如何规定杀人罪?是不是要废除死刑?因此,这个问题既是永恒的话题,同时也是社会问题。但对这一点已经有很多议论,在很短的篇幅之内难以说透,因此,在此只有割爱了。

如果说杀人罪和死刑是从正面对熊熊燃烧的生命加以探讨的刑法问题的话,那么,作为处理生命两端的,就是人工流产和安乐死的问题。所谓人工流产,在刑法上被称为堕胎,其涉及出生之前的生命和刑法的关系。相反地,安乐死,则涉及正在消逝的生命和刑法之间的关系。

人工流产即堕胎,战前被严格取缔。刑法禁止一切堕胎,并加以处罚。尽管如此,在例外的场合,也不允许堕胎吗?这就是问题。昭和初年,发生了一件成为舆论对象的事件。事情是这样的:一位年轻女子被贼人强奸并怀孕。这种情况下,她堕胎可以吗?某报的生活顾问栏目提出了这样一个问题。对此,在东京大学法学部的刑法教授牧野英一博士和民法教授穗积重远博士之间展开了争论。[1] 牧野博士认为,这种情形下所生的孩子会受到社会的冷眼相待。一方面报之以冷眼,另一方面又不允许堕胎,作为社会而言,这是一种不当的做法。因此,这种场合,牧野博士主张社会应当允许该女子堕胎。相反地,穗积博士认为,胎儿的生命也是生命,无论其出生之后的生活会多么悲惨,也不能以此为由而"杀害"他。但无论如何,在当时,成为问题的是否允许堕胎,仅限于这种极端的场合,在此之外的场合,堕胎还是被严格取缔的。

但战后形势为之一变。《优生保护法》广泛地认可了人工流产。特别是在"继续怀孕或者分娩,基于身体或者经济上的理由,明显有害母亲健康之虞"的场合,只要根据事先指定的妇科医生一人的判断,就可以决定进行人工流产。按照统计,每年正式提出的堕胎申请约有100万份左右,这意味着,每年大概就有100万应当出生的生命,因为人工流产而消逝了。[2] 这里存在必须考虑的大问题,但本文对此不做更多的探讨。

现在,就安乐死而言,可以说,正处于和讨论特殊情况下是不是可以实施人工流产一样的境地。同现在已经大幅度地允许人工流产一样,将来或许会有那么一天,想死的人能够自由地去死。托马斯·莫尔在其著作《乌托邦》中,将该种情形描述为理想状态。[3] 但现在还没有实现。人工流产所针对的,不论怎么说,是生前的生命,而安乐死所针对的是现实存在的生命。其中自有不能将其二者完全同等看待的理由。

那么,安乐死在什么限度之内允许呢?在进入法律上的探讨之前,先看看法学家以外的人看法吧!

---

[1] 牧野英一:"法律的社会化",载《中央公论》1932年5月号,第63页以下;穗积重远:"生命的尊重",载《中央公论》1932年6月号,第40页以下。
[2] 《厚生白皮书》,1958年,第173页。
[3] [英]托马斯·莫尔著,平井正穗译:《乌托邦》,岩波文库1948年版,第131页。

二、文学和安乐死

一般而言,法律上的问题多半会枯燥无味,但安乐死并非只是形式上的法律讨论就能说得清楚的问题,不只是法学家,医生就更不用说了,宗教人士以及文学家对其也非常关心。

在外国的文学作品当中,具有若干例证。如托马斯·曼的《布登勃洛克一家》、劳伦斯的《儿子与情人》、马丁·杜·加尔的《蒂博一家》以及雷马克的《凯旋门》中,都有该种场面。[1] 这里介绍一下雷马克的《凯旋门》中的场面。其是为了消除被恋人用枪击中的吉安的痛苦,而让医生拉比库注射的场面。

费贝尔弯下身看了下伤口。"这家伙好像是倒霉了","岂止是倒霉!简直让人绝望!怎么办才好。"……他什么也帮不上。其他人也同样无能为力。手术是不可能的。他只能直直地站着,看着鲜红的伤口。唯一能做的,只有喊马路特来。但马路特恐怕也只能说同样的话。

"没有其他方法吗?"费贝尔问。"没有,只有让她早点死。让她衰竭。大概知道子弹在什么地方,但没法把它取出来。"

"脉搏开始没有规律了,正在加快。"乌泽尼在屏风的对面说道。

伤口开始变得灰暗起来。犹如有暗黑的气息在伤口上掠过一般。拉比库把注射咖啡因的针筒放在手里。"快拿乙醇胺来!停止麻醉!"他进行了第二次的注射。"这样如何?""还是没什么变化"。血液还是铅一样的颜色。"继续打肾上腺素。准备呼吸机!"(中略)

女人清楚地睁开了眼。"很难受——","马上就好——",他推动了注射器。"以前从没有这样痛过",女人转过头来。"拉比库",女人小声地

---

[1] [德]雷马克著,山西英一译:《凯旋门》,新潮文库1954年版,第339~350页。

自语道。"我,不想太痛苦,我,我,不要太难受,答应我——奶奶——我看见您了——我不想这样倒霉——怎么这么难受,什么也没有——答应我——","答应你,吉安。不会让你太痛苦,肯定不会让你难受的。"女人咬紧牙关。"马上好了吗?""嗯,马上好!再过两三分钟"!(中略)

吉安一会儿就安静地睡着了。拉比库就守候在女人旁边。女人的手脚已经没有生机。彻底地没有生机了。只有眼睛还能动。之后就是用嘴呼吸。过一会儿,帮助呼吸的肌肉也会逐渐麻痹,他很清楚。女人已经几乎不能开口了。已经开始大口喘气。牙齿咬在一起,面部不停地抽搐。女人似乎还想说什么。喉咙抽动,嘴唇嗫嚅了一下。喉咙里发出有东西滚动的响声,很粗的、让人毛骨悚然的、滚动的响声。呼救声终于喷发出来。"拉比库",女人的舌头在抽动,大声呼喊:"救救我!救救我!快!……"

他早已备好了注射器。麻利地举起来,向女人的肌肉扎进去。在下一次痉挛来临之前,快速地扎了进去。他慢慢地推动注射器,推一下停一会,渐渐地,渐渐地,不能吸气了。这样,尽管有些痛苦,但不至于使人窒息。也不会有无意义的折磨。而在她的面前,现在只有痛苦。而且,可能还要持续几个小时。

女人眼睑抖动了一下,之后就一动不动了。嘴唇张开,呼吸停止了。

在日本,说到安乐死,令人马上想到的就是森鸥外的《高濑舟》。[1] 它讲的是这样一个故事:因为病痛而长期卧床的弟弟想自己用剃刀割断自己的喉管,在还没有死的时候,被哥哥发现,他去拔下剃刀,但在拔的过程中切断了其喉管。其不明明是在变相地描写安乐死吗?哥哥到底是故意还是过失切断喉管的?此处的描写非常微妙。

这部名为《高濑舟》的作品的写作动机,似乎是以前发生在鸥外身上的一件事。鸥外有几个孩子,其中一个名叫不律,两岁左右的时候就

---

[1] 森鸥外、山椒太夫:《高濑舟·他四篇》,岩波文库1916年版,第116页以下。

夭折了。对此,森於菟有以下记载:[1]

我有一个弟弟,叫不律,是父亲的二男,很小的时候就死了。和那个弟弟一起的妹妹,也在很长时间内为病痛所折磨,但这个妹妹却奇迹般地活了下来。男的是个婴儿,虽说病后不到一年就死了,但在父亲写的名为《金毗罗》的小说中,将其说成是对没有参拜金毗罗神的处罚。那时,为其治疗的是桥本监次郎,当时还是一等军医(后来成了少将军医),因为不律很痛苦,所以一直在为他打针。但这个婴儿,不管怎么痛苦,当看到父亲从单位来看他的时候,脸上总会有让父亲开心的微笑。这个小孩强忍痛苦而逗父亲笑,让父亲十分怜爱,不忍卒睹。尽管父亲当时想着根本没有必要,但还是通过打针让其活着受罪,这件事或许一直留在了父亲的心底。

那时候,父亲除请了桥本军医之外,还请了一个咨询专家,是某大学的内科教授,这个人来的时候,揣摩着父亲的心思问道:"怎么样?停下来吗?"父亲回答说"停止也行,但既然已经打针了,那就继续打吧!"正在拼命照顾孩子的母亲听到这话之后,可能也是兴奋的缘故,大声喊道"那样的话,就快给孩子注射能够让他快乐地死去的药吧!"当时,父亲说"这种事情,只能暗地里做,医生绝对说不出口来,也不会做"。断然拒绝了母亲的乞求,还是让医生继续打针。但其真实的心情恐怕也是让孩子快乐地死去吧。姑且不论这是否为医者的基本道德,但确实让人迷茫而痛苦。

就上述的这件事,鸥外的次女小崛杏奴在《晚年的父亲》一书中也有以下描述:[2]

当时,某人称,姐姐的生命也就还有24个小时,因为死时会痛苦不堪,倒不如注射,让其快乐地死去,注射吗啡的话,十分钟左右就完事。父亲陷入了沉思。

---

[1] 森於菟:《高濑舟和父亲鸥外、太平间断想》(1929年),第214页以下。
[2] 小崛杏奴:《听母亲讲晚年的父亲》(1958年),第237页以下。

父亲也有这个心思，就告诉了母亲，让她听从他的意见，母亲心理上也接受了父亲的想法，正要注射的时候，母亲娘家的父亲探视来了。

母亲对父亲说："茉莉已经没救了，某人建议打针！"外祖父听后，眼瞪得洞一般大，大声斥责道"混蛋！"气势汹汹。"人命受于天。天命自然耗尽为止，不管发生了什么事情，都必须让其活下去！我自己也经历过有三个孩子被医生说没救了，建议放手的经验，但这三个孩子不都活得很好吗？"毅然决然地拒绝了打针这件事。某人听后，说："这种事情，只要传到了其他人耳里，哪怕是一个人，就没有办法做了！"于是放弃了该计划。

之后，姐姐病情好转，逐渐痊愈了。因此，可以说姐姐的命完全是明舟町的祖父所捡回来的，祖父实际上是姐姐生命的恩人。

我在想，将"事实比小说更奇妙"的谚语，用在这种场合会是什么效果，事实上，和《高濑舟》相比，倒不如说鸥外的上述"事实"，更加真切地反映出了安乐死的问题。

三、裁判中的安乐死

安乐死，不仅表现在文学世界、个人体验的世界中，在裁判当中也有体现。

外国有名的，就是美国1949年发生的有关贝伊特事件和桑达事件这两个判决。[1]一位名叫贝伊特的女子，听说父亲的病名是胃癌，因为以前看到过为癌症所折磨的事例，于是偷偷拿出父亲的手枪，将睡眠中的父亲开枪打死。陪审团在讨论贝伊特的罪行的时候，认为其是一时的精神失常而判定其无罪。这个判例并没有正面涉及安乐死是否被允许

---

[1] 参见冈垣学："有关安乐死的诸问题"，载《法学新报》第57卷第7号，第36页以下。

的问题。也可能尽管法律上并不允许安乐死，但处罚上考虑到其有值得同情之处，因此，特地认定了精神异常的事实。

另一起是桑达事件，其在由医生实施的一点上，与贝伊特事件不同。患者因为癌症将不久于人世，医生桑达向其静脉当中注射了空气，让其提前死去。本案中，桑达认为其行为是他作为医生的正当行为，在病历上也做了详细的记载。但他的这一行为引起了争议，作为不被允许的行为起诉到了法院。这种程度的行为，其他医生实际上也大多在做。甚至出现了"如果说桑达有错的话，其错误不在于其实施了注射，而在于其在病历上做了记载"的说法。我想，陪审恐怕也不忍心认定其有罪吧！再多补充一点事实，就是在本案中，注射时病人已经死了。因为不可能杀死死者，因此，桑达最终被判定无罪。

上述两个判例尽管实质上都判定安乐死无罪，但要注意的是，它们均没有从正面认可这一点。

但是，日本的法院，虽说对具体事件认定有罪，但作为一般论，从正面表达了在一定场合下允许安乐死的意思。

一个是东京地方法院1949年判决的事件。[1] 被告人是朝鲜人，1936年来到日本，其父亲不久又回到了朝鲜，被告人和母亲二人生活。母亲因为脑溢血而倒下，半身不遂，1949年2月病情恶化，继而变为全身不遂，吃饭就不用说了，连其他生活也都有劳家人帮助。碰巧此时有来自朝鲜的家书，被告人得悉父亲在对面过得也很不顺，想到将来父亲不会来日本，而自己也不可能再回到朝鲜之后，非常失望落魄。同时，因为一再被母亲热切地催促早点让其解脱，而且，被告人也想，与其让母亲长年在病床上受折磨，还不如让其早点死去更好，于是将氰化钾倒进水里，让母亲喝下身亡。这一事件被告到了法院，辩护人主张属于安乐死，应当无罪。但法院认为，本案中，死亡时间并未临近。而且其所

---

[1]《裁判所时报》第4、58页。

谓的痛苦也不是难以忍受的剧烈的肉体上的痛苦，只是将来看不到幸福的希望而已，即精神上的痛苦。因此，认定不是安乐死，作出了有罪判决。这个判决的背后，掩藏着在死亡时间临近的场合，如果具有身体上的痛苦，根据情况，允许实施安乐死的前提。

另一个是名古屋高等法院判决的事件。[1] 被告人是曾经担任过部落民青年部长的诚实青年，其父在1959年因为病情恶化而全身不遂，生活起居全部有赖家人，食欲不振，衰竭得厉害，手脚弯曲，稍微动弹就叫唤疼痛，常常为病情发作而苦恼，陷入了不忍卒睹的状态。医生也在6月20日左右告诉病人家属说，患者的生命还能维持十天左右。同年7月开始的某日，父亲诉说极为疼痛，希望早死，大喊"杀了我"，命悬一线，咳嗽发作的时候痛苦难耐，让家人不堪目睹，这种难受的感觉一直持续到7月10日左右，于是，被告人就在牛奶当中掺入农药，让不知情的母亲拿给父亲，父亲饮用之后身亡。就此事件，一审法院认为，确实，被害人说过，"想早死""杀了我"，但那只是痛苦之余的表现而已，被告人信以为真而将其杀害，这是不当的，认定成立尊亲属杀人罪。但尊亲属杀人罪的刑罚很重，法定刑是无期徒刑或者死刑。高等法院认为被告人情有可原，认定"杀了我"的表达是出自真实意愿，因此，至少不是尊亲属杀人，而认定为同意杀人。同意杀人的刑罚就要轻得多了，为6个月以上7年以下。只是，即便作为同意杀人，判定为有罪是不是合适，这恰好就是安乐死是否被允许的问题。法院对于什么场合下允许安乐死，列举了以下要件：其一，患者患有从现代医学知识和技术来看，不可治愈的病症，而且死亡迫在眉睫；其二，病人的疼痛剧烈，达到让人不忍卒睹的程度；其三，完全是出于缓和病人死亡痛苦的目的而实施；其四，在患者意识还清晰，能够表明意思的场合，具有本人真诚的嘱托或者承诺；其五，原则上由医生实施，在不可能由医生实

---

[1]《高等裁判所判例集》第15卷，第674页。

施的场合，必须具有足以认定不能由医生实施的特别情况；其六，该方法在伦理上妥当，能够被认可。就本案而言，其满足这里所提出的六个要件中的第一到第四个要件，但不满足第五、六个要件，因此，被判定为有罪。虽然本判决在新闻报道中被说成认可了安乐死，但其只是就安乐死的成立要件进行了说明，就结局而言，本案事实并不完全满足上述条件，因此并不是认可了安乐死的判决。而且，其也不是说，今后，一旦有符合上述要件的事实出现，法院就要作为安乐死而判定无罪。因为，所谓判决，是就个别事件，在充分考虑了其具体事实之后所做的判断，不以为尚未发生的事实订立一般标准为己任。本判决中所叙述的标准，也只是为之后的判决提供了一个大致的"参考"而已。

四、医生和安乐死

上述判决说，安乐死原则上由医生实施，那么，当医生的人对安乐死是如何考虑的呢？

三浦岱荣如是说。[1]

幸运的是，在日本，医生的任务是挽救患者的生命，不让生命终止已经成为良好的共识。实际上，在医生承认安乐死合法的时候，真的会发生重大的、让人不寒而栗的结果，会违背"医生无论在什么场合都必须尊重人命，不得直接向患者投放威胁其生命的药物，或者进行其他处置"的希波克拉底誓言。（中略）

主张安乐死正当化的根据，是患者的痛苦和不治之症，但从正确的医学立场来看，这些根据难道真的能够被照搬适用吗？

所谓"不治之症"，是在我们现有的医学知识之下的判断，并非什

---

[1] 三浦岱荣："医生如何看待安乐死？"，载《世纪十五号》1950年6月号，第39页以下。

么绝对的东西，日新月异的医学正每天不断地在证明这一点。过去被看作不治之症，但现在已经能够治愈的疾病，已经不在少数。（中略）如癌症，过去是不治之症，但随着外科手术的进步和放射技术的发达，治疗之后，状况明显改善，患者的痛苦被缓和。卢美尔教授不久前所引用的、被从历来的不治之症名单中剔除的一个恰当例子就是一种心内膜炎。这种病，直到1946年为止，任何治疗都不奏效，患者只有等死，但现在由于青霉素的功劳，70%以上的患者都能被治好。结核性脑膜炎，到链霉素被发现为止，被称为发病之后一月之内必死的疾病（从治愈报告来看，很多人最初是被误诊），但最近两年来，治愈的报告日渐增多。

首先，不治的概念，正如上述，不仅其自身不正确，而且，更具体地说，就是要求医生的诊断必须绝对正确。但真的有能够吹牛说绝对不会误诊的临床医生吗？被杰出医生断定为不治之症的患者，多年之后仍然身健体壮，证明该名医的诊断有误的例子，并不在少数。

其次是痛苦的问题。这纯粹是主观症状，其程度只有本人才知道，而且不同的人的感受也明显不同。临终的苦闷不忍卒睹的一般性说法，被看作安乐死正当化的有力依据，但这种说法是多么荒谬无稽，只要看看今年4月的《读者文摘》（1965年，笔者注）中所刊载的"死的安乐"的记事就能一清二楚。"所谓临终的痛苦，并非超出想象的存在。正在死去的身体的收缩，经常被看作悲痛的光景。其似乎是痛苦的证据，但其只是旁观者的看法，仅是反射肌肉的收缩而已。"据说英国有名的解剖学者汉达在临终前有以下自言自语"如果我有拿笔的力气，我就会记下死是何等快乐的事情"。

以上，说明了安乐死正当化的根据是如何的不堪一击，下面再说说实际实施安乐死的时候所存在的问题，即患者自己希望死的时候，以及患者并没有该种希望，但旁观者觉得其可怜，想为其实施安乐死的时候的情况。

乍看之下，患者自己要求安乐死的时候，情况极为简单。但实际上患者的话并不可靠。人在痛苦的时候，想死是极常见的现象。说因为患者自己想死，所以在实际实施安乐死手术时，医生无所畏惧、毫不犹豫，这是不可能的。

通常认为，对身患绝症但并不清楚自己目前状况的患者实施安乐死时，必须充分说明疾病的性质，让其同意实施安乐死，但还有比这更残酷的事情吗？有良心的医生绝不会做这种事情。

因此，支持安乐死的人说，没有必要征求患者的同意，在患者不知情的情况下进行安乐死不是最大的慈悲吗？相关立论，只有在完全不了解人类的基本权利为何物的纯粹唯物论哲学的背景下，才有可能。众所周知，纳粹德国在第二次世界大战中杀死了很多患有不治之症的患者和精神病人，其策划者和执行者在战后被英美的法官予以严厉处罚，上述杀害行为，从常识上讲，是反人道的最极端表现。而且，这种杀人行为，如果在安乐死的名义之下公然实施的话，其祸害会难以想象。

某些场合下，安乐死，对患者而言，似乎也是一种无上的慈悲。这就是在消耗性疾病（如肺结核或者恶性肿瘤）使得死亡时间迫在眉睫，且患者痛苦不堪的场合。但即便是这种场合，也不允许采用积极手段缩短患者的生命。出于缓和患者的痛苦的目的，对其使用吗啡之类的麻药，这当然是正当的，即便其结果会使死亡时间提前来临，但因为其不是积极地断绝患者生命所实施的，因此不能说是安乐死。另外，在这种消耗性疾病患者的死亡时间临近的时候，可能会受到患者家人善意的、不想患者遭受更多痛苦而要求停止打强心针或者注射葡萄糖的要求，按照这种要求而停止注射（当然，其也只能是从医生方面判断，此时注射强心针或者葡萄糖纯粹是延长死亡时间，根本不可能阻止死亡来临的场合）的也绝不是安乐死。因为，这种场合下停止注射并非怠慢业务的过失，而可以说是人的努力已经用尽。

可怕的是，安乐死在法律上被正当化。值得庆幸的是，日本现在安乐死的适用条件或者安乐死实施方法等尚未被法制化，只是在对有安乐死之嫌的杀人行为，到底有罪还是无罪进行探讨而已，但一想到在《优生保护法》的美名之下，人工流产已经广泛被法制化的事实，心里就安静不下来。万一，出现了制定这种法律的动向，那时候医生团体对此该采取什么态度呢？而且一旦安乐死被法制化，对医生的权威以及来自患者的信任该如何看待呢？这些都值得考虑。安德鲁·卢美尔教授说，法国的医生团体作为一个整体，会断然反对安乐死的法制化。因为，安乐死违背医生的天职。医生不是屠夫。一旦安乐死被法制化，所有的医生都平静地实施该手术的话，对重病患者而言，医生就不是天使，而只能是可怕的恶魔了。信赖变为恐惧，希望变为不安，医生的一举一动都会被疑神疑鬼。

对具有这种危险的安乐死，我们必须断然表示反对。因为，安乐死的名字很光鲜，但实际上，其无非就是"和地狱握手"。

松田道雄也如是说。[1]

无论出于什么理由，只要说能够伤害他人生命，医生就会成为没有信念、没有自豪感的商人。

只要严肃地调查一下历来被作为所谓安乐死问题的案件，就会发现其中包含两类问题。

一类是濒死（临终）状态的医学处理问题，另一类是对患有疑难病症的病人的社会处理问题。有关安乐死的各种学说的混乱，都源自意图将这两个不同的问题，作为医生责任加以解决的思路。

首先说说濒死的医学处理问题。坦率地说，对濒死的医学处理，研究并不充分。因为，大部分的病人都是在家庭死去，加上濒死环境极为重要，也不允许进行深入的研究性检查。作为对家属的阻止死亡的难过心情的客气回应，医生不必要地注射强心剂，这反而加重了病人的痛苦，

---

[1]《芝兰》（1927年），第61号，第5页以下。

让病人陷入心脏机能不调的境地。

从日本战时在陆军结核病医院的经验来看，适当使用麻药，也能减轻因为肠结核而处于死亡边缘的青年的痛苦，维持其心力，延续其生命。

因此，不能简单地说，使用强心剂就延长生命、使用麻药就使得心脏机能恶化。如何消除濒死的痛苦，这还是一个尚未得到充分研究的医学领域。

当然，现阶段，对患恶性肿瘤的病人，尽管没法根治，但消除其痛苦的方法，必须说，每天都在进步。我现在痛感，麻醉学这一领域，在日本特别落后（中略）。

如何缓解病人的痛苦，纯粹属于医学领域的事情，是医学能力的问题。如何以"伴随痛苦的难治疾患的应对措施"等手段对其进行法律上的规制，还属于尚不确定的问题。

没有任何医学知识的家属，遵照不仅同样没有医学知识，而且在濒死状态下失去了正确判断的危重病人的希望，帮助其自杀的时候，应当受到法律的处置。但是，以同样的尺度衡量医生的时候，就是对医生的极大侮辱。

医生应当是在照顾病人的人中，最后成为虚无主义者的人。

五、法学家和安乐死

相反地，法学家中，多数人主张一定限度内允许安乐死。

小野清一郎博士从人道主义当中寻求允许安乐死的依据。[1]

有要求认为，安乐死至少能在某一较窄的范围内被认可，或者必须认可。这也是一种伦理要求。这或许是普遍主义文化自身的要求。其要

---

[1] 小野清一郎：《论安乐死、刑罚的本质及其他》，第197页以下。

求必须尊重个人的生命，在与其同样的要求之内也包含有对人的苦恼的同情。以东方的话语来说，就是恻隐之心。以近代的观念来说，就是人道主义。这种思想、这种主义，本是近代安乐死思想中所内在的重要动机，但自托马斯·莫尔以来，没有对其直接把握，而只是将其理解为社会合理性的方面。

这种人道主义的立场，认可尊重生命的铁则的同时，作为例外场合，也认可从人道主义的同情恻隐的角度来看难以忍受的安乐死。只是其范围，必须是托马斯·莫尔式的，或者说是和处在其延长线上的英美最近的安乐死法案等一样，不能太大，或者说比较限定。属于现代医学来看的不治之症或者说是致命症状，这就不用说了，还必须是达到马上要死或者死亡时间迫在眉睫的患者，正在病床上承受不忍卒睹的痛苦，对其不生同情之心，简直就不是人的程度。如果说现代的医学技术对其已经无能为力的话，则至少要想办法为其缓和痛苦，即便是稍微缩短一下充满苦闷的生命，让其快乐地死去，这也是人之常情。这已经不是社会合理性的问题了。另外，本人的意思也不是实际问题。安乐死纯粹是人的同情、恻隐之心的产物。这就是现代社会肯定安乐死的理论，是安乐死的伦理，同时也是其界限。

植松正教授对此也强调了若干的合理性。[1]

其（前引名古屋高判——笔者注）中所列举的六个要件都是妥当的，能够被承认。按照我本人风格的说法，就是（一）确实死期临近；（二）肉体剧痛，生不如死；（三）本人有该种希望；（四）使用痛苦极少的方法，这四个是合法要件的焦点。

（中略）就生命而言，因为还有部分人对其抱有神秘感，因此强烈反对以合理主义来对其下结论。很多人的信念是，人命天定，不应该为人所左右。即便是对依据合理主义很容易说明的部分，也是从一种神秘

---

[1] 植松正："安乐死"，载《法学家》第269号，第43页以下。

感出发,将生命问题作为禁忌,这种信念就是反对论的有力基础。(中略)

确实,不管死期如何临近,即便是还差几分钟,只要在自然死亡时间自然来临之前断绝生命,就是杀人行为。但是,将所剩时间不多的事实,和其他事情一并考虑的话,就会看出其在证明作为例外而实施的安乐死的实施方法在妥当性上,所具有的重要意义。在预想到死亡会在三天之后来临的场合,缩短这三天的期限,让死亡迅速降临,其对于该患者的生涯来讲,很多场合并没有什么特别的不利影响。……在结合其他条件特别是死亡之苦的关系上一并考虑的话,就会说,即便采取措施缩短死期将至的人的生命,在具有因此而免除没有意义的痛苦这一目的的场合,可以将其视为合法。认为不管在什么场合下延续生存都是幸福,或者说让人延续生存就是人道的断言,是一种信仰,与近代的合理主义的精神不符。在一定事态之下,缩短生命,反而是实现以科学的合理主义为基础的人道主义的体现。

但在法学家中,也有若干持消极态度的人。木村龟二博士如是说。[1]

不伴随缩短生命的纯正安乐死,只要具备合法治疗行为的条件,就是治疗行为,阻却违法。因此,以毁灭或者缩短没有生存价值的人的生命为目的的,或者让既定的死期提前来临的消极安乐死,都是违法的。

木村博士是热心的死刑废止论者,相反地,小野博士、植松教授则不是。有关安乐死的理解上的差别,可能和有关死刑的理解上的差别有关。

总之,法学家中认可安乐死的见解比较强势,相反地,医生当中不认可的观点则比较强势,这一点非常有意思。为什么会这样呢?泷川博士的文章能给人一些启示。阅读泷川博士有关刑法的书,发现其在和植

---

[1] 木村龟二:《刑法总论》,第290页。

松教授几乎相同的条件下，认可了安乐死。但在博士的随笔当中，则有这样的叙述：[1]

从我自身的经验来看，我对谁都能做到一边看护病人，一边请求医生对病人实施安乐死的一点，表示怀疑。尽管涉及私事，但还是简单地说一下我个人的经历吧！我父亲在我幼年的时候故去，父亲的一个弟弟代替父亲抚养我长大。这个叔父在太平洋战争的后期，因为喉咙结核病而死去的时候，我就曾面临安乐死的问题。叔父是合理主义者。在知道不行之后，首先就拒绝输血。他固执地说，没有必要为即将死去的人而浪费具有将来的人的血液。甚至还请求不要再给他注射生理盐水等。说非常讨厌为了延长三四天的生命而受这种罪。多次催促我请医生给他注射麻药或者其他能够让他快乐死去的药物。我的理性让我认同病人的这种愿望，但我没有勇气告诉医生病人的愿望。虽说明知即便告诉医生，医生也不会这么做，但更加强烈地震撼我的内心的是，对多少会缩短自然生命的不安。我没有勇气忠实地贯彻自己的理论。我现在仍然认为，作为法律解释论，安乐死合法论是正确的，但在贯彻我自身的理论上，则是脚踏两只船，因此，到底是我的理论错误，还是我的理性模糊不清？说不清楚，其中必定有一方有问题。之后，我就没有勇气讨论安乐死的问题了。现在，对我来说，安乐死是一个很讨厌的题目。

由此看来，前述的医生和法学家的见解差别，实际上是其所处立场的差别。医生在从此之后是不是应当实施安乐死的立场上考虑问题。这种场合，成为规范的，不仅有法律，还有伦理、宗教、习俗等众多条条框框，还有他的良心。一旦置身于这种立场，即便是法学家，也会对安乐死到底好还是不好的问题感到非常迷茫。但法学家通常是在事件发生之后，进到了法院，站在是不是要"处罚"该被告人的场面上考虑问题。即便是从伦理或者宗教的角度来看不一定能让人产生同感的行为，

---

[1] 泷川幸辰：《学问和社会》，第134页以下。

但也并不一定都要对其予以刑罚处罚。倒不如说，以刑罚手段让人接受特定的、往往过于严格的伦理规范或者宗教信条的做法，反而是不当的。法学家就是在这种意义上承认安乐死的。但是，法学家说安乐死并不违法，只是说是否实施安乐死，交由各人根据自己的良心去判断，而不是要大力提倡安乐死。换言之，只是在说对其"没有必要以刑罚加以处罚"而已。

六、安乐死的界限

即便是在这种意义上说安乐死并不违法，但安乐死也还是具有一定界限的。另外，在考虑法律上多大程度允许安乐死的时候，必须注意，在安乐死的概念当中，还包含有若干不同的意义。[1]

第一是所谓"纯粹安乐死"。其在法律上当然并不违法。但严格来说，即便让人提前一两分钟死亡，也是"杀人"。但死亡时间自身，在事先难以准确预测，即便在明知麻醉药有很大的副作用的时候，也还是有在常识的立场上难以说"提早了死亡时间"的情况。在麻醉药技术不发达的过去，可能会有很多的副作用，但最近，恐怕已经微乎其微了。即便是这种场合下，也还是能够考虑为纯粹安乐死的。

第二是所谓"狭义安乐死"。其属于以缓和病人痛苦为目的而投放麻醉药，但作为其副作用多少会缩短病人生命的场合。这种场合，由于属于"医生的正当业务行为"，因此有人认为，按照日本《刑法》第35条的规定，应当允许。这样处理也是可以的，但为什么是"正当的业务行为"，还是有必要说得更清楚一些。此时，为实质判断提供基准的，就是日本《刑法》第37条所规定的紧急避险。

---

[1] Englisch, Euthanasie und Vernichtung Lebensunwerten Lebens in strafrechtlicher Bedeutung, 1948.

所谓紧急避险，就是"为了避免现实的危险不得已而实施的"行为，这种场合，"只要产生的损害没有超过所意图避免的侵害的程度"，就不受处罚（日本《刑法》第37条）。一般认为，其中预定有甲为了避免自己所面临的侵害而牺牲乙的场合，但在属于同一个人的生命和身体的场合，应当也能进行同样的考虑。安乐死，是能否可以为消除该人身体上的痛苦而牺牲其生命的问题。因此，必须进行将生命的价值和痛苦相抵为零的价值比较衡量。可能有人对这种将生命和痛苦进行比较衡量的思维方式表示反感。还有人可能更喜欢根据人道主义应当允许这种极端的表现方式。确实，人道主义和恻隐之心的用语很优美，而且也具有妥当的核心，这是事实。但是，这种让人伤感的用语，稍不留神就会流于简单，容易偏离适当的界限。法学家即便直面安乐死这种极端事态，也还是要冷静地进行具体判断。

如果说生命的价值是不能比较、具有绝对价值的话，则不管痛苦如何剧烈，也不能为了免于该痛苦而缩短生命。忠诚的天主教徒可能会这么考虑。但是，不管生命如何贵重，稍微缩短一点，就会避免剧烈的痛苦，这种代价也不能允许吗？天主教徒之中也有人认为，如果是作为去除该种痛苦的"附随效果"的话，可以缩短生命。[1] 至少，以刑罚来强制他人接受生命是绝对之物这一见解的做法，并不妥当。因此，尽管尚不清楚什么程度的生命缩短和什么程度的痛苦消除属于"没有超过限度"，但正如松田氏所说，现代医学当中，非常大幅度地缩短生命的情形几乎不存在，因此，应当说，这种意义上的安乐死可以认可。如前所述，三浦岱荣氏也认可这种安乐死。

第三是"不作为的安乐死"。其是指继续注射强心剂的话就能延续生命，但不这么做的情形。其与上述第二种情形不同，不是出于"不得已"的情况。既能缓和痛苦，同时又能延续生命的情形很多。因此，有

---

[1] Williams, The Sanctity of Life and Criminal Law, p. 321, 1957.

人认为，本情形和下面将要说到的让人服毒药而死的情形，即作为的情形没有什么两样。但是，作为和不作为之间还是存在差别的。一般来说，不作为和作为被同等看待的场合，只限于具有"法律上的作为义务"的情形。接受患者的请求而为其治疗的医生，可以说具有拯救患者生命或者延长其生命的作为义务。但这种义务也只存在于接受请求而承担治疗的期间。在患者或者其亲戚请求停止注射的时候，就没有这种作为义务。当然，即便是这种场合，说服患者或者其亲属，继续输液，或许是医生的伦理要求。但至少不是法律上的义务。之所以允许"不作为的安乐死"，主要是基于这种理由。这一点也为天主教徒所认可。[1]

第四是"本来的安乐死"。其是指通过断绝生命来免除痛苦的情形。《凯旋门》《高濑舟》以及前面所介绍的判例中的事实，都属于这种类型。这种场合，有可能既缓和痛苦，又保全生命。因此，严格来讲，其并不满足紧急避险的要件，有可能简直就是"杀人"行为。在英国和美国，现行法规定可以将这种场合作为杀人罪处理，在德国，主张不允许这种行为的学说也非常有力。小野博士和植松教授似乎将这种情形和前述第二种、第三种情形同等对待，但其实其中存在巨大的差别，这一点不能忽视。

另外，有见解将死期尚未确定的场合称为"广义安乐死"，以和死期临近的场合相区别，只承认后者。但是，死期何时不都是"未确定"的吗？因此，和时间是不是已经确定相比，"还有多长"时间（有生命的场合）才是问题。小野博士似乎将其考虑为还有"数小时"的长度。这几乎是限定于临终的场合了。相反地，植松教授似乎考虑为"数日"的长度。这或许是因为，"数小时"的时候，通过注射麻醉药就能缓和死亡的痛苦，因此其只有是否属于狭义安乐死的问题，而"本来的"安乐死成为问题的场合则几乎不存在。但问题是，在以麻醉药暂时缓和痛

---

[1] Wllliams, op. cit., p. 326.

苦，醒来之后还是痛苦，之后又注射，醒来之后再次痛苦，如此循环往复，而且残存的生命也不是很长，死亡也就是一两天之内的事情这种场合。前述的名古屋高等法院判决中的事实，几乎就是这种情况。

天主教徒们认为，这种场合不应当认可安乐死，但按照新教，情况似乎并不如此。1946 年，纽约的某新教牧师团体发表了一个声明，说安乐死并不违反基督教义，支持安乐死法案。[1] 相反地，其他团体则说上述牧师团体"支持违反道德法的原则"，并发表了谴责声明。[2] 但这种连宗教团体内部都有意见分歧的事实，不正好表明其是刑法不应当干涉的领域的明证吗？在日本，正如前述，医生们主张不应当实施安乐死，对他们应当表示崇高的敬意。但是，这与说安乐死合法并不矛盾，"作为刑法"，即便说有桑达一样注射空气的人，也还是能说对安乐死不处罚。在此意义上，我对前述名古屋高等法院的判决宗旨——细节上还有检讨的余地——持赞成态度。

第五个范畴就是所谓"不情愿的安乐死"。迄今为止所说的安乐死，都是患者也有死的愿望的场合，但也有将杀死并不希望死的人的行为，不当地冠之以"安乐死"之名的场合。纳粹时代实施的"安乐死"就是如此。北杜夫的《夜雾下的角落》等对此也有描写。战争中德国粮食逐渐减少，而国民都必须参与战争，因此，1941 年，希特勒对一位名叫布兰特的医生发出了一道命令，允许其在相当广的范围之内，对被认为没有生存价值的精神病人等实施"同情死"。结果，包括精神病人以及残疾人在内，约有 275 000 人被杀。因为这个命令连在当时的德国都遭

---

[1] 1947 年，纽约州提出的法案规定，21 岁以上的人身患不能治愈且伴有剧痛病症的时候，向州法院请求安乐死，法官任命两位专门委员，在听取其意见之后，予以许可。在英国，1936 年也提出了同样的法案。但上述案例均未被通过。这些法案，都规定有为了防止被滥用而让法院介入的条款，但安乐死这种东西，一旦说出口，就已经具有了不能实施的性质，因此，其并不适合这种形式性的做法。

[2] 1946 年 9 月 28 日的《纽约时报》。（本文中的大部分资料，都是由宫野彬所收集。感谢其允许我使用。）

到了强烈反对,因此,希特勒不久就撤回了该命令,但战后,执行该命令的人不是被作为反人道罪而被处罚,就是作为杀人罪而被处罚。

要注意的是,"不情愿的安乐死"的想法,在纳粹之前,即1920年前后就已经在德国出现了。1920年前后,正是第一次世界大战后的贫困时代,有一种疑问认为,对当时完全没有生存价值的生命,也有必要提供物资加以抚养吗?有名的刑法学者宾丁和精神病学者荷西等,陈述了对没有生存价值的人可以实施"同情死"的意见。这个见解在纳粹时代为政府所采用,并大规模地加以实施。之后,其进一步扩大,不仅精神病人和残疾人,连德意志民族以外的人特别是犹太人也被当作了没有生存价值的人了。

现在,不管是如何肯定安乐死的人,都不会认可这种"不情愿的安乐死"。因为本人想死而杀死他,与对方是累赘所以杀死他,二者具有云泥之别。尽管如此,二者被统称为"安乐死",也表明二者之间确实难以划定一条明确的界线。"不情愿的安乐死"至少在表面上被赋予了"同情死"的形式。在本来的"安乐死"的场合,痛苦越是剧烈,患者想死的意思就越难以表现出来。同时,就实施安乐死的人而言,帮助病人免除痛苦的心情,和免除自己因为目睹为痛苦所折磨的病人而产生的痛苦的心情,微妙地交织在一起,另外,也不能说其完全没有从糟糕的事态当中早点脱身的心情。正因如此,所以有人主张,即便没有本人的同意,也应当认可"本来的安乐死",但我认为,"本来的安乐死"的场合,还是必须具有本人的同意。

对家庭以及性道德的犯罪

一、序言

183　　在日本，很多性方面的越轨行为没有被规定在刑法当中，这是一个应当引起注意的事实。近亲相奸（incest）、同性相奸（sodomy）、婚外性行为（fornification），在近代日本就不被处罚。卖淫，除了战后的极短的一个时期，也并没有被全面处罚。通奸罪于1947年被废除。重婚罪，正如后述，几乎成了僵尸条款。堕胎，尽管在刑法上是犯罪，但《优生保护法》颁布的结果，使得几乎所有的场合都允许堕胎。

　　为何刑法在这个领域表现得如此克制，其理由并不单纯，因此，要对其详细检讨必须花费很大的篇幅。这里仅就其中的几个问题，进行简单叙述。

　　一是，在日本，家庭以及地域社会的控制力量，和西欧各国相比，依旧非常强大，对法律的依赖程度也比西欧各国要低。"法律不入家庭"的谚语，现在还管用。

　　二是，日本法，某种意义上是道德戒条。但作为法律根基当中的伦184　理是儒教以及佛教。儒教伦理，总体上讲，是讲求实际，对自己内心的态度，没有基督教那样严格。这种儒教倾向，在被日本继受之后，可以说，更加被强化。

三是，在日本的传统文化之下，男性在性事方面，被赋予了更多的自由。

四是，上述的法律只是发挥着消极作用的事实，和对个人生活方式尽量不加干涉的个人主义的伦理是一致的。因此，日本近代化运动的指导者们在试图用法律的力量改变认可男性具有性自由的"封建伦理"的时候，就陷入了进退两难的境地。

当然，不是所有的时代情况都相同。为了考察不同问题及对其不同的应对，我想列举以下四个法典：

一是德川时代的《御定书百条》。这是日本 7 世纪的时候，以中国法为基础而制定的最初的刑法典。它与其说是一部准备适用的刑法，倒不如说是一个伦理纲领更妥当一些。这个法典在之后的封建时代丧失了其实效性，封建领主们在其领域内行使刑罚权，便催生了大量的判例法。在封建社会的末期即德川时代，以判例法为基础，制定了约有 100 条左右的法典。其同样也是以儒教教义为基础，但由于是以判例法为基础的实际上在使用的法典，因此，与 7 世纪的法典大不相同。

二是《改定律例》。其是在明治天皇之下的王政复古之后，对 7 世纪的刑法典进行若干修正之后，所制定出来的。

三是《1907 年刑法典》。但不久之后，明治政府就采用了以西欧诸国的刑法为范本而制定的刑法典。1880 年的刑法典以法国法为基础，但 1907 年的刑法典则仿效了德国法。这部法典，尽管经过了部分修订，但直到现在仍然有效。

四是《修改刑法准备草案》（1962 年）。这是全面修改刑法的尝试。这部草案不是正式草案，但在某种程度上反映了日本人现在的态度。

二、近亲相奸

在日本，不处罚近亲相奸，可能让人觉得有些奇怪。德川时代以及《改定律例》当中，是处罚近亲相奸的。但奇怪的是，《改定律例》当中，只是规定了叔父和侄女、伯母和外甥之间的近亲相奸（《改正犯奸律》第261条）。对父女之间、母子之间发生关系的，没有明文规定。这大概是因为，父女之间、母子之间的性关系是大逆不道的，不太适合出现在刑法典当中，刑法典中对其加以规定的话，反而让人觉得发生这种行为也是可能的，或者以为这种行为很盛行。这种态度，在1907年的刑法中被发挥到了极致，近亲相奸在刑法中被全部删除，而是交由了道德制裁。

学者之中，虽说也有人对刑法的这种消极态度表示谴责，但也有人表示支持。[1]最近有两位精神医学专家对近亲相奸的事例进行了研究，说必须对其采取某种防范措施。久保博士对广岛大学附属医院以及在广岛县和岛根县的医疗设施中发现的36例近亲相奸的案例进行了分析。他发现，近亲相奸的原因并不单一，而且也不单纯。[2]36例当中，5例具有精神分裂的症状，8例明显是精神病质。但其他案件中，并没有发现精神障碍。这些事例当中，大多存在不得已而睡在一个房间，或者和妻子死别或者离婚等社会要素，这些要素成为行为原因。患者当中，也真的有持"有什么不行的？法律不是不禁止吗？"态度的人。因此，久保博士的结论是，近亲相奸不只是精神医学的问题，必须对其采用某

---

[1] 持批判立场的，如大场：《刑法各论（下卷）》（1918年，改订7版），第540页。持支持立场的，如小野：《刑法讲义各论》（1950年），第133页。

[2] 久保摄二："近亲相奸研究"，载《广岛医学》第5卷第12号（1957年），第1182页以下。

种防止手段。精神医学专家丸山博士做了3例案例研究,得出了几乎同样的结论。[1]

但正如久保博士研究的案例所显示的一样,这种行为,通常在一定期间持续,而且在家庭完全瓦解之后才浮出水面。在早期进行警察干预的话,结果就会促进这个家庭的瓦解。不仅如此,伴随审判和有罪判决的公开,使得这种社会谴责强烈的事件中的犯人根本不可能改造自新。或许就是这种理由,所以,1962年的草案中,就没有想过要对近亲相奸自身进行处罚。只是,为了防止女儿成为近亲相奸的牺牲者,设计了以下规定:

对基于业务、雇佣、身份以及其他关系而在自己保护或者监督之下的女子,使用诡计或者威胁手段进行奸淫的,处七年以下有期徒刑。(第317条)

三、同性相奸

现在的日本刑法典中,同性性交,如果不是使用暴行或者胁迫手段,违反对方意思而实施的话,就不是犯罪。对方未满13周岁的话,和强奸的情况一样,不考虑对方有无同意的问题。有些自治体的条例中规定,处罚在公众面前公然劝诱同性性交的行为。[2] 但是,同性性交自身,除了《改定律例》(第266条)的时代之外,并没有被作为犯罪。

在中世纪,同性性交不是恶行,反而可能是一种德行。[3] 因为,

---

[1] 丸山:"有关近亲相奸的案例",载《东邦医学会杂志》第5卷第2号(1958年),第80页以下。

[2] 如东京都的《有关防止明显扰乱公众的暴力不良行为的条例》(1962年条例第103号)规定,"为实施卖淫或者类似行为而以公众能够看得见的方法拉客,或者等待客人"的,处3000日元以下罚金或者拘留、科料(小额罚款)。

[3] 参照《世界百科辞典》(平凡社),男色篇。

对武士而言，爱慕异性，不是德行，而是示弱，而同性性交则意味着完全根除了对女性的兴趣。德川政府对于同性性交，只是发了个禁止年长者对年少者出手的告示而已。[1]

当然，现在，没有人认为同性相交是一种懿行。但是，在日本，并没有像西欧诸国般对其表示强烈谴责，这也是事实。人们会认为，实施这种行为的人异常，是病态，但没有人认为其危险，实施这种行为的人是恶人。在监狱中，虽然同性性交是被惩罚的事由，但这是出于一种担心，即在监狱这种特殊的环境中，若该种行为蔓延的话，可能会在受刑者之间引起麻烦。在监狱之外的正常社会中，处罚同性相奸，从日本人的常识来看，没有什么意义。近亲相奸的场合，让人有很强的道德厌恶感，如果连其都放在刑法之外的话，则同性相奸这种一般人在伦理上都不太关心的情形，更能放在刑法规定之外了。

四、重婚

这样，虽说在伦理制裁非常强或者非常弱的时候，就不太会使用刑罚的手段，但在一般人对一定伦理标准的维持具有关心的场合，也能要求适用刑罚。在伦理标准不断变迁的时候，尤其如此。重婚、通奸、卖淫等场合就是其适例。

传统上，纳妾并不是什么特别的恶行。德川时代以前，妾是让武士留下后代的正当手段。即便到了明治时期，一种倾向认为，纳妾是富裕

---

[1] "德川禁令考"前集第五［3037］承应元年［1222年］4月8日，关于男性相交，有以下规定："一，正如以前所规定的一样，关于男性相交的规矩，规定因为对村民、儿童、伺童等传递书信、传递失礼的话的行为被严厉禁止，因此，今后若有违反者，必将处罚。"对于武士，也有以下规定："禁止一切同性恋行为，若有违反，本人应当改正，两人之间实施的话，必须予以处罚。"（以上均为意译——译者注）（法制史学会编：《德川禁令考》前集第三［1174］宽永元年1624年8月11日，御番众条目。）

阶层的地位象征。但在日本近代化的过程中，基督徒和提高妇女地位论者强烈主张一夫一妻制，在这种压力之下，家庭生活的伦理也发生了变化。但是，主张改革的人当中，对于该使用什么手段实现家庭伦理的近代化，意见并不一致。

处罚重婚罪的规定，乍看之下，似乎是维持一夫一妻制的武器。但即便在法律上认可妾的德川时代，重婚也是要受处罚的，可见，并不一定如此。重婚只是禁止一人拥有两个"正式的"妻子。即便在现行法之下，也是一模一样。因为民法将在户籍上登记作为成立婚姻的要件，因此，形式上登记两个婚姻的时候，才成立重婚罪。同居或者只是举办了仪式，还不能成立。二重登记具有技术上的困难，而未遂又不被处罚，因此，战后到现在为止的十年间，被处罚的只有数件而已。[1] 如果解释说法律上所使用的"婚姻"一语，不仅只是形式上的登记，连事实婚也包括在内的话，则重婚罪的规定就会成为阻止纳妾的强大武器。牧野博士对第二次婚姻，提议进行上述自由解释，但没有被判例以及其他学说所接受。1962年的草案中，也没有任何改变这种事态的架势。

五、通奸

通奸罪，如果说也处罚丈夫的通奸行为的话，或许有助于实现同一目的。确实，具有浓厚伦理色彩的《改定律例》处罚所有的婚姻外性行为，通奸的场合加重其刑（第260条）。但是，1880年《刑法》以及1907年《刑法》均只处罚通奸的妻子及其奸夫。

1946年《宪法》明文规定两性在法律上平等，因此，刑法典就必须

---

[1] 1953年为1件，1963年为7件（1949~1951年犯罪统计年报、1952~1963年司法统计年报）。

考虑或者对丈夫和妻子双方都处罚，或者对双方都不处罚。

　　舆论意见几乎是一半对一半。[1] 主张废除通奸罪的人认为，夫妻间的贞操是家庭内部的伦理问题。因此，从1933年到1942年间，因为通奸而被起诉的案件年间平均只有47件左右，而且其中有1/3的案件，丈夫在提起诉讼之后又予以撤回。[2] 他们认为，这表明，诉讼被用作敲诈勒索的手段，或者一旦冷静下来，就会觉得对通奸者科处刑罚，对作为被害人的丈夫而言，没有什么意义。尽管没有明说，但我认为，作为废除论的根本性理由且实际上强有力的，就是法律上强行这么规定的话，会制造出很多的犯罪人来。

　　主张两罚论的人认为，通奸罪是防止来自家庭外的"侵害"而制定的，并不纯粹是家庭内部的问题，或者说是对反伦理行为的警告，因此，主张通奸罪有存在的必要。

　　当时，在东京大学做助手的北本武男，在处罚通奸的法案被提交到国会的时候，就东京都民对这个问题的态度进行了调查。[3] 他从预备调查阶段的对象所述说的700个理由当中，挑选出了20个识别力强的理由。这些理由当中，各自包括以下五个选项，即①强烈赞成两罚（加2分），②倾向于两罚（加1分），③中立（0分），④倾向于不罚（减1分），⑤强烈赞成不罚（减2分），然后，按照东京都民的人口比例，选取800人，派送了调查表，请他们在20个理由当中选择一个或者若干个选项画钩。其回答正如表1所示。概括而言，多少偏向于两罚，而女性一方选择两罚论的更多，男性一方虽说根据年龄段而有见解上的差别，但这种差别，在女性一方则不存在。

---

[1] 有关赞否两论的介绍，参见"通奸论"，载《刑法的近代展开》（1958年），第95页以下。

[2] 中野：《改正刑法研究》（1948年），第147页。

[3] 北本武男："通奸罪的舆论调查报告"，载《法律新报》第742号（1948年），第21页以下。

表1 态度表示系数

年龄	男			女			男女合计		
	总点数	人员	平均值	总点数	人员	平均值	总点数	人员	平均值
18~19	+15.167	31	+0.487	+24.467	26	+0.941	+39.634	57	+0.695
20~29	+43.083	134	+0.322	+88.238	110	+0.802	+131.321	244	+0.538
30~39	+46.990	88	+0.534	+46.850	72	+0.650	+93.840	160	+0.587
40~49	+38.583	57	+0.677	+45.129	48	+0.940	+83.712	105	+0.797
50~59	+33.083	36	+0.919	+32.867	33	+0.994	+65.950	69	+0.956
60~69	+17.034	16	+1.065	+20.683	19	+1.088	+37.717	35	+1.078
70以上	+8.000	6	+1.333	+9.500	10	+0.950	+17.500	16	+1.094
合计	+201.940	368	+0.549	+267.734	318	+0.842	469.674	686	+0.685

在参议院的委员会上，有20位参考人发表了意见。[1] 其中有两人是刑法学者。牧野博士赞成废除，而小野博士则反对废除。[2] 最终，废除通奸罪的法案，以74票对66票在参议院获得通过。

在通奸罪废除之后，由于没有就通奸再进行科学研究，因此，通奸现象是不是增加了，增加的话，其和通奸罪的废除是不是有关，尚不清楚。但之后，再也没有出现要求处罚通奸的建议。准备草案也没有想过再处罚通奸罪。

六、卖淫

《卖淫防治法》也是试图改变日本男性传统性行为方式的努力之一。

---

[1] 中野：《改正刑法研究》（1948年），第12页。
[2] 1947年1月15日内务省令第3号。

在德川时代,存在像"吉原"一样的被特别许可的场所,其是作为社交场所的一部分而存在的。毫无疑问,在作为社交场所的酒馆当中,有些艺妓实际上就是妓女。但连在对婚姻外性关系一律予以处罚、具有浓厚道德色彩的《改定律例》当中,也没有处罚卖淫。在1907年《刑法》颁布之后,也只是以《警察犯处罚令》对暗娼进行处罚而已。战后,在占领军的统治之下,对《警察犯处罚令》进行了修改,处罚卖淫行为。[1]但该修改并没有被强推,而该处罚令自身在两年之后也被废止。

在解放妇女运动的过程中,有若干团体特别是妇女关系团体,强烈主张禁止卖淫。多次失败之后,其努力终于在1957年的《卖淫防治法》中得以开花结果。

这个法案的主要论点是,是不是应当处罚卖淫?很多人特别是妇女团体,鉴于日本的丑恶传统,主张有必要在刑法中明确卖淫是恶行。也有人认为,不将卖淫自身作为犯罪,就会有对组织卖淫行为难以处罚的实际困难。反对的人则认为,对卖淫女应当教育,而不应当处罚。刑罚规定的恣意适用,特别是战前的警察未经许可,就以查禁未经许可的卖淫为由而擅自侵入私人住宅的记忆,成为让一般人对处罚卖淫本身感到恐惧的动机。最终,《卖淫防治法》采取了折中的态度,虽然规定"任何人不得卖淫或者成为卖淫的对象",但并没有对其设置任何处罚规定。

但禁止卖淫的努力,并没有据此而终结。1950年,又有人提出了处罚卖淫行为自身的法案,但没有被通过。1961年还有人提出了一个稍微不同的法案。其采用了不处罚卖淫女,而是对其进行教育,但建议对成为卖淫对象的男性进行处罚的见解。但这个法案也还是未获通过。

1961年,政府就卖淫问题进行了舆论调查。[2]从20岁以上的人群中随机抽样选取的3000人中,有252人填写并寄回了调查问卷。84%的

---

[1] 法务省刑事局:《风纪检察问题资料》第8号(非公刊,1961年4月)。

[2] 法务省法务综合研究所:《犯罪白皮书》(1960年),第256页。

人回答,知道数年前实施了《卖淫防治法》。该84%的人中,有22%的人认为,对《卖淫防治法》的某些方面应当进行修改。但认为应当对卖淫自身进行处罚的,不过5%而已。

另外,《卖淫防治法》规定,各个县应当设置妇女咨询机构,接待来访的妇女的求助,为其介绍职业。作为强制措施,就是将因为公然劝诱嫖娼罪或者其他行为而被认定为有罪的妇女,送往妇女辅导院。我认为,这个法律的目的,主要是对上述妇女进行职业训练。但到1961年年末为止,被送往辅导院的1158人之中,有846人的智商为80以下,都是些难以通过职业训练让其自食其力的人。[1]

七、堕胎

堕胎,在德川时代和《改定律例》中都不曾是犯罪。这或许是考虑到,胎儿是母亲身体的一部分,而没有被看作独立的生命。处罚堕胎罪,始于1880年《刑法》。

但是,随着时代的发展,堕胎逐渐被严厉禁止。理由之一是,胎儿也是一个生命的见解逐渐被人们所接受。以下事件就是该种倾向的体现。1931年,因为被强奸而怀孕的妇女,就这种场合下该怎么处理而向某大报写信。牧野博士认为:"对这种情况下生下来的孩子,社会对其会非常冷漠。料想到会遭受冷漠对待,还能不许其堕胎吗?"以此为由,肯定该女子可以堕胎。相反地,东京大学的亲属法教授、身为基督徒的穗积博士则认为,"堕胎对母亲来说就是中止怀孕,但对于胎儿来说就

---

〔1〕牧野英一:"法律的社会化",载《中央公论》1932年5月号,第63页以下;穗积重远:"生命的尊重",载《中央公论》1932年6月号,第40页以下。

是终止生命。任何人的生命都不受剥夺",反对其堕胎。[1]

另一方面,随着日本在经济上、军事上侵入中国,人口问题不仅没有被解决,人力作为资源也逐渐为政府所看重。因此,政府采取了奖励生育,严厉禁止堕胎的政策。

但是,太平洋战争之后,事态发生了急剧的变化。由于人口过剩的强大压力,国会于1948年在几乎没有什么反对的情况下,通过了《优生保护法》。按照该法律,具有下列情况时,为了保护母亲的健康而有必要堕胎,而且夫妻都表示同意的时候,指定医生可以请求地区优生保护审查会对人工流产是否妥当进行审查。

(1)(省略)

(2)分娩之后一年之内再次怀孕,且分娩明显有损害母体健康之虞的。

(3)现有数个孩子者,再次怀孕,且分娩明显有损害母体健康之虞的。

(4)(省略)

之后经过数次修改,于1952年颁布新法,堕胎变得更加容易了。连地区优生保护审查会的决定都不必要,在指定医生判定符合条件的时候,就允许堕胎。将上述条件中(2)和(3),作为新(4)规定如下:

---

[1] 1948年制定《优生保护法》的时候,人工流产的事由分为两种:在具有遗传性疾病或者"怀孕或者分娩有危及母亲生命之虞"的场合,本人或者配偶同意的话,可以人工流产;但在本文所说的以及"由于遭受暴力、胁迫或者在不能抵抗或者拒绝的场合被奸淫而怀孕"情况下,指定医生在经过本人及其配偶的同意之后,可以向地区卫生保护委员会申请进行是否适合人工流产的审查。因此,在本文的场合,必须附上其他医生的意见书,上述强奸等场合,必须附上民生委员的意见书。但第二年即1949年的改正之后,本文的场合,变为了"怀孕的遗传或者分娩,基于身体或者经济上的理由,明显具有伤害母亲健康之虞"的场合,就能请求审查,在出于身体理由的时候,必须附上其他医生的意见书,在出于经济理由的时候,必须附上其他医生以及民生委员的意见书。但1952年又有改正,废除了在请求审查时必须征求其他医生和民生委员的意见的规定。从国会的审议过程来看,大家指出,私下堕胎依然很多,这是事实,因此,在废除这种规定方面,意见比较集中,各个政党都赞成对其进行修改。

(4) 继续怀孕或者分娩，根据身体或者经济上的理由，明显有损害母体健康之虞的。

这第（4）项规定，被非常宽松地适用，到了医生的良心就是判断标准的程度。结果，经过指定医生之手，一年就实施了100万例以上的堕胎。[1] 厚生省人口问题研究所科长筱崎博士在1960年推测，另外还有70万例的秘密堕胎。[2] 另一方面，虽然刑法上还是原样维持了堕胎罪的规定，但因堕胎而被判定有罪的案件数量则急剧减少。最近，维持在年间仅两三件的水平而已。[3]

有人对是否能够堕胎，仅仅听命于一名妇产科医生的判断的做法，提出了疑问。提出应当修改为，该妇产科医生必须听取另外一名医生的意见。但除了部分宗教界人士之外，几乎没有人提出比《优生保护法》

---

[1] 正式提出的人工流产数字正如下述。这明显是受到了1952年的法律修改的影响。参见筱崎："没有展开家庭计划指导地区的避孕、人工流产、结扎手术的相关普及状况"，载《日本人口学会纪要》（1963年），第48页。

年次	人工流产数
1950	489 111
1951	638 350
1952	805 524
1953	1 068 066
1954	1 143 059
1955	1 170 143
1956	1 159 288
1957	1 122 316
1958	1 128 231
1959	1 098 853
1960	1 063 203
1961	1 035 329

[2] 筱崎信男：《人工流产的实况》（未公开）。
[3] 1959年为2件，1960年为1件，1961年为3件，1960年为0件，1963年为17件。上述数字，来自《司法统计年报》。

所规定的要件自身更为严格的主张。至少可以说，已经没有人以维持性道德水准为由而提议严厉处罚堕胎。

当然，必须尽量回避堕胎。为此而必须采用避孕的方法。不管是政府还是民间团体，都应当致力于避孕方法的使用和推广。避孕工具和避孕药广告，只要不涉嫌淫秽，就应当允许使用和宣传。尽管还没有进行科学研究，但已经有若干证据表明，随着避孕方法的普及，堕胎正在减少。[1]

八、结论

这样，在性以及家庭生活的领域，日本刑法之所以保持克制，很大程度上和日本的社会、文化状况有关。尽管刑法表现得相当克制，但这种做法也证明，在这个领域，不用刑法也足以应对。反对废除刑罚规定的理由当中，有所谓使道德恶化的说法，但前述考察证明，这并不是理由，至少不是什么了不起的理由。一开始就反对废除的人，在一旦废除之后，也不再嚷着要处罚了。在这个领域，正如霍姆斯大法官所说，"刑法有害无益"。

---

[1] 根据筱崎的调查，实行避孕者和不实行者的人工流产手术的比例，1951年为十比一，但1956年就变为了三比一。这或许表明避孕技术具有效果。筱崎："没有展开家庭计划指导地区的避孕、人工流产、结扎手术的相关普及状况"，载《日本人口学会纪要》（1963年），第49页。

赃物罪考察

一、问题所在

现在的通说认为，赃物罪"以使所有人难以行使对物的追求权为本质"。[1] 但也有人进行更为严格的定义，将"维持违法的财产状态"作为其本质。[2] 这一学说与前一学说的不同在于，其认为没有必要积极地使追求变得困难，只要维持现在的违法状态就足够，或者说，在该种场合，不要求追求权能够根据民事判决加以实现，即便因为是不法原因给付而不能请求返还的场合，也还是能够成立赃物罪。但这种不同并不是本质性的，通说也不否认这一点。另外，在德国，这种维持说（Perpetuierungstheorie，Aufrechterhaltungstheorie）是通说。

但是，将维持说作为赃物罪的本质，在内容上是不是太虚了点？当然，作为概念，其在规定赃物的概念、决定故意收买以及其他行为的内容上，还是有一定意义的。但是，为什么直接的话，只是违法地不返还他人财产的，不被处罚，而只有本犯介入的场合才被处罚呢？为什么违反本犯意思的场合要被除外呢？为什么只限定于法条上所规定的行为，而隐匿等其他行为，则不被处罚呢？如此这些，都是维持说难以说明的

---

[1] 大判 1922 年 7 月 12 日《刑集》第 1 卷，第 3935 页。
[2] 木村：《刑法各论》，《法学全集》第 186 页。

问题。"违法状态维持"的概念，在定义赃物罪上，内涵过于贫弱、外延过于宽泛。

那么，为什么要以这种概念来定义赃物罪呢？用一句话来概括的话，就是因为，犯罪的保护法益，结果被作为犯罪的本质，在排除违法状态，维持追求权这一点上，能够找到赃物罪的保护法益。保护法益，和作为其当然归结的因果关系的观念，成为近代犯罪论的支柱，总论体系就不用说了，其还支配着各论的内容。各论按照法益分类，以法益为目标而进行目的论的解释。不仅如此，法益在结果上还被作为该犯罪本质的显示。结果就是，就赃物罪而言，有必要探求其保护法益。如此煞费苦心的结果，就是终于发现"维持违法状态"是赃物罪的法益。

因此，以"维持违法状态"概念难以说明的情形的大量残存，意味着犯罪中有以保护法益和因果关系一言难尽的东西。这一点只是在赃物罪中特别突出而已。因此，现在结合赃物罪的规定，以赃物罪为线索，就本问题的一个方面，略加探讨。

二、违法状态维持说的发展

首先考察这种维持说是如何产生的，之后受到了什么样的批判。

古罗马的《十二铜表法》中，有所谓 actio furti concepti。[1] 其本是指对收受赃物的人，能够请求赃物价格三倍的赔偿，而且，收受者还能依据 actio furti oblati，再向交付者请求赔偿，在盗窃犯人持有赃物的场合，也可以向盗窃者提出这种要求。即，持有赃物的事实，在证据法和实体法分开之前，被赋予了某种法律效果，以为救济被害人提供方便。这样，在该限度之内，盗窃罪和赃物罪没有被明确区分开来。之后，到

---

[1] Gaius, Institutiones, Ⅲ 186, 19; Mezger, Zur Entwickelung der sogenannten Ersatzhehlerei, ZStW. Bd. 59, S. 529.

帝政后期为止，对赃物罪并没有做特殊规定，但受上述和盗窃视为一体的影响，其被作为一种共犯加以处罚。[1] 到帝政后期，被看作receptator罪。与此同时，在政治社会的混乱之时，趁火打劫的盗窃、抢劫横行，于是，出于刑事政策上的需要，对上述犯罪的藏匿者也予以了处罚。该藏匿当中，也包括对赃物的藏匿。古雷特拉把这种将赃物罪从本犯中独立出来的做法视为一种历史的偶然，[2] 但这种将藏匿犯人和赃物结合成为单独犯罪的做法，与后世只将赃物罪独立成罪的做法不同。

在格尔曼法中，只是将事前和同时从犯从轻处罚，相反地，对事后共犯的处罚则明显较重，这一点引人注目。这是因为在法官共同体内部有一种共识，个人被赋予了警察义务，包庇犯人就是肯定犯人的行为，是反抗共同体意思的客观表示，所以其要与本犯同罪。[3] 即便是收受赃物的行为，其不是侵害了什么财产性利益的问题，而是根据该客观行为表明了什么意思的问题。另一方面，由于存在被害人可以追回自己被盗物品（Anefang）的程序，在持有赃物的事实中，可以看出证据法的效果和实体法的效果不可分割地结合在一起。无论如何，正如古雷特拉所言，格尔曼人的具体观察方法，没有能够将本犯与藏匿犯人罪、赃物罪区分开来。[4]

这种状态，在整个中世纪几乎都没有什么变化，其通过意大利注释学派的创造，获得了"事后从犯"这样一个适当的名称，到19世纪为止，其一直支配着德国的立法乃至学界。在这种"事后从犯"的观念当

---

[1] Mommsen, Römisches Strafrecht, S. 747, 1989.
[2] Gretener, Begünstigung und Hehlerei, S. 9, 1878.
[3] Brunner-Schwerin, Deutsche Rechtsgeschichte, Bd. 2, 2. Aufl., S. 759, 1928.
[4] Gretener, op. cit., S. 21. 另外，宾丁认为，在存在和睦丧失的时代，视为共犯也是有其合理性的，但到和睦丧失消失之后为止，还是视为共犯就不合理（Binding, Lehrbuch, 2. Bd., 1 Abt., S. 630, 1905）。霍尔修拉认为，因为两者的动机在伦理上可以被同一评价。（Hälschner, System des preussischen Strafrechts, 2. Teil, S. 507.）

中，正如贝林格所言：①接受本犯所获得的利益份额的行为；②确保并帮助本犯利用其所获得的利益的行为；③让本犯免于刑事追诉的行为，三者仍然混为一体。[1]

在法国，藏匿罪很早以前就成了独立犯罪，但赃物罪直到1915年才独立成罪。[2] 在英国，到1602年的多颂事件时为止，收受赃物自身还不受处罚，1692年的立法才将其作为事后从犯的一种而予以处罚，1827年的立法将其独立成罪。另外，藏匿犯人罪，直到现在，依然被称为事后从犯。[3]

必须注意的是，在这种对赃物犯罪不加分化的过程当中，有一群人主张其有独立性，意图发现其独自的保护法益。

在意大利的注释学派当中，尽管冈底努斯依然认为赃物罪是"真正的共犯"，但经过帕努托努斯、阿尔第努斯，到库拉努斯时，终于将共犯分为事前、事中、事后三种，认为赃物罪是事后从犯，不是真正的共犯，处刑也必须减轻。[4] 将这种见解更进一步地贯彻到底的话，就是事后从犯的观念也应当消灭，但当时，恰巧共犯通常被减轻处罚，因此，讨论的实际价值并不大，理论上也没有什么进展。

到了下一时代，普芬多夫、库雷斯、佩玛等所谓近代自然法学派的人对将上述行为作为共犯处理的做法表示强烈反对。特别是普芬多夫，对历来的教条主义刑法学，力图以归纳方法构建一般理论，因而被称为"刑法总论之父"，但成为其中心课题的，是归责论，即"作为被因果引

---

[1] Beling, Begünstigung und Hehlerei, VDB. 7, S. 1.
[2] Garraud, Traité, tom. 3., p. 108 et suiv; Jordan, Du recel de choses envisagé comme mode de complicité et delit distinct (Rev. critique, p. 486, 609, 1907. p. 157, 1908).
[3] Kenny. Outlines, p. 291, 1936; Clark & Marshal, Treatise, p. 499, 1940; Hall, Theft, Law and Society, p. 126, 1935.
[4] Gretener, op. cit., S. 22; Heimberger, Teilnahme am Verbrechen, S. 32ff., 1896; Dahm, Das Strafrecht Italiens im ausgehenden Mittelalter, S. 229ff., S. 487ff.

起的结果的起动力的意思责任"的命题。[1] 正如谢夫斯坦因所指出的，其可以被视为，让当时在自然科学中取得异常成功的因果关系观念，侵入刑法的领域中来。[2] 共犯理论也不免受到这种思潮的影响。从历来的以参与时间为标准的区分，变为了以因果力的大小为标准的区分。这样，与结果没有任何因果关系的赃物犯罪，无论如何都不能成立共犯。库雷斯、佩玛就是这样主张的。只是，在当时的立法当中，佩玛也还是不得不将其作为广义共犯。

这种倾向更进一步地发展，到了再下一个时代，就能举出布里的例子了。但他的刑法思想的骨子里，和当时占统治地位的刑法思想的黑格尔学派相同。即"犯罪是对权利（Recht）的否定。到其否定之否定被实施为止，犯罪在继续"。但就黑格尔学派而言，"权利"是观念上的法，相反地，受密尔的思想的影响，为自然科学的因果关系思想影响所支配的布里将"权利"（Recht）考虑为现实的权利、物质的利益。认为没有这种利益侵害，就不成立犯罪，在该侵害持续期间，犯罪继续。就伤害而言，持续到伤口治愈为止，就盗窃而言，持续到赃物返还为止。因此，共犯中，有针对侵害发生的共犯和针对该存续的共犯。赃物罪也无非是对这种存续的共犯。其本质是"可罚行为所引起的违法状态的维持"。[3] 必须注意的是，这里尽管仍然保留了共犯之名，但其内容和前述共犯的场合完全不同。

维持说，正如席麦林所指出的，和布里说一脉相承。[4] 只是，布里的认为所有犯罪均由侵害的发生和持续所构成的见解被排斥，持续成

---

[1] E. Schmidt, Einfuhrung in die Geschichte der deutschen Strfrechtspflege, S. 141, 1947. Landsberg, Geschichte der deutschen Strfrechtswissenschaft, Bd. 1, S. 11ff., 1895.

[2] Schaffstein, Die allgemeine Lehre vom Verbrechen, S. 189ff., 1930.

[3] Buri, Begunstigung und Hehlerei, GS. 29, S. 14ff. 另外，布里在 Kausalitat und deren Zurechnung, 1877; Zur Lehre vom Verbrechen und Begunstigung 当中，认为对所有的犯罪都能认可上述情况，但后来他又做了相当的限定。关于他的思想立场，参见小野：《刑法总则草案中的未遂犯以及中止犯》。

[4] Shmeling, Hehlerei und Hehlereische Ausbeutung, Str. Abh. 396, S. 14.

为不可罚的事后行为，结果，赃物罪成了独立犯罪。从赃物罪的定义，就能看出二者之间的共性。

维持说就是在这种思想的基础上成立的。因此，即便在其占据通说地位之后，仍然有不少学者对其采取批判态度。

其中之一就是"将结果论以及因果关系论从历来的、并不妥当的重要位置上拉下来，试图将其还原到作为构成要件的一部分，而且也只是在某种构成要件中成为问题的一个微不足道的位置"上去的贝林格。他认为，因为通说对作为独立犯罪的赃物罪的法益的证明并不充分，因此试图提出一个事后犯（Nachtaterschaft）的概念。即通说只是消极地证明了赃物罪不是从犯，但好像也没有积极地证明其是独立犯罪。只要说共犯和不真正从犯在直觉上有某种共同点，就不如说，主张事后从犯论的学者更为妥当。之所以将教唆和帮助作为共犯，是因为在其之上被烙上了正犯行为的刻印，对其刑罚，在内部关系上，必然要比照正犯的刑罚。事后犯与共犯一样，也同样处于从属关系，和本犯分离的话，其本质就会消失。根据这种事后犯的观念，就可以将历来分散的各种行为统一起来，拾遗补阙，而且还能满足比照正犯科处刑罚的正确要求。所谓事后犯，是指一切维持强化本犯所制造出来的违法状态的行为。[1]

这种见解，正如1909年的草案理由书所评价的一样，是"前后一以贯之"的见解。但是，各个草案都没有采用这一方案。理由是，一般性地处罚事后犯，会模糊处罚范围的界限而使其变得过广。[2]

另外，这里，在有关赃物罪规定的统一化、明确化这一点上，有必要探寻对物的庇护和赃物罪之间的关系。

如前所述，藏匿犯人罪和赃物罪被看作共犯，立法上也被规定在总则当中。但是，对盗窃、抢劫等必须强烈取缔，其两者或者一方多被规定在分则当中。但这种场合，其分则规定也是例示性规定或者特别规定

---

[1] Beling, Lehre von Verbrechen, S. 372ff. Begunstigung von Hehlerei, VDB. 7, S. 225ff.
[2] Vorentwurf zum deutschen Strafgesetzbuch, Begrundung, Bes. Teil., S. 779.

而已。1851年的普鲁士刑法就是其典型，总则当中规定了对人的庇护罪（personliche Begunstigung）、对物的庇护罪（sachliche Begünstigung），相反地，在分则当中，则规定了对人的藏匿（personehehlerei）和对物的藏匿（Schhehlerei）即赃物罪。德国刑法在借鉴普鲁士刑法的同时，也根据赫尔修拉等的主张，将藏匿犯人和赃物规定为独立犯罪，但并没有进行充分整理，只是将对人的庇护（第257条）、对物的庇护（第257条）、对人的藏匿（第258条）、对物的藏匿（第259条）并列在一起而已。这种场合，所谓对物的庇护，就是"为了确保犯人通过犯罪所获得的利益归于犯人自身而为其提供援助"的行为。所谓对物的藏匿，就是"明知或者应当知道属于通过可罚行为而取得的物，为了自己的利益而藏匿，或者以故意收买、接受抵押等方式而收受，或者为出售该物而提供帮助的行为"。但上述两者之间的关系非常不明朗。维持说的主张者之一的宾丁就认为，二者都以维持为其本质，因此应当加以统一。贝林格也主张将二者作为事后犯加以统一。但草案也没有采用这种提案。理由是，确实，对物的庇护罪要比对物的藏匿罪宽泛，但因此就废除"迄今为止长期为国民所亲近"的对物的藏匿罪，并不妥当。

其中之二必须提及的是，迈兹格和嘎鲁拉斯的批判。他们着眼于赃物罪的利欲犯的特点。强调主观违法要素的迈兹格认为，历史证明，"为了自己的利益"是赃物罪的主要要素，"对犯罪所获利益的参与"是赃物罪的本质，对于所收受的东西，被害人没有必要有追求权，只要所收受的东西和被害人之间具有牵连性（Sachgebundenheit）就足矣。基于这一理论，他对判例将收受出让金的行为作为赃物罪处罚的做法持肯定态度。[1]嘎鲁拉斯更进一步地从批判法益概念的立场出发表达自己的观点。他对将法益作为侵害客体的历来学说进行批判，认为法益不过是纯粹的评价尺度而已。因此，不管是什么样的主观要素，都能成为法

---

[1] Mezger, Sogenannte Ersatzhehlerei ZAKDR. S. 163, 1938. Zur Entwickelung der sogenannte Ersatzhehlerei, ZStW. Bd. 59., S. 529ff.

益。他从赃物罪中找出适合自己的法益论的应用案例。他的结论是，按照通说即维持说，就本犯通过加工而取得所有权之物，以及通过出售赃物所获得的对价而言，因为不存在侵害的客体，因此不成立赃物罪，但这是将法益作为侵害客体加以考虑的结果，如果摆脱这种考虑的束缚的话，则在保护财产就是目的的一点上，在维持财产罪的性质的同时，还能将赃物罪作为保管犯罪利益的行为，而且，对"故意收买者"的行为人类型也能如此把握。[1]

迈兹格和嘎鲁拉斯意图通过解释而认可的赃物出让金问题，至少作为立法问题，被立法者在相当程度上认可。1919年草案第383条规定"出让金以及用该款所购入的物品，视为犯罪行为所得之物"，由于1925年草案第316条、1927年草案第350条第2款是和第1款的现行法相同的规定，因此，废除了"为了自己的利益"的要件，作为其替代，在第2款设置了"收受出于让自己或者他人非法获利的目的，而窃取或者以其他可罚的侵犯他人财产的手段而取得之物的出让金、该物的交换之物，或者以出让金而购得之物的，予以同样的处罚"的规定。1936年的草案当中，作为b项也设置了几乎同样的规定。就此，科尔拉修（他作为解释论，采用维持说，反对处罚收受出让金）有以下说明。即，a项即现行法的规定，还是将维持违法状态作为侵害法益。因为删除了"为了自己的利益"一语，因此，本罪的该种特征更加明确。这可以说是"行为类型"。相反地，b项就是"行为人类型"。其中没有侵害法益。完全是处罚行为人心情的条款。[2]

另外，在将获利作为赃物罪的本质方面，可以说具有东方法的特色。古代的唐律也是根据盗罪自身的"受分"即利益分配的程度而设置

---

[1] Gallas, Zur Kritik der Lehre vom Verbrechen als Rechtsgutsverletzung, Festschrift fur Gleisspach, S. 50ff. 对其法益概念的批判性介绍，参见木村："刑法中的法益观念"，载《宫本博士还历祝贺论文集》，第1页以下。

[2] Kohlrausch, Vermogensdelikt, (Das Kommende deutsche Stafrecht, S. 498, 1963).

刑罚等级的，但就赃物罪而言，却规定"诸知略和诱及强盗窃盗而受分者，各计取受赃，准窃盗论，减一等。知盗赃而故买者，坐赃论，减一等。知而为赃者，又减一等"。还是将"受分"作为了其本质要素。即便在日本，德川时代的《御定书》中，将藏匿犯人和赃物的各种行为类型做了非常详细的规定，但就各个行为而言，还是以是否取得了"配分"为标准而区分刑罚，尤其是考虑到"配分和收受酬谢的行为与盗犯行为相同，因此，准用盗犯之刑"，因此将"明知是赃物而提供方便，或者分配，或者收受酬谢的，处以重敲（鞭笞——译者注）之刑"的规定予以删除。这里，得到不应当得到的，即不正当利益，就成为犯罪的核心。这种倾向在《改定律例》中达到高峰。这里收受所谓枉法之赃和不枉法之赃即贿赂，也被作为赃物罪而受到处罚。贿赂，因为是自愿提供的，即便收受，也不侵害任何人的财产追求权。只是，贿赂被供给犯罪之用，属不洁之物而已。因此，这里收受这种不洁之物自身，就被看作为了赃物罪的核心。

三、赃物罪的本质

来自上述两个方向的批判意味着什么呢？

嘎鲁拉斯的批判和法益概念自身有关。但是，历来的法益概念，进一步来说，就是维持说，难道其就完全要被抛弃吗？嘎鲁拉斯认为，赃物罪的立法理由在于保护财产，因此，必须认定其是财产罪。虽说"立法理由"一语并不一定明确，但和贝林格所说的 Legislatorisches Schutzobjekt 是同一个东西，贝林格将其和 normgemassiges Schutzobjeckt 严格区分，认为后者显现在法规中，是解释的标准，而前者只是立法者的主观动机而已。[1] 但在某种意义上，若显现在法规中，但不发挥其效果的话，作为立法理由也是毫无意义的。尽管将"参与利益"作为赃物罪的本质，但该种行为只要不一般性地侵害财产，就不能将"保护财产"作为立法理由。当然，在具体场合下，不要求实际地侵害到了某种法益，有些场合下，只要具有抽象危险就足够了，如此而已。另外，嘎鲁拉斯还指责法益概念是唯物的，但正如木村教授所指出的，现在的法益观念已经被"精神化"，因此，只能说，嘎鲁拉斯的指责，是先将要攻击的对方描黑，然后对其描黑的部分进行攻击而已。想完全否定法益的想法并不妥当。

只是，意图以法益概念来穷尽犯罪的一切，则是法益论的过头之处。H. 迈耶也主张法益概念，但他有如下警告。所谓法益侵害，不是像在没有痕迹的崭新白璧之上，新划下一道痕迹一样，将迄今为止保存完好的法益，进行侵害。按照威尔泽尔的说法，法益侵害不是像将博物馆的玻璃打破而把展品取出来一样。我们的自由、财产本身就是一个正在不断地被侵害的"过程"，而不只是有了犯罪之后才被侵害的静止的东西。只是，在该侵害具有重大的社会影响的时候，即并非 sozialadaquat 的时候，才被作为犯罪。[2] 这样，侵害的重大性，不仅为法益侵害的数量大小所决定，侵害的样态也具有重要意义。正如限缩的正犯论者所主张的一样，构成要件不是对"被类型化的法益"的侵害，而是"被类型化的法益侵害"。

贝林格批判维持说而意图引入事后犯的观念的做法中，除了考虑法益侵害之外，还有意图认可类型性的契机这一点，这种想法中具有妥当的一面。但是，他所谓的类型性，是贝林格的构成要件，正如只是没有血肉的形式类型一样，纯粹属于观念上考虑的类型，没有把握赃物罪的

---

[1] Beling, Die Lehre vom Verbrechen，S. 213.
[2] Welzel, Studien zum System des Strafrechts, ZStW. 58，S. 516；H. Mayer, Das Strafrecht des deutschen Volkes 196，S. 205ff.

活生生的类型。犯罪类型，不是这样在观念上考虑的类型，而是如小野博士所说的一样，是以一定的社会学类型为前提，对其进行法律加工而成的。赃物罪的类型也是这种类型，其自身具有社会学上的犯罪类型。如此，才能"长久地和国民亲近"，不会因为某一个条文而废止统合。

在考虑这种类型的时候，必然不仅只是纯客观的要素，主观要素也要一并考虑。迈兹格和嘎鲁拉斯的批判，在此意义上，作为意图把握活生生的赃物罪的努力，值得充分评价。赃物罪，正如扎尔在其《犯罪社会学》中所说的一样，是最为明显的利欲犯。即便将其把握为"维持违法状态"类的毁弃犯罪，也就是扎尔所谓的攻击犯，都无法概述其详。

因此，我们必须以利欲犯来规定赃物罪的类型。

作为其尝试之一，就是霍尔的研究。他对社会经济条件如何形塑财产犯罪，特别是在17、18世纪，侵占罪尤其是赃物罪是如何产生的历史进行了详细研究，主张现在的赃物罪应当被称为Dealer，包括以买卖赃物为业，通过"倒卖"而获利的行为，和由于一时的诱惑，只是为了自己的"消费"而实施的行为两种。他认为，对这样两种行为应当分别处理。[1]

这种以"为了倒卖"和"为了消费"，或者以为业和非为业为标准的区分方法，尽管具有重要意义，但遗憾的是，这种区别并没有被认可。日本法律所认可的区别，也只有第一款的收益和第二款的故意收买等。因此，我们必须遵从这种法律上的区别，考虑其背后的类型。

正如前述，赃物罪，在过去和盗窃罪同样对待。这由来于将持有赃物者看作盗窃犯也没有什么大错的证据法上的事实。为了满足这种证据法上的要求，几乎不要求有赃物的移动。这是因为，在那个时代，盗窃多半是出于自己消费使用的目的而实施的，没有必要将赃物出售，另外，在人和人之间结为紧密关系共同体的内部，也不容易将赃物兜售出

---

[1] Hall, Theft, Law and Society, p. 218.

去。只是,在盗窃犯的同伙之间,存在赃物的分配即收受赃物的行为。因此,这种场合下,赃物罪和庇护犯人之间处于密不可分的关系。庇护犯人罪和赃物罪的相互结合,正是这一时期的事实的真实写照。这样,在有组织性地实施上述行为的时候,就体现为罗马帝政后期的 recepator,大明律中的"盗贼窝主",德国兰特法中能够见到的庇护犯人的常习加重犯。在其和犯人庇护分离之后,"收受"仍然能够作为独自形态而留存下来。

但交换经济的发达,尤其是随着商业革命、产业革命的发展,生活资料能够通过交换而取得。概括地说,盗窃的对象也在发生变化,从家禽、谷物等直接消费品,向宝石、毛皮等便于搬运且高价的东西转变。宝石、毛皮等不适合于盗窃罪犯直接使用的东西,只有通过出售才能实现盗窃的目的。这里,除了故意收买之外,就出现了使出售变得更加方便的行为。还由于宝石、毛皮之类的对象较少有个性,使得倒卖就变得可能,并具有反复性,以至于常态化。出于倒卖目的而故意收买,就成为比单纯的故意收买更进一步的形态。

日本法律中的赃物罪,就必须以这种社会学的类型为前提而进行解释。

在做这样的考虑的时候,就可以将第 1 款的收受看作"保管犯罪利益的行为"或者说是"利益分配"。其和庇护犯人结合在一起,是自古以来就存在的犯罪类型的残存,从其中引申出了财产性要素。在德国,虽说只将收受受让金作为"利益分配"行为,但根据赃物自身就能实施"利益分配",且倒不如说其是常态。侵害追求权的重复存在,并不影响其"利益分配"行为的性质。德国草案的见解,尽管从正面规定了行为类型、行为人类型和类型性,但必须说,其还是局限在了法益思想的见解之中。

另外,迈兹格将"为了自己利益"的主观要素,作为将赃物罪定义为"保管利益行为"的根据,但在日本的法律当中,并没有要求这种主观要素。因此，可能会有人说，不能像迈兹格一样理解日本法律中的赃物罪。但是，"无偿取得""接受赠与"，说其客观上要求获得利益也是不为过的。它们也要求具有"为了利益"的主观要素。因此，即便没有这种主观要素的规定，也丝毫不妨碍我们像迈兹格所说的一样进行理解。

第2款的故意收买等，是帮助利用赃物的行为。正如贝林格所言，事后从犯的观念在这个意义上，含有合理的成分。而且，在德国法中，"隐匿"还是主要行为，从使追求权变得困难的角度来讲，应当说，隐匿才是最为主要的行为。但日本法并不处罚隐匿。维持说的说明，和德国法的场合相比，在日本会变得更加困难。

另外，这里还必须注意宫本博士的说法。宫本博士将赃物罪定义为间接领得罪。和维持说只能主张毁弃的特点相反，宫本博士的观点在意图说明赃物罪是利欲犯这一点上，具有精彩的一面。宫本博士如是说。"不借用共犯或者类似观念，仅以当今的赃物罪的规定，是否真的能够处罚具有可罚价值的所有间接领得的场合，具有疑问。"〔1〕如盗窃后的处分、破坏等，尽管其分别是侵占、毁弃，但因为具有一身专属的免刑事由，所以不受处罚，而没有一身专属的免刑事由的共犯，就必须受到处罚。因此，他认为，赃物罪是对其部分共犯进行加重的特别规定而已。这个见解和贝林格的事后共犯说接近，但贝林格将上述场合作为盗窃的事后犯，相反地，宫本博士将其作为各个不可罚的事后行为的共犯，在这一点上，二者存在差异。但作为赃物罪而列举的行为，并不一定得是侵占或者毁弃的共犯行为。因此，宫本博士的见解作为解释虽然很巧妙，但贝林格的见解则是前后一贯的。只是，由于日本法律对盗窃后的处分、破坏一概不罚，因此，即便采用贝林格的学说，也还是有难以解释得通的部分。

---

〔1〕 宫本：《法学论丛》第33卷第6号。

但牧野博士不赞成宫本博士的学说，认为对赃物罪进行扩张解释也能达到同样的目的。[1] 按照牧野博士的见解，对侵占犯人，让其携带赃款逃往国外的场合，就是搬运赃物，而就该犯所侵占的钱款如何增值，接受咨询，让其购买股票或者购买马票等帮人出主意的行为，就是参与损坏赃物的行为——因为只有是法律处分行为还是事实处分行为上的差别而已——即相当于斡旋行为。在这种见解上，一般认为，牧野博士和宫本博士是相同的，都是出于"摆脱历来的单一的概念方法的相同目的"。但在摆脱形式理解的方向上，却是仅将抽象损害在理论上进行一般化，在没有考虑类型性、类型背后的社会性这一点上，倒不如说，有过于概念化之嫌。由此也能非常清楚地看出，以这种方法来理解日本法律的规定，该是多么的困难。

日本刑法中的赃物罪，并不是意图处罚所有的事后犯，也不是想处罚所有维持违法状态的行为。而只想将因为引起财产犯的猖獗，而被认定为"社会上重要"的类型作为处罚对象并加以防止镇压。鉴于前述的交换利用的必要性，因此，该种类型应当是为交换利用提供帮助的行为。

但在这种帮助交换利用的过程中，具有获利的可能性。该利益，单个行为而行使的话，或许并不大，但因为极有可能反复进行该种行为，因此，有可能获得较大利益。所以，在这里，尽管没有德国法中的"为了自己的利益"一语，但还是必须将其理解为是有关利欲犯行为的类型规定。作为其刑罚，就是并处徒刑和罚金的事实，极端地体现了这一点。

斡旋是这种行为的最为明显的典型，以故意收买，通过向对方支付对价的方式，也能产生同样的效果。而搬运、寄存并不直接具有这种性质。但是，从本罪所具有的常习性、智能犯的特征来看，因为难以将其把握为实际获利的行为，因此，举出比较容易证明的单个行为，据此就

---

[1] 牧野：《刑法研究》第9卷，第427、445页。

有必要予以处罚。如果说不能确定谁、在什么时候、如何被请求、卖给了谁，就不能处罚的话，则无论如何都不能进行有效果的取缔。在这种意义上，搬运、寄存不过是帮助交换行为的一种现象形式而已。

只是，搬运、寄存，不仅只是交换的帮助，也有对直接利用提供帮助的意思。还有，搬运、寄存就不用说了，即便是在斡旋、故意收买之中，也有不是在每个场合下都能得到利益的场合。这种场合，不过是纯粹的"物的庇护"而已。日本法律在这种限度之内，处罚对物的庇护。反过来说，对物的庇护行为当中，有必要在上述社会学类型中把握的行为，日本法不得已而将其作为构成要件规定出来了。

这种解释赃物罪的方法，与其说是划定处罚界限，倒不如说是通过明确其犯罪内容，为对其量刑以及进行其他处罚提供指南。当然，即便在处罚界限的问题上，其也不是完全没有意义的，其可以解决在维持说之下难以释明的若干问题。下面列举两三点加以说明。

首先，赃物罪，以和对方的合意为要件，违反对方意思的场合被除外。但按照维持说，为什么要将违反对方意思的场合排除在外呢？这种场合下，也有违法状态的维持。照理说，认可其和盗窃等之间的观念竞合，或者认可其被盗窃等的赃物罪所吸收，这样才会首尾连贯。对此进行尝试的是牧野英一博士。牧野博士也是认为赃物罪的规定失之过窄的学者之一。他说："目前，如果说必须抛弃事后共犯的观念的话，则在该赃物上，必须以行为人利用其是赃物而为自己获利这一点为中心来加以考虑，原犯和行为人之间基于合意而成事这一点，倒不一定是应当很执着的事项了。"这样，以欺骗手段而取得赃物的场合，以敲诈勒索手段而取得赃物的场合，进一步说，以盗窃、抢劫、侵占手段取得赃物的场合，岂不是也要作为故意收买赃物而加以处罚吗？[1]但是，如果像如前所说的一样理解的话，则不论是收受还是故意收买赃物等，都以和

---

[1] 牧野：《刑法研究》第9卷，第470页。

对方的合意为要件。这种对对方行为或者持有的肯定态度,就是重罚赃物罪的一个主观违法要素。

只是,这样考虑的话,难免会有这样的疑问,即收受、故意收买等,就要限定于从本犯那里直接接受的场合,在有第三人介入的场合,岂不是不能成立了吗?存在疑问。收受可能还有成立的余地,但故意收买的场合等,承认帮助要素的话,在第三人介入的场合,就没有成立的余地了。相反地,采用维持说的话,则在此中间,第三人是否介入,都不是问题。通说认为,即便有第三人介入,对赃物罪的成立也没有影响。[1]

这种场合,将本稿的立场一以贯之的话,就是即便说不成立故意收买罪,也没有什么不当。还有,如果说赃物罪也能成立本犯的话,则对介入的第三人还能以赃物罪的犯人而另外处罚。应当排除在处罚之外的,只有第三人出于善意的场合。而且,这种场合,如果说像通说一样,不要求本犯必须有责,连故意也不必要的话,则"客观上"就是在犯赃物罪,其另外也能成立本犯。

但在此也有另外的要求。就是赃物罪由于是常习的、智能地实施的,因此难以举证。在单个场合,要求对从本犯那里直接基于合意而收受、故意收买的行为——举证,确实有困难。特地将搬运、寄存列举出来,就是基于这种政策性的考虑。同样,就故意收买而言,也不要求在每个场合都要考虑第三者是如何介入的。因此,举证困难不是赃物罪的本质性事态。如果将这作为本质性事态的话,则连在善意取得之后,知道不对而"卖掉"的行为,也应当加以处罚。

基于以上观念,就各个行为的解释而言,有很多地方就可以解释得很清楚了。现在最有争议的,是故意收买、斡旋的既遂时间的问题。判

---

[1] 草野:《刑事判例研究》第 2 卷,第 222 页。

例认为,就故意收买而言,不是在合同成立,而是在交付赃物时成立,[1] 就斡旋而言,不要求在买卖合同成立或者赃物交付时成立,而是只要实施了斡旋活动,马上就成立。[2] 从维持说的立场来看,这种理解是有矛盾的。因为只有在赃物转移之后,追求权的行使才会变得困难,因此,如果说在故意收买当中要交付的话,则在斡旋当中也需要交付。若说在斡旋中,只要有"活动"就足够的话,则在故意收买当中,则只要有出售的提议就足够了。但站在本书的立场上,就不一定有矛盾。本来,从犯罪学的角度来看,赃物的转移并不一定会导致追求难度的加大。倒不如说,有时候,转移还会使赃物的发现变得更加容易。在故意收买当中之所以要求有转移,是因为故意收买中,要求必须具有明确超出合同这种主观上的一致程度的客观行为。但在斡旋之中,斡旋活动达到十分明确的程度,帮助行为就被客观化了。应当说,判例在无意当中,采用了这种见解。

日本《刑法》第275条第1款规定:"直系血亲、配偶、同居亲属以及与此同等的人之间,犯前条罪的,免除其刑。"这种亲属关系,只要被害人和赃物犯人之间存在就足够了吗?本犯和赃物犯人之间有存在必要吗?抑或出卖人和赃物犯人之间有的话,就够了吗?这里也能看出通说见解的矛盾之处。

通说以及判例都认为,本犯和赃物犯人之间必须具有亲属关系。小野博士对此提出了尖锐的批判。他说:"我认为,其由来于将本条看作和有关藏匿犯人罪的第105条具有相同性质的考虑。但赃物罪本质上是

---

[1] 1908年12月18日《刑录》第24辑,第1123页认为要有合同;1923年1月25日《刑集》第2卷、第19页、1939年12月22日《刑集》第18卷第22号,第572页认为必须要有交付。

[2] 1958年11月9日《刑集》第2卷第12号,第1504页(中野:《评释警察研究》第22卷第1号,第86页以下)。中野受宾丁的启发,认为故意收买也是帮助的一种,在此基础上,必须要有正犯的实行,并据此反对判例意见。我认为,由于其不是总则中的共犯,而是特别规定的情形,所以即便具有共犯的特征,也并不要求马上要有正犯的实行。

一种财产犯罪,是为了自己的利益而实施的。纯粹的庇护犯人的场合,尽管不能说没有,但不能将其和以为亲属牟利为要件的第 105 条规定的情形同等看待。"[1] 小野博士认为,第 105 条是和第 244 条同样宗旨的规定,被害人和赃物犯人之间必须具有亲属关系,而且仅此就足够。《改正刑法假案》受到了小野博士的这种见解的影响,但现行法的规定也难以舍弃,因此,最终采取了将二者一并规定的形式。

我认为,采取维持说的立场的话,小野博士的立场就是一以贯之的,而通说则只能说欠缺前后的一贯性。无论如何,在第 244 条当中,如果是亲属相盗的话,在亲属共有的性质上,难以说该财产完全被侵害,这就是免除刑罚的理由。在此意义上,正如佐伯所指出的,违法性在减少。但是,赃物罪的场合,如果说其本质是使被害人的追求变得困难的话,则在亲属取得赃物的场合,并不一定使追求变得困难了。

但如此的话,为什么不准用《刑法》第 244 条,而要另外设计第 257 条呢?另外,第 244 条的规定,说的完全是亲属内部的事情,但在赃物罪的场合,具有亲属身份的本犯和赃物犯人之间介入了第三人。鉴于这些因素,再考虑赃物罪的前述的特点,结论是,必须认为,通说的观点正确。因为,不管怎样,作为消费共同体的亲属之间,即便说是赃物,也不能阻止大家一起对其进行消费,另外,不像第 105 条一样从保护其免受国家刑罚权追究的意义上,而是从确保犯人利益的意义上,来理解庇护意义的话,对这种在亲属之间实施的庇护,也能说,法律有对其不予以干涉的理由。但现在的问题在于,不是法益是否受到了侵害,而是对行为该如何进行评价。这种认可法益概念的重要性的同时,还认为,对行为的违法性,不仅在法益侵害性上,而且还要在违反文化规范性上加以把握的见解,不正好是小野博士所主张的吗?将小野博士在其总论中所展开的理论贯彻到底的话,就会得出这里所述的结论。只是作

---

[1] 小野:《刑法讲义各论》,第 284 页。

为立法论，认为连故意收买等的场合都要免除刑罚，则是值得怀疑的。因为，不管怎么说，故意收买等行为，都是和封闭的家庭生活之间难以协调的近代交易行为。

尽管赃物的观念中包含种种问题，但以一句话来概括的话，就是要不要追求权的问题。这是因为，收受和故意收买在这一点上的类型差异，引起了很有意思的不同。

确实，从维持说来看，追求权的存在是绝对要件，就赃物以外的物而言，没有成立赃物罪的余地。但是小野博士说："我感到，在刑法目的上，有必要对其进行扩张解释。如在骗取支票的人，出示该支票接受现金支付，然后持有该现金的场合下，对该现金，尽管不存在物质的追求权，但还是能够将其认可为赃物，应当说，对其能够成立赃物罪。"但这种扩张的必要性从何而来呢？

结论先行的话，就是本来，在收受当中，进行这种扩张的必要性很强烈，但在故意收买当中，则不存在该种必要。在对得到利益行为进行谴责的场合，该利益只要是值得谴责的不当东西就可以，没有必要是赃物，也不要求被害人存在现实的追求权。只是，在财产犯的性质上，其不当性，和贿赂一样，只是肮脏的东西还不够，还必须和赃物之间具有"物的牵连性"。相反地，在帮助利用、特别是为交换利用提供援助的场合，只要有一次交换，就再也没有为该交换提供帮助的必要，因此，就没有必要特意以刑罚对其镇压了。法国很早以前，就有处罚收受赃款并购买的宝石的判例，[1] 但其因为是收受所以才被处罚的吗？在德国的草案当中，出售的对价金问题经常被讨论，但最终还是没有在立法上实现，这是因为德国刑法将收受和故意收买规定在同一条文中，想处罚收受对价金的行为的话，对该故意收买的行为也不得不处罚。如此说来，在将收受和故意收买分开规定的日本法当中，至少应当以立法的方式规

---

［1］ Cass. 6 mars 1900, Garraud, Traité, tom. 3, p. 114.

定，就收受单独立法，这样，处罚收受对价金的行为也就比较容易了。进一步地说，以解释的方式认可这种区别，也不是完全不可能。将第 1 款的赃物和第 2 款的赃物，以所谓概念的相对性原理进行个别解释，也是足够的。

只是，在日本法中，就故意收买而言，不只是为交换的利用提供帮助，连对直接利用提供帮助的也被包括在内了。这种场合下，可能会有人主张，帮助利用对价金的行为也应当被处罚。但鉴于犯罪是社会上重要的行为，我认为，没有必要对故意收买等类型再次进行扩张解释，对帮助利用对价金的行为也进行处罚。特别是，这种事后行为，在其符合诈骗等的构成要件的时候，即便在作为不可罚的事后行为而不成为处罚对象的场合，还是能将该物考虑为赃物的。因为，在侵害事后行为即诈骗行为的对象的追求权这一点上，二者是一样的。前面小野博士所讨论的事件，尽管是寄存赃物的事件，但根据我所说的上述理由，应当加以处罚。[1]

但就收受而言，不能广泛地将出售赃物的对价金包含在赃物之内。因为，相对于属于所谓近代类型，有必要严厉取缔的故意收买等而言，收受则是近代以前的类型，没有太大必要对其加以刑罚干涉。国家对这种大量包含主观违法要素的犯罪进行强烈的干涉，倒不如说，是近代以前的做法。因此，即便在收受当中，也不能说出售赃物的对价金统统都是赃物。但相反地，在收受赃款之后和其他人一起饮食的场合，或者和其他人一道购买宝石而收受赃款的场合，就要受罚，但一旦本犯在购买了饮食或者宝石之后，再收受该物的话，就不受处罚，这是太过概念上的区分。从上述观点来看，这种场合，都应当成立收受罪。

这样，在赃物罪的解释当中，要以法益以外的要素来说明的情况的确不少。

---

[1] Kohlrausch-Lange, Sfrafgesetzbuch, 39. und 40. Aufl., § 259 Ⅳ.

第三部

刑法中学说的作用

刑法·判例·学说

作为《现代法》系列的一卷《现代法学的方法》一书中的一章而指定给我的，是"刑法中学说的作用"这样一个宏大的题目。我之所以敢接受这种专业之外的宏大的命题作文，是因为，我平时就对刑法学中某某学说、某某主义之类的学说乃至"理论"的泛滥表示怀疑，希望有机会走出该种学说的森林，从外部对那些所谓理论和学说的意义和价值进行反省。以川岛武宜教授和碧海纯一教授为中心的经验法学研究会所做的几个报告，更加强化了我的这种感觉。但由于我缺乏一般科学论和哲学论的知识，不能充分地从外部来观察森林，只能从刑法、判例和学说的角度，对平常就抱有若干疑问的地方进行梳理。但其绝不是非常充分的思考。这种程度的思考，如果能够对其他研究者提供一些参考材料的话，我感到十分荣幸。

一、刑法

所谓法律解释，不仅仅是认识、发现事先规定的法律的意义这种静态活动，而是或多或少地包含了法官的选择或决断的动态活动。这种见解现在已经被一般人所接受。所有的现象事先都在刑法典中规定出来的想法，只是一种幻想。但这种法律解释的能动性认识主要为民法领域所深刻渗透,但在刑法领域则不乏情况完全不同的认识。刑法中有所谓罪刑法定的原则。所谓罪刑法定原则,就是什么是犯罪,必须在事先由法律加以规定。如果法官根据自己的判断,决定什么是法,什么是犯罪的话,则是对罪刑法定原则的否定。

但是,罪刑法定原则是不是意味着:什么是法,什么是犯罪,对其细枝末节也都必须在法律中事先加以规定呢?从我们的日常生活经验来看,即便在刑法当中,没有明确规定的事态也是常有的。如某男子,因为嫌日常交往的女子已经碍手碍脚,于是骗该女子说想一起自杀,但指使该女子服毒身亡。女子因为相信男子也会自杀,因此而同意死去。这种场合下,对该男子,应该以同意杀人罪进行处罚,还是应该以不同意杀人即普通杀人罪进行处罚呢?最高法院认为,这种场合下,同意是不真实的,因此,成立不同意杀人。[1] 在强调罪刑法定原则的学者当中,有不少人支持这一判决。[2] 但是,德国刑法规定,只有在基于"真诚请求"而杀人的场合才是同意杀人,而日本法律只要有单纯同意即可,两相对照,可以看出上述解释相当可疑。当今主张不要罪刑法定原则的牧野博士,对上述情况进行了严格解释,认为构成同意杀人。[3] 如此看来,法条的内容存在疑问,而且不管采用哪一种解释都不违反罪刑法定原则的情形,即便在刑法领域,也是大量存在的。

一般认为,按照罪刑法定原则的要求,"不允许类推解释,但可以扩张解释"。但其也和"解释"的界限相关,存在在该范围之内该如何进行解释的问题,这个不容否定。不仅如此,扩张解释和类推解释,在"实质上",到底有什么区别,还很值得怀疑。在过去的旧刑法之下,曾出现过一个有名的案件,就是盗窃电力案件。旧刑法规定"窃取他人的所有物"的时候成立盗窃罪,但是,电力是不是该种所有物就成为问

---

[1] 最判 1958 年 11 月 21 日《刑集》第 12 卷,第 3519 页。
[2] 如泷川春雄、竹内正:《刑法各论讲义》(1965 年),第 14 页。
[3] 牧野英一:《重订日本刑法下卷》(1939 年),第 277 页。

题。如果将所有物仅理解为有体物的话，电力就不是所有物。如果说无论如何都必须处罚窃电行为的话，就只有采用类推的方法了。但是，大审院虽然处罚了窃电行为，但没有采用类推的方法，而是将所有物扩张解释为"可以管理之物"，认为电力也是可以管理的物。[1] 即采用了将所有物进行扩张解释的方法。同时还发生了颠覆汽油车的案件。法律只是规定在颠覆火车、电车的场合要受到处罚。但是，大审院对于颠覆汽油车的行为也进行了处罚，[2] 而且在说理上具有相当浓厚的类推色彩。将这两个案件放在一起比较，不少人说，从实质上来说，处罚汽油车案件是理所当然的，但处罚盗窃电力案件则有相当的疑问。在这个判决做出之后不久，制定的现行刑法中增设了"电力视为财物"的条款，通过立法的方式解决了上述疑问。

　　上述场合，不采用类推解释这种"形式"，而采用扩张解释的"形式"，可以说是罪刑法定原则的要求。但不管是通过上述理论操作而得出结论的方式，还是说存在法律所预定的"类型"，只要像探宝一样发掘其就好的方式，两者都是过于天真的见解。实际上，即便在刑法中，法律解释也是法官的选择、决断，这一事实是不容否认的。而且，也绝不是说因为认可了这种事实，就说罪刑法定原则被破坏了，趋于消灭。倒不如说，罪刑法定原则，以法官的选择行动为前提，是将法官的选择行动控制在一定方向或在一定范围内的技术，是为了实现上述目的的"理论"。

　　因此，有必要探讨罪刑法定原则的实质内容。我认为，罪刑法定原则，可以说，建立在两个具有微妙不同的思想基础之上。

　　一个是，将什么样的行为作为犯罪进行处罚，必须由国民自身通过其代表即国会来决定。这可以说是民主主义的要求。刑罚对什么样的行为有效，现在的科学还难以简单判定。另外，防止犯罪和限制行为人的

---

[1] 大判1903年5月21日《刑录》第9卷，第874页。
[2] 大判1940年8月22日《刑录》第19卷，第540页。

自由这两个价值之间的衡量也成问题。因此，必须有人来决断。将其交由国民自身通过国会来决定，就是法律原则。行政命令中，没有法律授权的话，就不能设置罚则，就是这一原因；法官受法律约束，不得进行类推，也是因为这一原因。但这并不一定是对法官不信任的表现。实际上，现在，要说法官和国会议员中的哪一方可以信任，恐怕回答法官的人更多一些。即便如此，在讨论是否应当处罚的实质性问题的时候，法官首先要控制自己的立即处罚的冲动，而是交由国会讨论和决定，这就是上述法律原则的意思。

229　　现代罪刑法定原则的另一个根据，就是确保国民的行动自由和预测可能性。这可称为自由主义的要求。其极端表现是，即便有法律依据也不能制定事后法。另外，国民通过解释法律，预测不会受罚的行为，法官通过其他解释而对其处罚的话，必然会导致国民行动上的不安。当然，国民不是通过逐个判断自己的行为是不是要受到处罚来决定自己行动的，多数情况下，是根据各种社会规范或自己的价值判断来决定自己行动的。但是，是否会受罚作为行动的部分原因的情况也不少，这也是事实。

　　这样实质地考虑罪刑法定原则的话，可以看出，在扩张处罚范围的方向上，法官选择和判断的范围，应当是非常狭窄的。对刑罚法规必须严格解释的意义也在于此。刑事上，使用科处刑罚这种直接侵害重大自由的手段，但另一方面并非因为没有处罚某种行为，所以马上就要产生不当的结果。这一点，和以能够用金钱解决的问题为对象，并且因为没有法律规定而不能承认原告的请求，原告立即会遭受不利的民事案件之间，具有本质上的差别。但是，刑法解释，在并非发现已经存在的法律，而属于法官的决断这一点上，可以说，和民法的场合并没有什么不同。

　　实际上，立法者将一定范围内的决定权交给了法官的情形并不少。立法者不可能将所有的事态都考虑到了之后再立法。在成文法律的时候，立法者通常会在大脑里想象各种案件，然后在其中的某处引出一条线而设定规则，但由于人的想象力具有极限，不可能对所有案件的细节毫无遗漏地想象出来。因此，在一定范围之内，将某些场合授权给对具体案件的细节也能现实认识，并在此基础上进行判决的法官处理更好一些。这样，立法者在某种程度上不得不"任由判例发展"，而自己只能做一些最基本的决定。这实际上是立法者的宿命。在此范围之内，法官能够决定什么是法。

同时，也不能简单地一口断定，根据解释来处罚是不当的，而根据立法来处罚的话就没有问题。因为，存在根据解释来扩张的话仅仅差之毫厘，而根据立法来扩张的话，就会谬之千里的局面。因此，在该选择和决断的时候，法官不仅要考虑处罚该行为是否妥当，还要考虑在控制犯罪行为的整个体系当中，自己应当发挥的作用，换句话说，要考虑自己和立法者之间作用的分担。

这样，立法和裁判之间的关系就非常微妙。我想举一个非常有意思的事例对此加以说明。

《禁止持有枪炮刀剑法》规定，持有"刀刃在15厘米以上的匕首"必须得到许可，"刀刃不满15厘米的匕首以及与此类似的刀具"，只有在具有正当理由的场合，才能持有。我想，立法者的原意恐怕是，"刀刃未满15厘米的"只限于"匕首"，而"与此类似的刀具"，刀刃不管是在15厘米以上还是15厘米以下，只要没有正当理由，就不得持有。但是，原文的规定是"刀刃不满15厘米的匕首以及与此类似的刀具"，"匕首"和"以及与此类似的刀具"之间没有逗号，因此，结局上，就是"刀刃不满15厘米"对"与此类似的刀具"也适用。就法院而言，对这种场合，考虑立法者的原意，可能会认为即便没有逗号，"刀刃不满15厘米"仅与"匕首"有关，而且这样解释也是合理的。但是，最高法院却将这种情况判定为无罪。[1] 我认为，这个判决是基于警告立法者在立法的时候应当充分注意检讨用语的详细意义的基础上而做出的。

但同时也有这样的判例。曾经有一段时间内，要求取缔黄牛党的呼声非常高。但是，在规定上准确表述黄牛党的倒票行为，存在相当大的技术上的困难。最高法院根据《物价统制法》中处罚以"不当高价"买进的人的规定，对这种行为进行处罚。[2]《物价统制法》是为了"应对战后事态，确保物价安定"而制定的法律，这种宗旨在法律自身中有表现。所谓不当高价，是为了取缔对没有规定控制价格的物资，明显以高价出售的行为而言的。黄牛党案件发生在战争结束9年之后的1955年，票贩子将帝国剧场的170元一张的门票以200元的价格出售。如果帝国剧场一开始就以200元的价格出售的话，就不能说是不当高价。简单地说，就是赚取差价的行为让人讨厌，但说是违反了《物价统制法》却有相当的困难。实际上，到当时为止，黄牛党的行为相当盛行，但受到处罚对于被告人来却说是始料未及。尽管如此，最高法院还是适用了《物价统制法》，因为，正如前述，它已经预见到，制定新法存在难处。但不久，东京都等地就制定了取缔黄牛党的条例。应当说，最高法院的上述预见看走眼了，其有关判决是不当的。

相反地，面向"抑制处罚的方向"会如何呢？

从罪刑法定原则的第一个根据来讲，和扩张处罚的场合完全一样，至少没有大的差别。因为，法院必须忠实于国会的规定，像自动售货机一样适用法律。但是，从第二个根据来看会出现不同。因为，即便说应当受罚的情形最终没有处罚，但仍很难说预测的可能性被侵害，人们都希望尽量扩大不受处罚的自由领域。因此，在面向免予处罚的方向上，能够更大地认可法官的自由。

---

[1] 最判1956年4月10日《刑集》第10卷，第520页。
[2] 最判1961年2月21日《刑集》第15卷，第378页。

在类型上，甚至很夸张地说，大陆法系的罪刑法定原则，建立在对法官的不信任的基础上，重点是将法官捆绑在法规之上，而在英美法中，倒不如说是信任法官，让法官对刑罚法规的实质妥当性进行判断，并对不当的立法进行监督。实体的正当程序的宗旨就是如此。[1] 日本历来受大陆法系的影响，某种意义上讲，盲目地、形式地理解罪刑法定原则的倾向强烈，但在现行宪法之下，有必要考虑实体的正当程序原则即刑法的实质界限，承认存在即便形式上具有法律规定，但仍然不被处罚的场合。这种征兆，已经在若干判例中体现出来。现行宪法之下，法院已经可以在刑罚法规违反宪法的时候，宣布其无效。虽然几乎没有判例基于这种权限从正面宣告刑罚法规无效，但以解释的形式，实质性地对刑罚法规进行部分修改，一定程度上已经展开。不能否定，不具有违宪立法审查权的大审院，和具有该种权限的最高法院之间，对于实定法的态度具有相当的差异。

这里举两三个例子加以说明。

对从业人员的行为，除了处罚该从业人员之外，对业主也必须予以处罚，这在许多特别法中都有规定。所谓两罚规定就是指这种情况。这种场合，业主的责任是绝对责任，其是否具有故意、过失，在所不问。法律既然没有将故意、过失作为要件加以规定，则只要尊重实际存在的法律，就只能这么理解。强调责任原则的人也认为，这种场合下，作为理念，要求行为人具有责任即过失，但同时又认为它只是拟制的而已。但是，最高法院认为，即便是没有明文规定的场合，业主在能够证明自己对于行为人的选任监督上没有过失的时候，也不应当予以处罚。[2] 这就是以责任原则对实定法进行的修正。这种判决的背后，就存在有实体的正当程序的考虑。

---

[1] 但是，即便在美国，除了刑罚法规不明确的场合以外，直接适用这一原则的判例也很少见到。但在陪审裁判且不认可检察官的上诉的制度之下，这种裁判事实上在普遍进行。
[2] 最判1957年11月27日《刑集》第11卷，第3113页。

还有一个例子，是有关处罚类似医疗行为的案件。实施类似医疗行为，必须具有许可证。被告人无证使用HS式无热高频进行医疗活动。一审、二审都判定行为人有罪，但是，最高法院认为，这种行为虽然是类似医疗活动的行为，但是，如果对患者没有产生危害的可能性的话，就不能对其予以处罚，于是撤销了这一判决。[1] 这也是"没有被害就没有刑罚"的实体正当程序原则的体现。在下级法院的判决中，如在《破坏活动防止法》的解释上，要求具有法条中所没有的"明显急迫的危险"，对《公务人员劳动关系法》中有关罢工"共谋"的限定解释等，都可以说是处在上述理解的延长线上。

更进一步地说，即便是形式上成立犯罪的场合，法院是不是可以对其不处罚呢？成为问题。

形式地、盲目地理解罪刑法定原则的话，就会认为法官应当忠实地执行法律，只要行为符合犯罪的成立条件，就一定要予以处罚。但是，在被告罪行轻微，应当酌情考虑的时候，处罚反而有损国民感情。刑事司法不应当贯彻落实到违反国民感情的程度。当然，陪审裁判具有弥补刑事司法与国民感情之间所存在的差别的机能，这是毋庸置疑的。陪审裁判中，判决不需要说明理由，不允许检察官对无罪判决提起抗诉的场合，一审法院只要进行无罪判决就够了，可以说法院实际上具有相当大的自由裁量权。

但在日本，法官应当忠实地执行法律的观念强烈。因此，法官对于判决必须说明理由，对无罪判决允许检察官上诉。因此，法官在上述场合，为了不处罚，就必须在理论上说明不构成犯罪。承担这种任务的就是期待可能性理论以及可罚的违法性理论。对于期待可能性论，虽然有法官在判决书中写道"如果是能够满足我们的法律精神的东西的话，法院也会采用这种理论"，但是，这种场合的法律精神，绝不是指所谓解

---

[1] 最判1960年1月27日《刑集》第14卷，第33页。

释论上的逻辑和标准的明确性，而是指法院在刑事司法中应当发挥什么样的作用的见解。

在诉讼法中解决这一问题，恐怕才是正道。在德国，对于轻罪，"在行为人的责任较轻，并且行为不足以产生结果的时候"，法院可以在征得检察官的同意之后，驳回起诉；《美国模范刑法典》中也有类似规定。但是，从法院作用的观点来看，是通过刑法来解决还是通过诉讼法来解决，并不是太大的问题。

在日本，检察官具有不受限制的不起诉的权利，而且现在还在广泛地使用，而法官却没有该种权利。当然，从合目的性的角度来考虑，法官和检察官之间在权限上存在若干不同，在性质上是理所当然的。和陪审员或具有在野法曹经验的法官的场合不同，在日本这种官僚法官的国家，赋予法官广泛的裁量权的话，可能不仅不能反映国民感情，反而极有可能陷入独断的危险。而且，像日本目前这样，将法官和检察官截然区分，其作为刑事法的存在方式，是不是健全，仍然存有疑问。

二、判例

将裁判作为一种决断、一种选择的见解，和判决是否法的问题相关。

日本是成文法的国家，而不是判例法的国家，因此，在日本，判例不是法的见解，仍然有很强的影响力。但是，在民事上，正如常用的"民事判例法"的用语一样，判例是法的见解在某种程度上已经被认可。但是，在刑事上，正如使用"刑事法判例研究""刑事判例研究"的用语，而没有使用"刑事判例法研究"的用语一样，判例不是法的见解依然有力。这大概是因为在罪刑法定原则之下，只有法律才是法律渊源，而判例不能成为法律渊源的见解在起作用。因此，在理论上，尽管可以说，所谓法就是观念上已经固定的存在，对其正确理解的判决是法的具体化，但其是以若非如此的话就是错误判决，不是法的见解为前提的。

但是，即便在这种意义上，果真可以说日本是成文法的国家，和所谓判例法国家的英国和美国之间具有实质上的差别吗？[1]

首先，看看判决对于该具体案件具有什么意义。有罪判决一旦被确定，其判断内容就难以争辩，被宣判的刑罚可以被执行。这就是实体的确定效力。关于这种实体的确定效力的性质，有两种见解。一种是具体法规说，认为已经确定生效的判决是具体的法；另一种是诉讼法说，认为生效判决只是产生诉讼法上的上述效果，只有正确地实现法律的判决才是法，否则，就不是法律。在民事上，具体法规说几乎没有异议地被采用，而在刑事上，E. 施密特等仍然固执地坚持诉讼法说，这是由于前述罪刑法定原则的观念强烈的缘故。

但是，尽管观念上有认为是法和不是法之分，但是，生效判决还是要执行。这种场合，正确解释只有一个，而基于其他解释的判决都是"误判"，因此，什么是"正确解释"，结局上只是取决于个人的主观判断，并非绝对确定，没有什么意义。因此，关于确定效力，主张诉讼法说的人，也并不认为可以对执行错误判决实施正当防卫。在这一点上，说判例是法或者说不是法，二者在现实上并没有多大差异。在日本当今，即便是主张判例不是法的人，关于确定效力，多数人也还是主张具体的法规说。[2]

"判例是法吗？"的问题当中，还包含有和前述稍微不同的问题在内。这便是判决对其后的案件具有什么程度的约束力的问题，换句话说，就是判例是否也是法源的问题。如果说判决是具体法的话，则在法

---

[1] 关于判例的意义，参见内田力藏："有关判例的若干思考"，载《法学セミナー》（《法学讨论》——译者注）1962 年 6 月号以下连载。
[2] 如团藤重光：《刑事诉讼法纲要》（1943 年），第 479 页以下。另外，他还认为："判例不是法源（《刑法教材总论》序文，1955 年）。"

的性质上，对于与此相同的事实，必须同等对待。但在承认判决是具体法，但判例不是法的人看来，将两者作为不同问题加以考虑也是可能的，因此，有必要进一步讨论。

首先，在不允许完全没有成文法的依据而按照判例进行处罚的意义上讲，在日本，判例确实不是法。在这一点上，和依据作为普通法的表现形式的判例就可以进行处罚的英国等不同。但是，即便是英国，现在，刑法处罚几乎都是依据成文法，按照普通法处罚的情况极为罕见。在美国，普通法上的犯罪也被废止，许多州也都是按照成文法来处罚犯罪的。因此，问题在于，除了这种依据成文法的场合之外，是不是还存在成文法的国家和判例法的国家的差别？

在英国，判例的约束力极强，如果判例不变更的话，作为成文法解释的某个判决一旦出台，法官就必须遵守，要改变判例的话，恐怕只有坐等立法了。但是，在美国，变更判例已经被承认。同时，在所谓成文法的国家，本来，判例只是某法院的解释而已，其他法院可以不受该判例的约束而按照自己的理解作出判决。但是，这样，法律的解释就会各不相同，因此，即便在所谓成文法的国家，在法律的解释上，也承认向最高法院的上诉，最高法院即便要变更判例，多数场合下，还是要经过慎重的程序。因此，和判例法的国家相比，判例对法官所具有的心理影响，到底有多大的不同，存在疑问。[1]

稍微追根究底一下，看看以下场合怎么处理吧。某地方法院的甲法官认为《东京都公安条例》违反宪法。但是，最高法院在别的案件中认

---

[1] 人们常说，判例法能够溯及既往，而成文法不行。确实，在判例被变更的场合，因为在行为时，旧判例作为法还是妥当的，对以此为前提而行动的人，以新判例对其进行裁判，难免具有溯及既往适用的嫌疑。但是，这个问题在成文法的解释上也同样存在。对于以旧判例为前提而行动的人，以行为时已经存在"正确的解释"为由而变更判例，实际上还是在溯及适用。判例法的场合因为已经意识到上述问题，所以在变更判例时十分慎重，进而还考虑到了判例的不溯及既往变更，但成文法的场合，解释变更了的话，就只能追溯到法制定的当时，说其是正确的解释，将错误解释变更为正确解释的话，就不得不进行大幅度的判例变更，因此，反而导致更大的追溯性。

为该条例合乎宪法。这种场合,甲法官是应当按照自己的理解进行审判,还是按照最高法院的判例进行审判?或者,乙法官认为作为刑法解释,共谋共同正犯并不正确,他是应当按照其所理解的"应然的法解释"来判决,还是要按照成为判例的法解释进行判决呢?如果说判例不是法的话,由于法官必须根据良心进行判决,因此,似乎就必须根据"应然的法解释"来判决。但是,按照条例违宪的见解判处被告人无罪的话,该判决就会在上诉审或抗诉审中被改判,结果还是合宪有罪。另外,在后一案件中,即便被告被作为从犯而受罚,但这种判决最终还是会被撤销而改判为共同正犯。对于其间的被告人的没有意义的劳动和费用,法官可以说与我无关而轻易了事吗?上述场合,即便不上诉,考虑到最高法院下达的判决其他多数法院都会跟随的现实,法官只对自己面临的案件做出不同的判决,从公平的角度来看,也是有问题的。因此,这种场合,虽说法官要根据自己的良心进行裁判,但最终还是会遵循最高法院的判断。在此意义上讲,判例具有约束力。[1] 法官作出与判例不同的判决,只限于基于现实预见而试图变更判例的场合。即便在这一点上,也可以看出,成文法的国家和判例法的国家之间并没有太大的差别。

相反地,在日本,判例,某种意义上,甚至在起着比在英国或美国更大的、作为"法"的作用。[2] 这和"什么是判例"的问题有关。

在英美,一般来说,所谓判例,是指"对重要事实的法律判断",它是相当具体的东西。如以意图杀A而开枪,结果打中了B,导致B死亡,法院意图以杀人罪进行处罚为例进行说明。这一场合,关系人是A和B的情况恐怕并非"重要事实",在向C瞄准而结果打中了D的场合

---

[1] 关于这一问题的论述,参见中野次雄:"论判例的约束力",载《判例タイムズ》(《判例时报》——译者注)第150号(1963年),第221页。尽管他对将判例称为"法"持消极态度,但和本书一样,也认为判例具有约束力。

[2] 参见法社会学学会编:《判例的法社会学研究论坛》(1965年)。

也一样。但是，在向 A 的狗瞄准射击，结果打中了 B 的狗的时候，是否一样，并不清楚。其与后面的判决对该判决如何解释有关。之后的判决也可能解释说，"向人瞄准而击中了人"这一点是"重要事实"，该判决不对向狗瞄准结果打中了狗的场合适用。但是，在日本，向 A 瞄准结果却打中了 B 的场合，会做出"因为法律类型相同，所以，不排除故意"，成立杀人罪的判断。"法律类型相同的时候，不排除故意"，换句话说就是，作为法和重要事实之间媒介的"中间命题"就是判例。现在，不少收集判例的判例集完全不记载事实，而只记录上述"中间命题"。

在这一点上，有关"政治活动"的判决饶有趣味。战后，禁止在被占领状态下剥夺公职的人从事"政治活动"。甲在集会上进行演讲，这被作为"政治活动"而受到了处罚。其时，法院认为，所谓政治活动，就是"对政治有影响的行为"，在集会上进行有关政治性演讲，就是对政治有影响的行为，所以，是政治活动。但是，在下述案件中，乙将 1 万日元作为慰问金向选举事务所送去。下级法院认为这是政治活动而判处乙有罪。在上诉审中，最高法院认为，即便 1 万日元的馈赠对政治没有影响，但由于维持了"所谓政治活动，就是对政治有影响的行为"的命题，所以，上述判断并不违反判例。[1] 这种场合，判例正好是上述的中间命题，而不是指其对具体事实适用的结果。

在日本，为什么这种中间命题被作为判例？这倒是一个有意思的研究课题。对此，向来被"理论"所约束的刑法学恐怕难逃其责。但是，就判例所具有的机能来看，也有其无可奈何的理由：这便是案件很少有机会告到法院。上述场合，如果杀狗案件发生之后很快就会诉诸法院的话，则法院就会仅就眼前的人的场合进行判决，就狗而言，可以在案件发生之后重新考虑。但如果案件并没有到法院，而是多在法院之外解决

---

[1] 最判 1950 年 2 月 21 日《刑集》第 4 卷，第 218 页。

的话，为了改变这种情况，就有必要事先确立某种程度的一般性命题。法院便有了并不仅仅针对该具体案件，而是将其他类似案件也放在考虑之内，一并予以解决的倾向，而且也只能如此。这样说来，和英美法的场合相比，判例就更加能够发挥立法的作用。但是，这种法庭外解决的方式大多存在于民事案件或行政案件中，而在刑事案件中并不常见。但是，作为对判例的一般理解，可以说民事案件、行政案件中的考虑，对于刑事也具有影响，同时，在不起诉制度被大量采用的日本，关于刑事案件，法庭外解决的情况也相当多。

当然，最高法院并不总是在采取这种态度。有时候也持只要不改变有罪判决的结论，怎么都行的做法。如大阪高等法院对于损害名誉罪，认为行为人对于其所检举的事实信以为真的场合，只要其对误信没有过失，就不成立犯罪。最高法院虽然改变了该判决结论，但却基于同样的理由，以有过失为由，变更了东京高等法院的有罪判决。[1] 在此，也能看出对战后法院判例的理解的变化。但是，总体来说，日本法院，不仅对具体事实进行解释，还借助该机会，提出非常一般性的法解释命题，以求对更广大范围的案件，产生先例性的效果，这是不能否定的。

如此说来，"判例是不是法"的问题这一提法本身就不妥当。它不是"判例是法"或"判例不是法"所能够回答得了的问题。判例在某种意义上、某种程度上是法。但是，不可否认，它和成文法之间具有区别。不管是在所谓成文法主义的场合还是判例法主义的场合，都是如此。如果说有差别的话，其也只是在观念上考虑法律，还是在经验上接近法律这种方法上的不同而已。

---

[1] 最判 1959 年 5 月 7 日《刑集》第 13 卷，第 641 页。

三、学说

在如上理解判例的时候,那么,其与学说之间处于什么样的关系呢?

历来,在日本,动辄就将判例和学说置于同等地位。这是因为,一般认为,唯一的法已经存在,法律解释就是发现该法,所以,法院可以在和学者对等的立场上为发现该法而较劲,并都能主张自己所发现的就是真正的法。

但是,如果说判例就是如前所述的现实的法的话,则法院就有解释成文法、制定现实的法的权限,而学者则没有解释本来意义上的成文法的权限。学说的作用是对法官做工作,让他们制定现实的法。换句话说,所谓学说,无非就是为说服法官而付出的努力。

现在,人们已经意识到,所谓立法论,就是对立法者做工作,是为说服立法者而进行的活动。但是,所谓解释论就与此不同,其容易被看作学者自以为是的有关法律的正确解释。因此,在评价判例的时候,总是采用"判旨正确"的点评方式。但是,按照上述考虑的话,所谓解释论在实质上和立法论并没有什么区别,只存在应以成文法的形式立法还是应以判决的形式立法的差别而已。所以,对判例的评价,也必须以该判例是否妥当、有智慧的方式来进行。

那么,说服该以什么样的方式进行呢?

第一,在进行某种立法论、解释论的时候,应以会产生什么样的效果,即证明事实的方式进行。刑事学的研究,在这种意义上,对刑法的立法以及解释提供贡献。但是,历来的刑事学的研究,偏重特别预防的一面。这是因为,这一方面的内容容易被证明。"一般预防的科学处于龙勃罗梭以前的状态"的说法当中,并非没有其理由。但是,即便在这一方面，也必须尽可能地进行冷静的检讨和反省。虽然在现阶段"不存在不能以科学形式加以证明的东西"的想法是错误的，但因此而深信自己的直观是正确的，断定不能明确其有无的东西的存在，也同样危险。

当然，法律上的问题不能都仅靠这种事实判定来解决。在此无论如何都需要有价值判断。如果价值判断是客观的话，则在将错误的价值判断修正为正确的价值判断的意义上，说服是可能的。但是，若说价值判断是相对，那么说服岂不是变得不可能了吗？

首先，可以说，法律自身就是在选择某种价值基准。在这种场合，只要是要求依法裁判，则即便法官违反了自己的价值判断，也必须服从于法律所显示的价值标准。但是，即便是这种场合，也不会因为法律选择了某种"根本规范"，在之后的各个场合，其价值判断就会像理论上的必然一样自动出现。如宪法就是在进行大的价值选择，这是不能否定的，之后通过演绎的方式，说明对各种案件所采取的某种结论，都是依法选择的价值标准，这样的说服在一定程度上是可能的。各个条文实际上也在进行各自方式的价值选择。在此意义上，法不单是规范，也有理由将其称为"存在规范"。多半部分的所谓"条文解释"，可以说，都是属于使用这种存在规范的说服工作。

但很多时候，法自身并没有明确表明其价值标准。如做"淫秽"评价（不是让人感觉到淫秽的事实）的场合，其决非只是一种意义，即便在同一部法典之中，也会随着时代的不同而意义有异。但是，就是在这种场合，法官也不应该按照自己的价值标准进行审判，而必须按照多数国民的价值标准进行裁判。话虽如此，这种场合，也有多数国民认为应当处罚而社会的指导者们并不如此考虑的时候，也有倒不如索性就听从后者意见的场合。但这也仍然可以说是一种存在规范。由此看来，说服法官也是有可能的。

但是，问题不会就此而止。倒不如说，问题的产生恰好是因为上述"存在规范"的不明确。该种场合，在做决断的时候，实际上法官自身的价值观成为标准,这是难以否定的。但这种场合,也并非不能被说服。因为,法官自身罕有确定的价值观,在多数场合下处于动摇状态,模棱两可。因此,通过强调一种价值观,让法官进行决断,至少在事实上是可能的。

当然,这种工作不是支离破碎地进行的,而是作为整体而进行的,是被称为"法解释学"的实践性工作,是意图控制法官的实践活动。法官意图通过适用法律来控制社会生活,法解释学通过说服法官,进而对法官的行动进行控制。法律学被称为"控制的控制",法解释学不是科学,而是技术,说的就是这种意思。〔1〕

日本的法律学特别是刑法学,对此并不一定有如此深刻的认识。那种认为法律对什么样的行为可罚,什么样的行为不可罚,规定得细致入微,只是我们不能认识到这一点的见解,在刑法世界中仍然根深蒂固。甚至有人认为,在罪刑法定原则之下,这是理所当然的。按照他们的理解,法律学就必须发现"什么是法",并习惯地认为其就是法解释。

当然,现在的刑法学并不完全盯着纯粹的成文法的解释。很多人在追求其背后的犯罪本质。但是,该种场合,具有研究脱离实定法的"妥当犯罪概念"的倾向。即像说"犯罪是违法、有责行为"一样,先是先验地定义犯罪,然后展开什么是违法,什么是责任及其本质论。〔2〕"犯罪是符合构成要件的违法有责行为"的定义方法,在构成要件这一点上和实定法相连接,这是其长处,但是,仍然没有避免先验性的思考。因此,刑法学者的努力在于建构犯罪论的体系性理论构成。和某种要素是不是为成立犯罪所必要,或者该要素如所谓责任能力的内容如何的研究

---

〔1〕 因此,法律学上的用语并不是说只要正确就可以了,倒不如说,就其本来性质而言,多少都会带有些情绪在里面。

〔2〕 这一点也和在大学的教授方法有关。按照在讲台上展开自己学说的教授方法,学问自身不得不带有教条性质。相反地,在案例研究法之下,非常重要的一点是教师"不给出答案"。这样,教学法的差异,不单单是教学方法的不同,对学问本身的性质也有影响,这一点必须注意。

相比，讨论都集中在该要素是否属于违法要素、是否属于责任要素，或者责任能力是责任的前提还是责任要素这种体系构成方面。学者们的任务似乎就是创新"自己"的体系。因此，"按照我的见解"或"我采用这种见解"之类的，好像自己就是法的化身一样的语言，在相当程度上不过脑子地到处使用。目的行为论本来是想避免这种概念性的构成而把握存在的本来样态的学说，结果却反而只起到了徒增概念性议论之效。

日本刑法学的这种缺陷，也可以说是对日本刑法学有重大影响的德国刑法学的缺陷，在德国也能听到对其进行反省的声音。如有人将"体系思考"（Systemdenken）和"问题思考"（Problemdenken）相对立，认为德国刑法学过于倾向于体系思考。[1] 这种说法，对于日本刑法学也很妥当。

当然，这么说，并不意味着学说只需对判例简单地进行肯定，只要追随判例理论就够了。学说本来就是立法论，总是和判例一样的话，甚至连其存在理由都会消失。和判例保持一定距离，比判例超前一步，对于判例具有牵引力的学说，可以说是最被期待的学说。但在学说中，应当出现更加具有远见的学说。这种学说虽然是"少数说"，但长期内多少会驱动判例向该方向发展，并一步领先于现在意图与判例一致的多数说。但不可否认，也存在连这种效果都没有的学者自我满足式的学说。但这种学说只是杂音而已。

下面举两三个例子加以说明。

目前，学说和判例之间存在巨大差别的，有共谋共同正犯。判例认为，共谋犯罪的人即便没有亲自实施，只要其他的人实行了的话，就是共同正犯；相反地，学说认为只有实施了实行行为的人才是共同正犯。多数说认为学说是"正确的"刑法解释，而批评判例"将立法论和解释论混为了一谈"。

---

[1] Wurtenberger, Die geistige Situation der deutschen Strafrechtswissenschaft, S. 11, 1957.

但是，认为法院数十年都不依法裁判的见解，过于主观。既然何谓"正确解释"，不能绝对确定的话，则从现实角度来看，不能否定最高法院在认为正确的基础上所做出的判决就是"活法"的事实。因此，问题应当以"怎样做才能改变这一事实"的方式加以提起。

在 1922 年就知能犯开始认定共谋共同正犯的时候，或者在 1936 年将其扩展到一般犯罪中去的时候，或者在最高法院继承这一理论的时候，认为其"不是正确解释"的主张，在意图改变该事实这一点上，具有实践意义。但现在，几乎已经不能指望学说具有该种效果。解释论或许在一定程度上能够缩小共谋共同正犯的处罚范围，但也仅限于此。在此之上，就只能寄希望于立法了。尽管如此，还是有很多人仅仅表示反对，而提不出在何种程度上可以通过解释来对其进行限定的预计，甚至对以立法方式进行修正的做法也表示反对。日本的法律学之弊由此可窥豹一斑。

再举一个有关共犯的例子。关于共犯的从属性，具有严重对立。共犯从属性，常被分为从属性的有无和程度。从属性的有无，是有关即便正犯不实施实行行为，对教唆犯也是否予以处罚的问题；从属性的程度，是有关正犯必须符合构成要件、违法且有责（极端从属形态），还是只要符合构成要件、违法（限制从属形态），抑或只要符合构成要件就够了（最小从属形态）的问题。从理论上讲，可以这么说，从极端从属形态出发，从属性的程度逐渐降低，最终成为独立性说。但实践层面上的问题意识则完全相反。采取极端从属形态的话，教唆没有责任能力人的就是间接正犯，教唆的时候就是实行的着手，即便无责任能力人没有实施行为，也要作为未遂犯加以处罚。但是，如此的话，实行的着手时期岂不是太早了吗？按照限制从属形态，在上述场合，也成立教唆，但只有在无责任能力人开始实施行为之后才受到处罚。最小从属形态则将其更进一步推进。这样，从解决问题动机的角度来看，最小从属形态离独立性说最远，而限制从属形态、极端从属形态则依次向独立性说靠近。但是，从日本的讨论来看，这一点几乎没有被意识到。这可以说是没有机能地考虑犯罪论，而只是考虑构造论的结果。

学者们将"自己的"犯罪论体系作为自我满足的东西加以建构的结果，便是产生了以下缺陷。如在学说上多数人主张法定符合说。判例也可以说是采取了此说。因此，学说肯定判例是"正确的"。由于学说在因果关系上主张相当因果关系说，所以，即便采取法定符合说，也不会有太大问题。但是，由于判例主张条件说，所以，在方法错误的场合，即便是对意外射中和自己所瞄准的对象以外的人的场合，也要追究其故意责任。另外，学说在不能犯方面，多多少少地更倾向于主观考虑，因此，在对象错误的时候，以为是人结果是狗的场合，多半会认为构成杀人未遂，但是，采用判例一样的彻底客观说的话，就不成立杀人未遂，这样，情况就不一致了。如此说来，即便同样是法定符合说，"自己体系"中的理解和判例的理解之间，意思也不一致。但此时学说并没有站在判例的立场上进行考虑。这种情况，另外还能列举许多。

当然，体系地思考犯罪概念自身也并不是一件坏事，甚至可以说是必要的。但是，犯罪论的体系，最终还是控制法官的手段，其不希望人们对各种场合进行近视眼式的判断之后来做决定，而是让人能够事先对整体进行观察、使自己的思维变得清晰，这一点必须注意。

那么，何谓刑法的基本考虑呢？对此虽没有完全一致的见解，但可以说，作为现代刑法的基本，具有以下三项基本原则。"没有法律就没有犯罪""没有被害就没有刑罚""没有责任就没有刑罚"。反过来说，法官常有脱离这些原则的危险。在没有法律规定，但国民抱有强烈的处罚感情的时候，法官有可能屈从。还有，优先考虑伦理上"不允许"的感情因素的话，就会疏忽对社会造成了什么样的损害。相反地，发生了重大损害的话，则有并不充分考虑行为人对此是不是要受到谴责的危险。将犯罪论体系分为构成要件、违法性、责任的三个阶段进行考虑，就是为了避免这些危险而尽量贯彻上述三个原则。倒不一定要在 H_2O 是水一样的意义上,说犯罪是由上述三个要素所组成。但是,在日本,具有讨论分子式一样地讨论犯罪体系的倾向。与此同时,正如说"构成要件是违法有责行为的类型"一样,也有不加分别,一上来就作为整体,直观地对犯罪进行把握的倾向。应当说,上述倾向,都没有遵循刑法体系的本来目的。

川岛教授提倡,将判决动机即为什么做出该种判决的真正理由,和将判决正当化的理由区别开来。[1] 这种见解或许不是什么新鲜玩意儿,但至今仍具有启发意义。这种场合,法官进行判决的动机并不一定仅是法律理论,不否定还有其他要素特别是非合理的要素在起作用,但也不能因此否定法律性质因素的影响。以上所述的,就是这种法律论,就是这种学说。

另一方面,法律学对于"判决的合理化"也有贡献。实际上,学说为判决的自我正当化提供了更多的"话语"。这种场合,该种"话语"也具有掩盖判决的真实理由的机能。如就不作为犯而言,在何种场合成立不作为犯的问题上,有学说认为,在处于"保证人地位"的场合成立不作为犯。这种场合下的实质判断,针对不同案件,依据各个法官特别是其价值观的不同,结果有别。但是,通过使用"保证人地位"这一相同话语来表述,就能给人以一个整齐划一的标准来进行判决的印象。类型说的用语或许也是这种情形。

252

---

〔1〕 川岛武宜:"法律交流中的记号技术",载《经验法学研究》(1966年),第33页。

后 记

在这里，照例要说些感谢的客套话。首先，要感谢我的师兄贾宇教授。虽说名义上是我帮他把关选择出版一套高质量的日本刑法学术著作，但实际上却是他要求并督促我重操旧业，做些有意义的翻译工作。因此，没有他的信任和不断催促，我是根本没有想过，也没有心思再做译书工作的，即便是《刑法的基础》这样的经典。其次，要感谢日本名城大学法学部的松田惠美子教授，她是毕业于日本京都大学的法制史教授，在本书中对涉及日本德川时代的法律条文的理解上，她为我提供了极大的帮助。再次，要感谢我在清华法学院所指导的硕士研究生姚培培、魏青松、邓滔。他们细致到连本书脚注中拼音字母、标点符号的一个微小错误都不放过的校对，为本书的质量提供了最基本的保证。复次，要感谢西北政法大学的付玉明博士和中国政法大学出版社刘海光编辑的富有效率的操作，能够让本书在最短的时间内面世。最后，要感谢我的家人。因为翻译本书，很多让人心旷神怡的承诺都没有兑现，但他们没有流露出丝毫的怨言。

当然，最要感谢的还是本书作者平野龙一先生——尽管他已经不可能领我的这份情了。我在1991年申请公派赴日留学的时候，由于对日本的情况不了解，因此，在申请材料上的希望就学的日方学校以及指导教授一栏中，填写的就是东京大学的平野龙一教授（我到底是通过什么途径知道平野教授的，已经没有确切的记忆了。或许是来自我在武汉大

| 后 记 |

学的恩师，对日本刑法学有精湛研究的马克昌教授，也可能是来自当时刚从日本留学归来，正意气风发地教授我们日本刑法的简明老师的授课）。但殊不知他早在10年前就已经退休了。事后，他将我的材料转给了日本同志社大学的大谷实教授，这才有了大谷教授和我之间的师生情缘。这个故事，直到今年8月，我利用暑假访日，恩师大谷教授在京都饭店为我接风时，还向在座的其他日本师兄弟们再次提起。我于1992年秋赴日之后，在东京的一个学会上，曾怀着朝圣般的心情，远远地注视着被一群年轻学子众星拱月般包围着的平野教授，一直未敢上前自我介绍并表示谢意，但当初填写赴日留学申请材料时的一幕以及之后将我介绍给大谷先生时的感激之情却始终铭记于心，未能忘怀。因此，在贾宇师兄希望我能身体力行，为丛书亲自操刀，贡献一本的时候，我几乎是脱口而出地就提到了平野先生的《刑法的基础》。

衷心希望这本书能够为我国读者了解日本战后刑法学的发展历程打开一扇窗户，并为我国当今的学者在建构具有中国特色的刑法学时提供一些启发！

黎　宏
于清华大学明理楼
2015年9月2日

声　明　　1. 版权所有，侵权必究。

　　　　　2. 如有缺页、倒装问题，由出版社负责退换。

图书在版编目（CIP）数据

刑法的基础/(日) 平野龙一著；黎宏译. —北京：中国政法大学出版社，2023.6
ISBN 978-7-5764-0935-2

Ⅰ.①刑… Ⅱ.①平… ②黎… Ⅲ.①刑法－研究 Ⅳ.①D914.04

中国国家版本馆 CIP 数据核字(2023)第 104435 号

出 版 者	中国政法大学出版社
地　　址	北京市海淀区西土城路 25 号
邮寄地址	北京 100088 信箱 8034 分箱　邮编 100088
网　　址	http://www.cuplpress.com (网络实名：中国政法大学出版社)
电　　话	010-58908586(编辑部) 58908334(邮购部)
编辑邮箱	zhengfadch@126.com
承　　印	北京中科印刷有限公司
开　　本	720mm×960mm　1/16
印　　张	16.25
字　　数	300 千字
版　　次	2023 年 6 月第 1 版
印　　次	2023 年 6 月第 1 次印刷
定　　价	79.00 元